# 应对非法采伐与相关贸易策略研究

徐　斌　陈绍志　陈　勇　编著

中 国 林 业 出 版 社

**图书在版编目（CIP）数据**

应对非法采伐与相关贸易策略研究 / 徐斌，陈绍志，陈勇编著. —北京：中国林业出版社，2014. 10

ISBN 978-7-5038-7685-1

Ⅰ. ①应… Ⅱ. ①徐… ②陈… ③陈… Ⅲ. ①采伐 - 森林法 - 研究 - 世界②林产品 - 国际贸易 - 研究 - 中国 Ⅳ. ①D912. 6②F752. 652. 4

中国版本图书馆 CIP 数据核字（2014）第 244992 号

出版 中国林业出版社（100009 北京西城区德内大街刘海胡同 7 号）
电话 （010）83229512
发行 中国林业出版社
印刷 中国农业出版社印刷厂
版次 2014 年 10 月第 1 版
印次 2014 年 10 月第 1 次
开本 787mm × 1092mm 1/16
印张 11. 75
印数 1 ~ 1000 册
字数 250 千字

定价 45. 00 元

# 应对非法采伐与相关贸易策略研究

## 编 委 会


**编 委 会 主 任：** 张艳红

**编委会副主任：** 陈绍志　付建全

**主　编：** 徐　斌　陈绍志　陈　勇

**副主编：** 宿海颖　陈　洁　田　禾　李剑泉　李　静

**编著者：**（按姓氏笔画排序）

田　禾　刘小丽　何　璆　李　茗　李　岩

李　静　李剑泉　陈　勇　陈　洁　陈绍志

胡延杰　荆　涛　赵　劼　赵　荣　徐　斌

校建民　宿海颖　蒋宏飞

# 序　言

森林是陆地生态系统的主体又是可再生资源的重要供体，保护和利用是一对矛盾，是人类社会必须面对和解决的重大课题之一。2011 年 9 月在首届亚洲太平洋经济合作组织（APEC）林业部长级会议上，通过了《北京林业宣言》，强调森林在经济、社会和环境可持续发展、生态保护、消除贫困、绿色增长特别是应对气候变化等方面具有重要的作用和功能。加强森林保护、恢复和管理，防止毁林和森林退化，打击非法采伐，促进合法采伐的林产品贸易，成为国际社会普遍关注的重大课题。

由于我国仍然是一个缺林少绿、生态脆弱的国家，森林资源总量不足，为满足经济社会快速发展的需要，近年来依靠大量进口木材、木浆等林产品来平衡国内市场供应，在全球木材贸易总量中占有较大份额。统计资料显示，2013 年中国进口原木高达 4516 万 $m^3$，进口锯材 2404 万 $m^3$，木材对外依存度达 44.8%。美国、欧盟、日本等西方发达国家为谋求其继续在国际市场上获得较大份额的木材资源，主导国际社会以生态环境保护为由，意欲对新兴经济体获取资源和进入产销市场链设置生态门槛，尤其对中国大量获得木材资源形成国际规则压力。而且更有一些媒体和非政府组织，指责中国对木材的大量需求诱发了全球大规模非法采伐，极力渲染“中国木材威胁论”、“中国转嫁生态危机论”，对我国造成了一定的政治、外交、经济压力。

在打击木材非法采伐及相关贸易问题上，中方的立场是一贯和坚定的。我们坚决反对并打击非法采伐及相关贸易行为，坚持互利共赢、可持续发展的森林资源管理合作战略，愿与国际社会共同努力，为促进森林可持续经营、维护正常的林产品贸易、加强全球森林资源保护做出更大的贡献。

中国政府及越来越多的中国企业已逐步意识到自己的责任与使命：禁止进口非法木材，积极推进可持续的林业贸易，从而使热带森林在减缓全球气候变化中的重要作用得以维护。中国作为全球最大的木材加工地，也将成为世界最大的消费市场，中国的木材制造行业对全球木材贸易影响深远。欧盟和美国是我国重要的林产品出口市场，占我国林产品出口市场份额的40%左右。在没有形成国际法规的情况下，欧盟、美国及澳大利亚出台的针对非法采伐的法规势必对中国的林产品贸易产生重大影响。

在此背景下，国家林业局林产品国际贸易研究中心及中国林业科学研究院林业科技信息研究所的专家开展了“应对非法采伐及相关贸易策略研究”，取得了相对完整和系统的阶段成果，并以专著形式呈现。研究者也是本书作者以翔实的资料和科学的态度，介绍了国际上主要国家和地区应对非法采伐的政策与行动，分析了各主要国家木材法案的实施、政策变化等对包括中国在内的林产品贸易市场产生的影响；对中国企业应对国际合法林产品贸易需求的现状进行调研分析，提出目前适合企业的途径建议，探讨了中国开展国产材合法性验证和追踪的可行性；阐述了中国应对非法采伐的原则立场和采取的措施，最后提出了推动中国国产材合法性进程的政策建议。

我认为，这一成果可作为政府有关部门制定相关政策的决策参考、确定国际谈判立场的决策依据；对保障林产品国际贸易的顺利发展、提高我国在世界林业领域的地位和作用具有积极的意义。非法采伐问题不仅是林业问题、可持续发展问题、环境问题，更是贸易以及资源和利益的竞争问题，其涉及社会经济和政治的方方面面。相关的研究工作是一个系统工程，相关的建议也需要在实践中加以应用、推广和完善。

有幸先睹，付梓之际即成感语是为序。

2014年6月

# 前言

非法采伐木材对世界一些最有价值的森林造成了严重影响，不仅破坏了合法来源木材及其他林产品的贸易、减少森林的经济价值、剥夺政府和社区的必要收入，同时也带来严重的相关的环境、经济和社会问题，故而已经成为世界可持续发展面临的一个热点、敏感话题。当前，世界林产品贸易格局发生了深刻的变革，主要木材生产国禁止和限制非法采伐原木和禁止天然林原木的出口呼声越来越高，有关政策措施越来越严厉，进口和使用合法或认证的木材与木制品已成为国际共识。为了打击非法采伐和相关贸易，国际社会采取了一系列措施，这些措施包括完善木材生产国的政策、林产品消费国和地区针对木材贸易的公共采购政策，制定政府间打击非法采伐和相关贸易的行动和协议，以及私营部门的木材采购政策等。

2008 年美国将《雷斯法案》（修正案）延伸至植物及其制品（林产品）贸易，激励企业交易来自合法渠道的植物及植物制品（林产品），《雷斯法案》（修正案）成为打击非法来源木材产品贸易的第一个禁令。欧盟努力推动森林执法、施政和贸易（Forest Law Enforcement，Governance and Trade，简称 FLEGT）进程，并于 2010 年通过了《欧盟木材法案》，要求所有将木材产品首次投放到欧洲市场的运营商开展木材合法性的尽职调查。欧盟还致力于发展与木材生产国签订《自愿伙伴关系协议》，以阻止其非法生产的木材进入欧盟市场。澳大利亚于 2012 年正式通过《禁止非法采伐木材法案》，规定进口商和本地加工者，都必须在法案实施后的 24 个月，对特定产品进行尽职调查。这3个法案的实施发出了一个强烈信号，即木材产品的主要消费者需要合法来源的木材生产和贸易，合法性要求是当前林产品贸易市场的主流。

随着经济的快速发展，我国现已成为世界上木材产品加工、林产品进出口贸易大国之一，在全球森林资源可持续发展当中的位置相当重要。2013年，我国林产品进出口贸易总额达1259.9亿美元，欧盟、美国分列我国第一、第二大贸易伙伴，全年我国与欧盟林产品贸易额为224.6亿美元，与美国林产品贸易额为179.7亿美元。因此，各主要国家、地区木材法案的实施、林产品贸易新的格局和政策变化都将对包括中国在内的世界林产品贸易产生重大影响。为了更好保护森林资源和促进国际林产品贸易的健康与可持续发展，开展应对非法采伐策略研究成了当务之急。

因此，在国家林业局资助下，国家林业局林产品国际贸易研究中心、中国林业科学研究院林业科技信息研究所组织开展了林业重大问题与政策制定——应对非法采伐策略研究项目。本书是此项目的主要研究成果，本书各章作者如下。第一章，宿海颖、陈勇、李剑泉、徐斌；第二章，徐斌、陈洁、胡延杰、宿海颖、李静；第三章，徐斌、宿海颖、李静；第四章，陈勇、田禾、李剑泉、李茗；第五章，徐斌、李岩；第六章，徐斌、赵荣、李剑泉、刘小丽；第七章，陈绍志、徐斌、陈洁、刘小丽；第八章，徐斌、李剑泉、田禾、荆涛、陈勇等。附件由徐斌、李岩、李静收集整理。最后由徐斌、陈绍志、刘开玲和李静完成全书的统稿和审稿工作。本书可供从事林产品贸易与市场的决策管理者、企业及利益相关者参阅，希望本书的出版能为中国顺应林产品国际市场大趋势、实现我国林业的全球战略贡献微薄力量。

本项目在执行的过程中，得到了国家林业局发展规划与资金管理司、中国林业科学研究院林业科技信息研究所各位领导与专家的大力支持。国家林业局发展规划与资金管理司张艳红副司长和付建全处长对项目的申报和实施给予了大力支持，并对研究的框架和研究成果提出了大量宝贵的意见。中国林业科学研究院张守攻院长在百忙之中为本书作序。陈绍志所长亲自参与了本书的定稿和审稿工作，付出了很大的心血。中心专家也参与了本书或相关内容的讨论，在此一并表示最诚挚的谢意。

《应对非法采伐与相关贸易策略研究》系第一次公开出版，由于时间和研究范围有限，疏漏和不足之处在所难免，敬请广大读者批评指正。

编　者

2014年5月

# 缩略语

| 英文缩略语 | 英文全称 | 中文 |
|---|---|---|
| AEIM | Spanish Timber Importers' Association | 马德里西班牙木材进口商协会 |
| AFLEG | African Forest Law Enforcement and Governance | 非洲森林执法和施政 |
| AFP | Asia Forest Partnership | 亚洲森林伙伴关系 |
| AFS | Australian Forestry Standard Ltd | 澳大利亚林业标准（公司） |
| APEC | Asia – Pacific Economic Cooperation | 亚洲太平洋经济合作组织 |
| ATFS | American Tree Farm System | 美国林场体系 |
| B&Q | | 百安居 |
| BV | Bureau Veritas | 必维国际检验集团 |
| CBD | Convention on Biological Diversity | 生物多样性公约 |
| CFCC | China Forest Certification Council | 中国森林认证委员会 |
| CFCS | China Forest Certification Scheme | 中国森林认证体系 |
| CITES | Convention on International Trade in Endangered Species | 濒临绝种野生动植物保护国际贸易公约 |
| COC | Chain of Custody | 产销监管链 |
| CSA | Canadian Standards Association | 加拿大标准化协会（体系） |
| DFID | Department for International Development | 英国国际发展署 |
| ENAFLEG | Europe and North Asia Forest Law Enforcement and Governance | 欧洲和北亚森林执法与施政 |
| FAO | Food and Agriculture Organization of the United Nations | 联合国粮农组织 |
| FBIB | Fédération Belge du commerce dímportation de bois ASBL | 比利时木材进口联盟 |
| FFCS | Finnish Forest Certification System | 芬兰森林认证体系 |
| FLEG | Forest Law Enforcement and Governance | 森林执法与施政 |
| FLEGT | Forest Law Enforcement, Governance and Trade | 森林执法、施政与贸易 |
| FLR | Forest Landscape Restoration | 森林景观恢复 |
| FM | Forest Management | 森林经营 |
| FSC | Forest Stewardship Council | 森林管理委员会 |
| GFTN | Global Forest and Trade Network | 全球森林和贸易网络 |
| GPN | Green Purchasing Network | 绿色采购网络组织 |
| HCVF | High Conservation Value Forests | 高保护价值森林 |
| Home Depot | | 家得宝 |
| IKEA | | 宜家家居公司 |
| ILP | Illegal Logging Prohibition | （澳大利亚）禁止非法木材法案 |
| ITTA | International Tropical Timber Agreement | 国际热带木材协议 |
| ITTO | International Tropical Timber Organization | 国际热带木材组织 |
| IUCN | International Union for Conservation of Nature | 世界自然保护联盟 |
| JGPSSI | Japan Green Procurement Survey Standardization Initiative | 日本绿色采购调查标准化协议 |
| LCB | French timber trade association（Le Commerce du Bois） | 法国木材联盟 |
| LEI | Lembaga Ekolabel Indonesia | 印度尼西亚生态标签研究所 |

## ■ 缩略语

| 英文缩略语 | 英文全称 | 中文 |
| --- | --- | --- |
| LHV | Legally Harvested Verification | （SCS）合法采伐验证 |
| LLS | Livelihoods and Landscapes Strategy | 生计与景观战略 |
| MLTV | Mandatory Legal Timber Certification | 强制性合法木材认证 |
| MTCC | Malaysian Timber Certification Council | 马来西亚木材认证委员会 |
| MTCS | Malaysian Timber Certification System | 马来西亚木材认证体系 |
| NGO | Non - governmental Organization | 非政府组织 |
| OECD | Organization for Economic Co-operation and Development | （联合国）经济合作与发展组织 |
| OLB | Origin and Legality of Timber | （BV）木材原产地与合法性验证 |
| PEFC | Programme for the Endorsement of Forest Certification | 森林认证体系认可计划 |
| RA | Rainforest Alliance | 雨林联盟 |
| REDD | Reducing Emission from Deforestation and Forest Degradation | 减缓毁林和森林退化 |
| RPP | Responsible Purchasing Policy | 负责任采购政策 |
| SCS | | 科学认证体系 |
| SFI | Sustainable Forest Initiative | （美国）可持续林业倡议 |
| SGS | | 瑞士通用公证行 |
| TFT | Tropical Forest Trust | 热带森林信托 |
| TLAS | Timber Legality Assurance System | 木材合法性保证体系 |
| TLTV | Timber Legality and Traceability Verification | （SGS）木材合法性与原产地认定 |
| TRAFFIC | Trade Records Analysis of Fauna & Flora in Commerce | 国际动植物商业贸易记录分析 |
| TTAP | Timber Trade Action Plan | （TFT的）木材贸易行动计划 |
| TTF | Timber Trade Federation | 英国木材贸易联盟 |
| UNFF | United Nations Forum on Forests | 联合国森林论坛 |
| VLC | Verification of Legal Compliance | 合法性验证 |
| VLO | Verification of Legal Origin | 合法来源验证 |
| VPA | Voluntary Partnership Agreements | 自愿合作伙伴协议 |
| WB | World Bank | 世界银行 |
| WCS | Timber control system | 木材控制体系 |
| WNH | Dutch Timber Trade Association | 荷兰木材贸易联盟 |
| WTO | Word Trade Organization | 世界贸易组织 |
| WWF | World Wild Fund for Nature | 世界自然基金会 |

# 目　录

# 第一章 应对非法采伐的全球影响与行动

## 1 非法采伐及相关贸易概况

近年来，木材非法采伐及相关贸易问题已经成为一个重要的国际热点问题。据报道，全球非法采伐木材约占木材生产量的20%~40%，使木材价格下跌7%～16%。非法采伐破坏合法来源木材及其林产品的贸易，引发不公平竞争，导致守法企业遭受经济损失；降低森林的经济价值，剥夺政府和社区的必要收入，损害了林区的生计；破坏森林和环境，影响气候和生物多样性，威胁地区和全球生态安全；削弱促进可持续森林管理的努力，阻碍可持续发展，也使林业部门遭受指责，并使地区冲突加剧。

遏制非法采伐及相关贸易面临的首要问题是如何界定“非法采伐及相关贸易”的概念，但是国际社会对此还没有统一认识。世界自然基金会(WWF)提出了一个有代表性的定义：从狭义上看，木材非法采伐及相关贸易是指违反国际、国家或地方政府有关森林开发利用和林产品贸易方面法律、法规，造成森林资源破坏的行为。从广义上看，非法采伐及相关贸易既包含了狭义上的采伐和贸易行为，也包括约束行为的规则，即：相关的法律法规和管理水平。非法采伐发生在木材生产阶段，是导致森林资源浪费和破坏的直接行为，相关贸易以非法采伐的木材或相关产品为对象进行的贸易活动。根据定义的理解，非法采伐及相关贸易分两种情况，非法贸易，即违反贸易方面法律法规，直接将非法采伐木材或相关产品进行贸易的行为，如走私；合法贸易非法产品即将非法采伐木材或相关产品获得合法贸易手续后进行的贸易行为(George White，Darius Sarshar，2006)。

## 1.1 非法采伐及相关贸易的背景

非法采伐及相关贸易问题的提出始于20世纪90年代中后期，伴随着世界环保理念的深入人心，1998年5月，八国集团会议首次把非法采伐作为重要的国际问题提出，经正式讨论通过了打击非法采伐的《森林行动计划》。进入21世纪，打击木材非法采伐及相关贸易行动已被各国政府列为重点议程，成为国际社会、各国政府、环保组织、林业工作者及社会公众共同关注的热点问题。

非法采伐及相关贸易的出现，主要是由于国际经济秩序的不平衡、森林资源管理和利用水平的参差不齐、社区居民摆脱贫困的愿望和企业利益驱动等原因，造成当今社会在保护森林资源、维护生态平衡，与开发森林资源、促进经济发展之间存在着突出的矛盾，由此产生了包括木材非法采伐、毁林占地、资源浪费等一系列问题。同时也要看到，简单地将森林资源的消长与木材非法采伐联系在一起也是不全面的。据世界粮农组织的统计，2010年，全球森林面积为40.329亿 $hm^2$ 比2000年的40.851亿 $hm^2$ 减少1.3%。其中，非洲森林面积减少了4.8%以上。主要原因是森林火灾和森林过伐；亚洲和太平洋地区2000~2010年森林面积出现了净增长，增长了1.8%，但增长仅限于东亚地区，其中中国对森林培育的巨额投入抵消了其它地区的高森林采伐率；拉丁美洲及加勒比海地区也是森林快速减少的区域，2000~2010年减少了4.5%；2000~2010年，欧洲的森林面积净增加了3.6%(不包括俄罗斯)(FAO，2011)。从以上的数据可以看出，世界森林资源减少的地区是非洲、南美洲和东南亚。世界粮农组织的研究认为森林减少的主要原因是改变森林的用途和森林火灾。

## 1.2 非法采伐及相关贸易的现状

根据有关机构和组织的估计，非法采伐不同程度地发生于所有国家和所有森林。WWF认为，全球65%的森林受到非法采伐的威胁。世界银行和WWF认为，印度尼西亚、巴西、喀麦隆和俄罗斯等国是非法采伐的主要发生地，非法采伐率高达80%以上。世界银行估计，发展中国家每年因非法采伐和贸易导致的经济损失达150亿美元，占全球木材贸易总额的1/10，已严重影响到正常的国际木材贸易(World Bank，2002)。

2010年英国Chatham House的研究报告表明，在过去的10年中，各国政府、民间社会和私营部门采取一系列应对非法采伐和相关贸易的行动已经产生了广泛而深远的影响。在这期间，喀麦隆、巴西亚马孙地区、印度尼西亚的木材非法采伐下降了50%~75%(Sam Lawson，Larry MacFaul，2010)。

### 1.2.1 木材生产国

(1)印度尼西亚：印度尼西亚是世界上非法采伐现象严重的国家，该国的森林面积从1950年的1.62亿 $hm^2$ 减至2010年的9443万 $hm^2$，其中原始林的毁损面积达

75%。有统计显示，印度尼西亚的实际采伐量高出其林业部允许采伐量的75%，绝大部分未申报的出口木材是在没有监督或不符合可持续采伐水平或违反森林保护区、河岸保护区和陡坡禁止采伐的情况下进行的非法采伐。资料表明：印度尼西亚每年有折合原木约200多万 $m^3$ 的林产品未经申报而出口，使印度尼西亚流失大量税收，同时也付出了巨大的环境代价(Charles E. Palmer，2004)。虽然印度尼西亚禁止原木出口，但是走私出口现象十分严重。

2010年，英国Chatham House的数据显示，在过去的10年间，印度尼西亚是全亚洲打击非法采伐成效最明显的国家，非法采伐率从2000年最高峰时期的75%降至目前的40%。同时，印度尼西亚正在与欧盟进行有关森林执法、施政与贸易(FLEGT)自愿合作伙伴协议(VPA)的谈判，进一步遏制目前的非法采伐状况(Sam Lawson，Larry MacFaul，2010)。

(2)马来西亚：在过去的20年间，马来西亚一直遭受国际社会对其木材非法采伐及相关贸易的指责。为此，马来西亚政府采取了一系列措施来遏制非法采伐，包括禁止边境地区的木材非法贸易、增加木材合法采伐和可持续采伐的透明度，马来西亚还与欧盟就VPA进行了谈判。按照马来西亚宪法，土地属州内事务，各州政府拥有管辖权，所以各州能够独立颁布林业法律和制定林业政策。为了便于相互协调和采取一致步伐，国家林业委员会制定了《国家林业政策》，强调了生物多样性保护和森林资源可持续利用，以及社区在林业发展中的作用。

经过各方努力，马来西亚发生的木材非法采伐事件已经明显减少。英国Chatham House发布的数据显示，2009年，马来西亚木材非法采伐量占全国木材产量的22%左右(Sam Lawson，Larry MacFaul，2010)。

(3)俄罗斯：俄罗斯近些年一直是木材非法采伐大量存在的国家之一。WWF的报告指出，俄罗斯出口到日本的木材约55%来自俄罗斯的远东地区，而非法采伐估计约占该地区木材采伐量的50%。WWF报告还指出，由于非法采伐猖獗，世界上最濒危的物种西伯利亚虎和阿穆尔虎正在失去栖息地，面临着灭绝的危险。报告强调，由于高价值森林资源的过量采伐和使天然林转变为次生林，俄罗斯远东地区有生态和商业价值的森林面积平均减少了35%。

俄罗斯林务局在亚洲太平洋经济合作组织(APEC)打击非法采伐会议上承认俄罗斯非法采伐问题依然严峻，2011年全俄涉及非法采伐的案件有2万多起，非法采伐115万 $m^3$ 的木材，带来的直接损失达到11亿卢布。目前，俄罗斯正在采取以下措施，加强打击非法采伐及相关贸易的力度，如制定国家森林政策，并将其纳入国家行动计划；改进立法、监管和法律基础；加强国有森林的保护；制定木材追踪系统；制定和实施鼓励森林可持续经营的机制；鼓励跨部门的合作；解决林区的社会问题；加强与非政府组织和大众媒体的互动；关注青年的成长和完善生态文化建设。

(4)巴西：100年前，巴西是全球森林资源最丰富的国家，森林覆盖全国。近20年来，巴西热带雨林破坏是十分严重的，亚马孙原始森林被破坏了15%左右，毁林已从林区边界向核心区发展，给生物多样性带来很大威胁。帕拉州是亚马孙地区天然林毁林最严重的地区之一。政府环境部门称，该州至少30%的木材来自非法采伐。过去2年，亚马孙地区帕拉州非法采伐木材的贸易额达2亿雷亚尔，随着调查的进一步深入，这一数字有可能达到5亿雷亚尔甚至更多。非法采伐导致木材生产部门和政府环保部门的冲突不断增多。调查显示，至少有50家登记注册的私营公司隐瞒了非法木材采伐活动。这些公司利用在帕拉州和其他州签发的貌似合法的许可证，大肆进行非法采伐活动。巴西国家环境局最近宣布全面禁止在亚马孙雨林开展红木的非法采伐和贸易活动，以保护印第安保留地和保护区。

在据英国Chatham House 2010年的报告显示，自2000年起，巴西的亚马孙流域的非法采伐减少了50%～75%，2008年估计的非法采伐率为30%。这一切主要来自于政策的改善，在过去的几年里，巴西政府对于相关法律和法规进行了较大的修订，建立了良好的木材追踪体系，良好的透明度以及对木材采伐权的分配与管理设计了很好的管理规程，同时增强了政府的执行力，遏制非法采伐效果显著（Sam Lawson，Larry MacFaul，2010）。英国Chatham House 2010年的报告显示，自2000年起，巴西的亚马孙流域的非法采伐减少了50%～75%，2008年估计的非法采伐率为30%。

（5）喀麦隆：近年来，非洲部分国家的非法采伐及相关贸易被认为普遍较严重，如果得不到及时有效的制止，不仅会造成区域性的生态灾难和经济灾难，也会使非洲的经济和社会发展陷入更加窘迫的境地。自1999年以来，喀麦隆木材非法采伐的数量下降了50%左右，大多数的减少涉及工业产品出口，但是小规模的非法采伐在国内市场有所增加。Chatham House的专家认为，喀麦隆的非法采伐量占生产量的35%左右，这一数字低于巴西、加纳和印度尼西亚。

喀麦隆是主要木材生产国中唯一在国家层次建立了独立监管机构的国家。尽管政府已经出台现了一些相关的改进措施，但是在执法和信息管理方面还有待改进。目前，喀麦隆已经和欧盟签署了VPA，未来将继续改进木材追踪体系和林业信息管理体系。

### 1.2.2 木材加工国

（1）越南：近年来，越南作为世界木材加工国，也受到了国际社会关于非法采伐的相关指责。Chatham House的研究报告指出，2000～2008年间，越南非法来源木材的进口成倍增长，到2008年达到顶峰。尽管从印度尼西亚进口非法采伐木材的数量有所下降，但是从老挝、柬埔寨和缅甸的进口量有所上升，而且这些木材加工后大多数再出口到其他国家。据估算，越南非法采伐木材的进口占木材总进口量的17%（Sam Lawson，Larry MacFaul，2010）。

近年来，越南也一直致力于打击非法采伐，并建立了FLEGT工作组，并分别于2008年、2009年与老挝、欧盟签署了双边协议。但是越南的应对措施仍然被认为落后于其他生产国和消费国，立法的缺失是主要的原因。2010年11月29日，越南开始与欧盟就VPA展开谈判，目前已进入正式谈判阶段。

（2）中国：近年来，中国屡屡在非法采伐及相关贸易中遭受他国或国际组织的攻击，究其主要原因，主要是：一方面以美国、英国、日本等发达国家为保证本国能够继续获得较大的木材资源份额，主导国际林产品贸易，以生态环境保护、打击非法采伐及相关贸易为由，对中国大量获得木材资源施加压力；另一方面，由于中国是世界主要的木材进口国，而其中一些主要供应国被国际社会认为是木材非法采伐的高风险国家。因此，一些媒体和非政府组织，指责中国是全球最大的非法采伐木材集散地，只注重保护本国生态环境和资源，将生态危机转嫁他国等。这些言论将中国进口木材问题极端化，恶化了中国进口木材的国际环境，给正在成长中的中国经济，特别是木材工业的国际竞争力制造障碍。我们应该正视这一问题，积极稳妥地应对，否则将对我国林业产业和国家形象产生严重影响。

Chatham House 的研究认为，2000～2004 年间中国进口的非法来源木材急剧增长，但是 2008 年非法来源木材这一数字发生了变化，其比率比最高峰值时下降了 16%，其主要原因是印度尼西亚和缅甸的非法木材供应量的减少（Sam Lawson，Larry MacFaul，2010）。同时，Chatham House 的报告还指出大多数非法采伐的木材在进口到中国后又出口到了其他国家，大量的木材进口主要是未经加工的原木，因此在供应链追踪中较为容易排除非法采伐的木材。报告还提到中国政府正在与国际社会一道开展打击非法采伐及相关贸易的合作，但是具体的措施仍然落后于其他消费国和生产国，特别是缺乏相关立法（Sam Lawson，Larry MacFaul，2010）。

### 1.2.3 木材消费国

（1）英国：WWF 研究报告指出，英国已成为欧洲非法破坏雨林的主要国家，英国的许多家具店、花园中心及建筑工地中都堆放着非法砍伐的木材。报告称，英国市场上 28% 的木材都源于非法砍伐的木材，且该国非法木材进口量远高于欧盟其他国家。非法木材以多种形式进口到英国，有原木、夹板及一些木制品，而在英国没有相关的法律限制从国外进口非法木材。报告还指出，全球 100 亿～150 亿欧元的原产国收入损失中，有 30 亿欧元应归因于欧盟的非法木材贸易。而英国每年 790 万 $m^3$ 的进口木材中有 220 万 $m^3$ 源于非法砍伐，这意味着相当于每年非法砍伐 60 万 $hm^2$ 的森林。WWF 报告指出英国主要还从另外 5 个关系到全球林业可持续发展的重要国家或地区进口大量的非法木材，即亚马孙盆地、俄罗斯、波罗的海国家、刚果盆地及东非。这些都是关系全球林业可持续发展的重要国家。

Chatham House 的研究报告认为，英国 57% 的非法来源木材进口主要是通过其他国家用非法采伐木材加工的林产品国完成的，这使得供应商管理面临极大挑战。在打击非法采伐及相关贸易方面，与其他主要的消费国相比，英国政府无论在法律、法规和政策措施上都被认为是领先者。特别是在欧盟的平台上，与发展中国家签署 VPA 的确有助于解决部分非法采伐木材来源的问题，但是这一数字可能只占非法木材的 20%。同时，英国还是世界上第一个推行木材政府采购政策的国家。

（2）美国：据估算，2000～2006 年，美国非法来源木材的进口量成倍增长。2006 年非法来源木材所占比重达到 9%，主要是由于进口的木质家具用材中混用了非法来源的木材。2008 年，由于金融危机的爆发以及美国雷斯法案的实施，使得非法采伐木材进口量的比重有所下降，约为 6.7%。Chatham House 的研究报告认为，美国 75% 的非法木材源于进口其他国家用非法采伐木材加工的林产品完成的，这一数字比 2000 年时上升了 32%，这使得针对供应商的管理面临极大挑战（Sam Lawson，

Larry MacFaul，2010）。

美国是世界上第一个出台有关法律禁止非法木材进口和销售的国家，该国制定的《雷斯法案》已经对木材生产国和加工国出口林产品产生影响。但是，美国也是主要消费国中唯一没有推行木材政府采购政策的国家。

## 2 非法采伐及相关贸易的影响

非法采伐及相关贸易的影响主要体现在以下几个方面。

（1）影响生物多样性及动物栖息地。进入20世纪，面对全球森林资源破坏、生物多样性减少等生态环境的严峻形势，人们普遍认识到，各国应尽快制定策略和政策来制止森林退化和非法采伐，增强森林效益，提高林地生产率和鼓励森林保护、管理和森林的可持续发展。同时，世界上一些濒危动物正在濒临灭绝，需要采取紧急保护措施，而这些物种多生活在热带雨林，也是非法采伐多发生的地区。采伐高保护价值森林破坏了生物多样性，而非法采伐也造成动物栖息地的破坏，从而对整个生态系统造成严重威胁（Russell A. Mittermeier，2010）。

（2）影响气候变化，引起自然灾害。近年来，气候学家认为应尽快对毁林采取行动，因为数据表明在全球温室气体上升的同时，滥砍滥伐使得森林吸收二氧化碳的能力正在减弱。2009WWF的预测表明，如果继续目前的速度砍伐森林，将严重影响婆罗洲岛的气候，并引发水灾和森林火灾，影响人类健康，并最终导致2050年此地区气候变暖。而日益严重的干旱带来了森林火灾的发生率，加剧了生态栖息地的干扰的影响（Duncan Brack，Katharina Umpfenbach，2009）。

（3）影响社区生计及人民收入。在受威胁的森林中居住着5000万原住民，在许多国家中他们有着重要的文化和社会的作用，同时也积极开展创造各种发展机会，如生态旅游和非木材产品市场。为了获得森林资源，非法的商业采伐往往会与当地的原住民发生局部暴力冲突。甚至在最坏的情况下，非法采伐破坏了原住民赖以生存的热带雨林，剥夺他们的生存权，这往往是违反国际法和国际公约的。世界银行指出，非法采伐给一些最贫穷的国家带来了数十亿美元的收入损失，同时也滋生了腐败（Chatham House，2012）。

（4）威胁木材生产国的发展。在相当多的国家里，非法采伐已经成为严重威胁当地森林，社区贫困，群落和野生动植物的主要问题。非法采伐与相关贸易给生产国的环境、自然、财政收入、社会、政治等方面造成了严重的破坏，特别是造成了森林退化，林产品供给减少，同时扭曲木制品正常价格。由于大部分的非法采伐的木材价格比合法产品低，严重扭曲了国际市场的正当竞争，也一定程度上削弱了森林可持续经营的激励作用。现在国际社会上存在着对于出口林产品的国家天然林迅速减少以及其未来供应本国需要和产品出口能力方面的严重担忧。

## 3 国际应对非法采伐及相关贸易的主要措施

目前国际社会已经采取了积极的措施打击木材非法采伐及相关贸易。一些国家已经出台或将出台法律以加强合法木材贸易，同时对木材合法性的要求已经出现在一些国家的采购政策中。另外，国际组织和非政府组织正在努力促进消费者意识的提高，鼓励消费者购买来源合法及可持续采伐的木材。纵观国际社会打击非法采伐的行动主要通过两种渠道。一是政府层面，欧美等发达国家纷纷通过立法或实施政府采购政策及木材合法性验证等措施禁止非法木材进入其国内市场；二是社会层面，由私营部门和企业自发形成各种应对措施，如木材采购政策、木材合法性验证及森林认证等措施通过市场调解手段从流通上切断非法木材的来源。

## 3.1　全球的对策与行动

面对日益严重的全球森林问题，近几年来，发达国家采取了许多对策以应对日益严重的非法采伐和相关贸易。目前，国际社会还没有一个统一的协调机制，共同打击非法采伐和相关贸易。主要的表现是发达国家的应对措施相对完善，而发展中国家尚处在起步阶段。但是打击木材非法采伐及相关贸易行动已被国际社会列为重点议程，得到各国重视，引起了各种环境保护组织的极大关注。1998 年，英国举行的八国外长会议“森林行动计划”中非法采伐第一次被作为一个严重的国际性问题提出来。世界银行建立了支持“森林执法与施政”(FLEG)进程的多捐赠国的伙伴合作关系，与捐赠国一起支持和推进地区性 FLEG 进程，开辟了在国家和地区层面上处理复杂且敏感的与非法采伐有关问题的政治空间。国际社会都在采取广泛行动、启动各种进程，目的就在于解决非法采伐和贸易问题。从更广的意义上来讲，就是改进森林施政。这些行动和进程有的是在国际范围内开展，有的是在地区和国家层面上开展。

### 3.1.1　联合国行动

非法采伐和不可持续的森林经营行为引起了国际社会的关注，由此产生了一系列国际多边协议和许多相关的国际多边论坛。联合国森林论坛(UNFF)、国际热带木材组织(ITTO)和联合国粮农组织(FAO)等机构则一如既往地推动针对森林良治和非法采伐的国际进程，ITTO 和 FAO 还支持合理措施的执行。《生物多样性公约》(CBD)在其森林生物多样性保护工作中也涉及了非法采伐的问题。《濒危野生动植物种国际贸易公约》(CITES)也是潜在地为解决非法采伐和森林退化作出贡献。《濒危野生动植物种国际贸易公约》虽然仅限于某些特定树种，且效果有赖于各国的执行情况，但它是目前为止唯一一个允许进口国没收涉及珍稀濒危物种的非法进口木材的多边协议。2002 年 3 月在纽约举行的 UNFF 第二次会议上，非法采伐成为会议的一个议题，77 国集团表示支持建立打击非法采伐机制。2005 年 5 月在纽约联合国总部举行的该论坛第五次会议上，非法采伐和贸易问题被列为部长级会议的议题。

### 3.1.2　八国集团

1998 年 5 月，八国集团会议首次把非法采伐作为重要的国际问题提出来，并正式讨论通过了打击非法采伐的《森林行动计划》。采取的具体措施包括：鼓励交流非法采伐木材贸易的信息，以制定切实有效的打击措施；通过 UNFF 和国际热带木材组织，确定和实施有关改进木材国际贸易经济信息的具体措施；确定和评估国内防止非法采伐和贸易的措施以及需要改进的方面；履行有关国际协定的有关义务；同ITTO 等合作，帮助生产国提高评估非法采伐和贸易的性质和范围以及打击非法采伐和贸易的能力(Paul Toyne，2002)。

### 3.1.3 区域间进程

(1)欧盟 FLEGT。欧盟 FLEGT 行动计划确定了一系列行动方案，是欧盟对于全球非法采伐和相关木制产品贸易问题的回应。欧盟是应对非法采伐和相关贸易的重要力量，2002 年欧盟在约翰内斯堡可持续发展峰会期间举行了边会，阐述了欧盟关于帮助木材生产国改进林业执法和管理以打击非法采伐的承诺。2003 年 5 月欧盟制订了森林执法施政和贸易行动计划，支持有关国家改进执法和自愿参与，推行全球木材认证体系，确保进入欧洲市场木材的合法性，打击非法采伐木材。同年 10 月 13 日，欧盟农业理事会出台了打击非伐采伐行动计划，成员国部长在卢森堡举行会议，要求欧盟委员会起草有关森林认证的立法，并建议开放式签署森林执法、施政和贸易协议。

随后，在 2002 年 4 月欧盟委员会举办了一个探讨欧盟应当如何打击非法采伐的国际研讨会，此后在约翰内斯堡举行的世界可持续发展峰会上，欧洲委员会做出了一项郑重的承诺，打击非法采伐及相关的贸易。在此基础上，欧盟委员会在 2003 年 5 月发布了第一个《FLEGT 行动计划》提案。行动计划建议木材生产国(FLEGT 协议国家)和欧盟之间制定 VPA。这些协议规定双方在打击非法采伐方面的责任和行动。VPA 制定了一套方法，通过协议国家印发的 FLEGT 许可证来辨别进入欧盟市场的合法木材。这套方法的基础是在每个协议规范之下制定的木材合法性监测体系。通过 FLEGT 许可证，欧盟国家海关人员可以知道来自协议国家的哪些木材产品货柜是已经得到合法性认证的，从而可以把那些来自相同国家，但没有得到合法性认证的木材产品拒之于国门之外。监测体系将对木材生产、加工、国内核准、认证和第三方独立监督等方面作出规定(EFI，2011)。来自加入 VPA 的国家的出口商可以向欧盟出口获得 FLEGT 许可证的木材，运营商将不用再做进一步的合法性检验。因此，FLEGT，VPA 和欧盟木材法案是相辅相成的。

(2)其他地区 FLEG 进程。2002 年美国在布什总统的推动下，制定了打击非法采伐和贸易的倡议，确定了帮助刚果盆地、亚马孙盆地和中美洲、南亚和东南亚等发展中国家打击非法采伐和相关贸易的具体目标和加强林业行政管理与林业执法的战略措施和区域进程。

多项相关行动也随着国际和国家郑重承诺的出现而接连展开，其中主要的包括三个区域 FLEG 进程的开展，分别为：亚洲及太平洋地区森林执法和施政(EAP－FLEG)进程、非洲森林执法和施政(AFLEG)进程、欧洲和北亚森林执法与施政(ENAFLEG)进程。在世界银行的协调下，这些不同地区进程促使该区域内各国政府部门制定和执行国家行动方案，以打击非法采伐。参与各国作出部长级承诺，承诺制定和执行打击非法伐木的行动，这也是这三个进程所取得的成果之一。这些进程还被纳入了其他地区的森林管理计划中。利益相关方的参与对这些地区性部长级会议进程尤为重要，同时这些进程也越来越能够将政府、公民社会和私营部门统一起来。

EAP－FLEG 是亚太地区众多森林施政行动之一。例如，2002 年可持续发展世界论坛启动了亚洲森林伙伴关系（AFP），17 个木材的生产及消费国和 17 个政府间及民间组织参与到其中。在日本政府的支持下，伙伴关系提出了可持续的森林管理和协调机制用于对抗非法采伐，包括亚洲及太平洋地区 FLEGT 和泛东盟木材认证体系。

## 3.2　国家行动

### 3.2.1　制定法律

（1）美国：近年来，美国宣扬发展绿色经济，推行低碳经济，并相继出台了《雷斯法案》（修正案）、《清洁能源与安全法案》等一系列的法案。美国《雷斯法案》实质上是美国《粮食、保护和能源法案》（俗称“美国农业法案”）的一部分，旨在打击野生动物犯罪。2008 年 5 月 22 日正式生效的美国《雷斯法案》（修正案）延伸至植物及其制品（林产品）贸易，它认可、支持其他国家在管理本国自然资源中所做出的努力，并对企业交易来自合法渠道的植物及植物制品（林产品）提供强有力的法律保障。《雷斯法案》（修正案），扩充了针对植物的执法条款，包括规定进口、运输、销售、接收、获取或购买违反其他国家法律获得的植物为非法；扩展了植物的界定；包括来自天然林与人工林的林木以及由木材及其他植物制成的产品。《雷斯法案》（修正案）于 2008 年 5 月 22 日正式生效，2008 年 12 月 15 日起执行相关报关要求（Duncan Brack，2010）。

美国对进口植物及产品申报实施分阶段实施计划，并对具体的实施时间表涉及的产品范围有详细的规定，《雷斯法案》分四个步骤提交进口申报。

（2）欧盟：欧盟木材法案于 2010 年 12 月 2 日生效，于 2013 年 3 月 3 日正式实施。今后，欧盟市场只接受经合法检验的木材和木制品。这就意味着不符合欧盟法案的产品再也不能进入欧盟市场了。此法律适用于全部 27 个欧盟成员国，并对他们均具有约束力。欧盟木材法案的目的就是要禁止非法采伐的木材流入市场，向消费者保证他们所购买的产品均属合法，为欧盟市场上的木材贸易商提供一个公平的竞争环境。

欧盟木材法案的主要内容包括禁止非法采伐的木材及其产品流入欧盟市场、要求第一次将木材产品投入欧盟市场的欧盟贸易商实施“尽职调查”，供应链下层环节的其他贸易商必须保留供应商和客户记录。不遵守法律的后果将包括罚款，没收木材和授权立即中止交易。欧盟木材法案针对欧盟内进行的木制品贸易，涵盖几乎所有的木材和木材产品，回收产品除外。

（3）澳大利亚：为支持各级政府在其所辖范围内推进木材合法贸易进程，促进澳大利亚采购和销售合法采伐的木产品，经过 5 年的协商酝酿，2012 年 11 月澳大利亚国会通过了该国的禁止非法木材法案（Illegal Logging Prohibition，ILP），成为第三个通过制定法律禁止非法木材进入本国市场的国家。该法案旨在支持各级政府在其所辖范围内定义何为合法砍伐的主权。这项法案通过禁止进口非法采伐木材来促进合法采伐木材贸易，它与欧盟木材法案和美国雷斯法案相当，规定了进口和加工非法来源的木材是违法行为，相关的木材贸易商和制造商都可能被起诉。对故意或无视法规进口或加工非法木材的严重违法者最高处以 5 年监禁，针对个人罚款 5. 5 万澳元，针对公司罚款 27. 5 万澳元。法案分为两部分予以实施，主要法案于 2012 年国会通过即有效，而法案细则以及包括以细则为依据的尽职调查流程和详细产品清单将于法案通过的 2 年后，即 2014 年 11 月起生效。澳大利亚政府估计，该国木材进口额的10%，价值约40 亿澳元是违反 ILP 的。代表木材商利益的澳大利亚木材开发协会认为实施 ILP 后，仍有一些不确定因素，如可接受的法律保障和审慎步骤的风险评估。法案同时对国内生产的木材有效，环境组织可能据此要求停止一些地区的采伐，走在抵制非法木材前段的企业将会受益。目前为止澳大利亚禁止非法采伐木材法案是国家层面上唯一专门针对于非法采伐木材的法案

(4)俄罗斯：俄罗斯早在 1997 年颁布的《俄罗斯联邦刑法典》中就已经对非法采伐进行了定义，它指在没有采伐许可证的情况下砍伐树木、灌木和藤本植物；或拥有许可证，但是违反了砍伐和森林管理规程的采伐行为；或在允许采伐区边界外的木材采伐行为以及采伐了在采伐许可证中没有涉及的树种或禁止采伐的树种等行为。近年来，俄罗斯非法采伐问题依然严峻，2011 年，涉及非法采伐的案件有 2 万多起，非法采伐 115 万 $m^3$的木材，带来的直接损失达到 11 亿卢布。俄罗斯正在采取以下措施，加强打击非法采伐及相关贸易的力度，如制定国家森林政策，并把它纳入国家行动计划；改进立法、监管和法律基础；加强国有森林的保护；制定木材追踪系统；制定和实施鼓励森林可持续经营的机制；鼓励跨部门的合作；解决林区的社会问题；加强与非政府组织和大众媒体的互动；关注青年的成长和完善生态文化建设。

### 3. 2. 2 政府绿色采购政策

公共采购政策一直是合法或可持续认证林产品需求的重要驱动力。八国峰会的领导人达成共识，仅采购来自合法或可持续经营的森林的林产品。在欧盟，公共采购的价值高达 70 亿欧元，占欧盟 GDP 的 11%。

在英国、丹麦、荷兰、比利时、德国、法国和奥地利以及美国的一些州，政府部门提出了包括木材和纸产品在内的“绿色”采购政策。除丹麦以外，上述国家的采购政策对于中央政府部门是强制性的。这项政策规定，要求政府部门应采购来自“合法或可持续采伐的森林”的木材或木材产品。

(1)英国：1996 年在英国发行了一份关于建议政府部门采购可持续木材的自愿性质的建议。2000 年 7 月 28 日，英国环境委员会发表了关于政府采购的声明，声明中要求把所有中央政府部门和机构都包括在推行绿色采购的范围之内，要求各政府部门积极地采购可持续的、合法的购买木材和木制品，并提到把经过森林管理委员会(FSC)体系认证资源作为合法、可持续来源的一个范例。为了保证采购目标、数量和种类而采取的各种行动，以及为了保证木材来源的合法性、可持续性获得证据，要把每个中央政府部门的采购都计算在内，从而可以报告每年的总木材采购情况。2003、2004 和 2005 年分别都公布了指南函件。2007 年 3 月修改了政策，并在

2009年4月起开始施行，要求所有的供应商必须是合法和可持续的，或是拥有FLEGT许可证。该政策包含了木制品和纸制品。对中央政府部门、行政机构和非政府组织强制执行。2009年4月后，英国的木材采购政策要求木材必须来源合法和可持续或者通过FLEGT认证。直到2010年4月1日，所有有关木材产品的政府合同都将把社会标准纳入其中(TTF，2010)。

(2)丹麦：2001年丹麦议会首次通过了政府采购政策。2003年，发行了对于热带木材的政府采购指南。这些政策都在2006年2月更新，扩大到包括了所有来源的木材。2006年9月通过了对于合法木材采购的临时指南，并于2007年年中拟定了对于合法和可持续木材的一套标准草案，包括了木制品和纸制品。木材采购政策对于中央和地方政府都是自愿的。合法木材是最基本的要求，更倾向于可持续木材。丹麦政府在政府采购政策里自己建立了一套关于合法性和可持续性的标准。丹麦现行的标准的结构和内容与英国的合法与可持续定义很相似(EFI，2011)。

(3)法国：2003年6月作为国家可持续发展战略的一部分，法国通过了政府采购政策。最初只与热带木材相关，在2005年扩大到了包括所有的木材，也包括了木制品和纸制品。对于国家部门和机构是强制的，鼓励地方当局参考。对于法国政府来说，最低要求是木材来源合法和可持续。纸和包装需要可回收。法国政府没有为合法的标准下一个定义，但是需要遵守CITES。法国对于合法性和可持续性的认证依赖于独立的第三方。

(4)比利时：2005年11月18日，比利时联邦部长会议通过了关于政府采购政策的联邦通告，旨在促进使用可持续森林的木材和木材制品，于2006年3月18日开始执行。采购政策仅包括了木制品。联邦政府的服务机构与部门强制执行。为地方政府提供的是绿色采购指南。比利时政府采购政策的最低要求是可持续性。比利时政府对于可持续森林经营建立了11项标准。2008年对其采购政策，包括标准进行了一次审核。这次审核的结果是，比利时联邦政府致力于一项在国家层面的通用标准，与英国和丹麦的标准相似。

(5)德国：2005年11月11日，德国联邦政府宣布其支持可持续经营森林认证，并将继续采购通过认证的木材。2007年1月，联邦政府发行了关于木制品采购的联合操作指南。该政策有效期为4年，涵盖了粗加工品、半成品和成品。对于复合产品，政策仅在木材是最重要的组成部分时适用。采购政策不适用于纸或纸制品，对联邦当局强制执行。

(6)荷兰：荷兰的木材采购政策最初由政府于1992年发起。现行的木材政策是与2004年6月18日公布的。2010年，中央政府采购的所有木材必须来自于可持续森林，如果没有，至少要是合法来源。这个政策适用于木制品和纸制品，并且在国家级的政府机构强制执行。

(7)瑞士：瑞士政府的资源性指南仅考虑使用的木材和木材产品来自于可持续经营森林，并且接受FSC和森林认证认可计划体系(PEFC)认证制度。政府已经宣布，热带木材本身不能运用于建筑里，在建设时期这种木材的材料也不能用。其他产品，包括复印纸、信封、其他印刷材料和办公家具，应该首选可回收和有环保标签的。

(8)澳大利亚：澳大利亚政府发布的绿色采购指南鼓励使用当地生产的可回收的材料或是可持续材料。产品优先考虑可持续的，包括那些源于认证资源(如澳大利亚林业标准或者 FSC 或者澳大利亚区域森林协议)的产品。

(9)新西兰：新西兰政府于2006 年12 月引进了采购政策，并且要求供应商至少要提供合法证明。该政策接受一系列的证明，包括认证体系、合法证明体系和分段式的方案。

(10)日本：日本是一个木材消费大国和进口大国，木材年需求量的 80% 依靠进口；同时，日本又是热带木材的主要进口国之一。因此，日本对木材的非法采伐和非法贸易问题非常关注。早在 1994 年日本就开始了有组织的绿色采购活动。1996 年政府与各产业团体联合成立了绿色采购网络组织(GPN)，自此开展了自主性的绿色采购活动，颁布了绿色采购指导原则、拟定采购纲要、出版环境信息手册等。2000 年日本政府颁布了《绿色采购法》，并于 2001 年全面付诸实施。2003 年日本政府制定了“日本绿色采购调查标准化协议(JGPSSI)”，建立起绿色采购信息咨询、交流机制。2005 年在英国格伦伊格尔斯召开的 G8 峰会上，日本政府表示要将非法采伐对策纳入《日本政府关于防止气候变暖的倡议》中。在此背景下，日本政府于 2006 年 2 月修订了关于推进环保产品等采购基本方针，发表了《敬告向日本出口木材及木材产品的同行们》的声明。新政策的宗旨是规定政府采购的木材和木材产品必须保证其合法来源，同时要考虑这些产品的原材料是否来自于可持续经营的森林。在此，“合法性”作为一项评价标准，是强制性的，而可持续性只是作为考虑因素。采购商品种类主要包括纸、文具、办公家具、内部固定装置和寝具、公共设施的原料等 5 类。证明材料主要有三种：①森林认证证书；②行业协会及相关的权威部门颁发的证明材料；③其他具有和①、②同样可信度的证明材料(Luca Tacconi，2007)。

### 3.2.3 发展木材合法性验证体系

政府层面的木材合法性体系主要指欧盟的 FLEGT 下的 VPA 制定的木材合法性保证体系(TLAS)；政府委托私营公司执行的监管服务，如 SGS 的强制性合法木材验证体系(MLTV)。这些政府层面的合法性体系都属于强制性的合法性验证，且涉及所有经营者。

#### 3.2.3.1 FLEGT 下的 TLAS

2003 年 5 月 21 日欧盟委员会发布了第一个 FLEGT 行动计划提案，提出了在联合国共同努力实现可持续森林经营的背景下支持打击非法采伐问题和相关贸易国际行动的一揽子措施。

FLEGT 行动计划建议木材生产国(FLEGT 协议国家)和欧盟之间制定自愿双边协议。这些协议规定双方在打击非法采伐方面的责任和行动。在已签署的自愿伙伴关系协议中，合法性定义包括以下提及的 5 个方面：依法划定采伐区域，遵守法律限定的采伐权限；遵守一切相关的林业法规，包括环境、劳工和社区福利方面的要求；遵守税法、进出口关税、特许经营权费，以及其他与木材采伐和贸易相关的费用规定；如果新的采伐权影响了土地和资源的原有权属和使用权关系，应当尊重原有权属和使用权；遵守贸易和出口程序的要求。

VPA 制定了一套方法，通过协议国家印发的识别许可来辨别进入欧盟市场的合法木材。这套方法的基础是在每个协议规范之下制定的木材合法性监测体系。通过 FLEGT 识别证书，欧盟国家海关人员可以知道来自协议国家的哪些木材产品货柜是已经得到合法性认证的，从而可以把那些来自相同国家，但没有得到合法性认证的木材产品拒之于国门之外。监测体系将对木材生产、加工、国内核准、认证和第三方独立监督等方面作出规定。

在自愿伙伴关系协议框架下，TLAS 旨在提供一种可靠的方式，用以区分合法林产品和非法林产品。协议国签发许可证需要有一个系统确保只有合法生产的木材才被准予出口。要做到这一点，必须检查实地作业，以及监控从采伐到出口的供应链过程。合法性保证体系包括以下 5 个组成部分：合法木材的定义；供应链监控；认证；签发许可证；由第三方独立监测该系统。其中一个组成部分是供应链监控，包括供应链控制的 5 个主要原则：①使用权：明确划定森林资源权的分配地区，并确定权利所有者；②生产和加工：为供应链建立有效的从采伐到出口的木材追踪机制；③数量：在供应链各个环节建立强有力的、有效的机制以测量和记录木材或木材产品的数量；④其它木材混入合法验证木材：如果允许其它来源的原木或木材混入合法来源的原木和木材，就必须实施有效的控制措施，剔除来源不明的木材或未经合法采伐的木材；⑤木材产品进口：有适当的控制措施，保证所有木产品进口均为合法。鼓励伙伴国制定合法性保证体系，在该体系中对每个运营商提出要求，保证所有木材(无论是国内生产还是外国进口)都必须有合法来源(Saskia Ozinga，2011)。

需要指出的是，在欧盟签署的 VPAs 中包含对发放 FLEGT 许可证的限制，强调若协议国从第三国进口木材产品，但该木材产品在此第三国禁止出口，或有证据表明该木材产品的生产违反木材采伐国的法律，此时发证机关将不给其发放 FLEGT 许可证。

目前，主要有按运输批次发放证书和按运营商发放证书这两种方式实施 TLAS 体系。按运输批次发放证书指由主管部门通过全国性的控制体系对每一批出口运输的木材进行合法性检查，然后发放证书的方式。按运营商发放证书指主管部门确认某个运营商已实施木材合法来源的控制体系，并且通过定期审核确保运营商的控制体系已有效实施，然后向运营商发放木材出口许可证书的方式(European Commission，2007)。在一些 VPA 国家，有可能建立全国性的合法性保证体系。但欧盟希望在最初阶段，要保证出口到欧盟的木材的合法性。随着经验的积累和体系的完善，可将合法性保证体系扩大到所有木材出口产品。

印度尼西亚已在 FLEGT 框架下建立由印度尼西亚政府推动、印度尼西亚林业部负责的印度尼西亚 SVLK 木材合法性保障体系。该体系是强制性的，所有印度尼西亚企业都必须遵守合法性规定，由印度尼西亚发起并于 2009 年正式实施，用于确保从当地出口的木材产品是合法且可追溯来源的。SVLK 旨在保证所有林木产品都符合印度尼西亚的相关法规条例，涉及领域包括认证颁发、原料采集、运输及加工等各操作环节，它是最终完成森林可持续经营(SFM)认证的重要一步。

3.2.3.2 政府主导的木材合法性验证体系

不少国家制定实施政府监管体系，保证合法性，但这些体系在范围和效用上存在很大差异。有些体系注重检验原木出口，并不对森林经营进行合法性核查。

如马来西亚木材行业委员会(MTIB)和沙捞越木材行业发展公司(STIDC)就木材产品出口发放许可证。要申请许可证，公司必须以木材出口商身份在MTIB或者STIDC注册。在收到相关文件(如发票、运输通行证和报关单)并进行检查后，MTIB或STIDC下发出口许可证。运输通行证为托运木材提供了官方证明，证明该木材来源合法或者合法进口，且已支付相关税费。目前，马来西亚已根据VPA谈判进程建立了自己的合法性验证体系，替代上述体系。

印度尼西亚在签署VPA协议之前，针对一系列木材产品的出口实施了强制性出口登记(ETPIK)制度。ETPIKs由木材产业振兴董事会（BRIK)制定。要获得ETPIK的资格，公司必须证明进入加工厂的所有木材须附有运输许可证(SKSHH)。

3.2.3.3 代表政府的私营机构验证

部分政府委托私营机构代表政府开展强制性的合法木材验证，如SGS开展的强制性合法木材验证（MLTV)。

MLTV是SGS在国家层面上实施的一种验证项目，用来监测和检验木材生产并追踪相关信息(陈勇等, 2012)。MLTV验定项目是为木材生产国政府制定的，旨在监测和检验木材生产、销售和出口，在政府与独立的SGS之间形成长期的伙伴关系。MLTV主要在各阶段提供制度能力建设服务，通常包括国家机构的建设、运行、转换及后续支持。MLTV检验全国或全省所有公司是否一直符合特定法律要求。第一个MLTV项目于1994年出炉。SGS在以下地区开展项目：

喀麦隆：原木出口监测合同和技术支持合同，实施全国木材追溯体系；

刚果民主共和国：国家合同，在全国范围内开展木材生产、销售和出口监管项目；

利比里亚：国家项目合同，实施管理全国木材追溯体系；

刚果共和国：技术支持合同，建立全国木材追溯体系；

巴布亚新几内亚：原木出口监测合同和试点项目，建立木材追溯体系。

## 3.3 企业与行业协会行动

### 3.3.1 行业协会

(1)比利时木材进口联盟：比利时木材进口联盟(FBIB)负责任的采购政策在2005年底前就开始实施了，它包含了所有的木材产品，对于成员来说是非强制的(TTF，2004)。

FBIB伙伴需要“从供应商那里寻找遵守了生产国法律法规的证据”。供应商还需要提供监督方的合同细节。联盟伙伴还需要遵守CITES法规，并支持森林认证体系，如FSC、PEFC、加拿大标准化协会体系(CSA)、美国可持续林业倡议(SFI)体系和马来西亚木材认证委员会(MTCC)体系。他们还接受第三方认证的合法木材和供应商对于合法性的申报。

(2)法国木材贸易联盟：法国木材贸易联盟(LCB)对于购买合法木材的承诺在其环境宪章里有详细列出。2006 年发布了这个宪章，并于 2007 年在自愿的基础上实施，2009 年 9 月后将强制实施。对于成员的第一次审查要在 2010 年年底前完成。

合法性是 LCB 环境宪章的最低要求。根据章程，成员要求供应商提供合法认证。我们也鼓励成员逐渐地增加对有可持续森林经营认证的产品的供应。合法性被界定为对国际和国家法律与标准的尊重。

LCB 成员接受以下类型的证明：①合法认证体系：BV 的木材原产地与合法性验证(OLB)、RA 的合法性验证(VLC)、SGS 的木材合法性与原产地验证(TLTV)、TFT 的木材贸易行动计划(TTAP)；②所有的森林认证体系：FSC、PEFC、芬兰森林认证体系(FFCS)、加拿大的 CSA、美国的 SFI 体系、马来西亚的 MTCC、美国林场体系(ATFS)、澳大利亚林业标准( AFS)体系、巴西的 CERTFOR 体系、荷兰的 Keurhout 体系、印度尼西亚生态标签( LEI)体系，以及政府鉴定书。

(3)德国木材贸易联盟：2006 年 5 月推出了德国木材贸易联盟行为准则，并于 2009 年 6 月进行了修订。对于所有签订了行为准则的成员来说都是强制的。

德国木材贸易联盟的行为准则承诺其成员会支持合法和可持续的木材贸易。成员应该考虑到 CITES，尊重欧盟和联合国的禁止贸易的建议，同时也应该与合法来源采伐原木和锯材、激励单板供应商提供合法证明等，排除非法采伐和相关贸易的可能。此外，成员还应该通过对于认证产品的偏好来支持 SFM，避免进行濒危物种贸易和支持认证。但是，德国木材贸易联盟没有具体说明接受哪种认证体系。

(4)荷兰木材贸易联盟：荷兰木材贸易联盟(WNH)于 2003 年制定了其行动准则，并于 2004 年被其成员全部接受，这对于所有的联盟成员是强制的。所有的成员都致力于稳步增加认证木材的数量和其他可追溯到森林来源的产品。主要的目标包括了到 2009 年，100% 的木材可追溯，并且 75% 的来源可持续。2010 – 2015 的新政策不久将会推出，目标是进口的软木、硬木和胶合板来源可持续的比例分别占 100% 、50% 和 85% 。

根据 WNH 的行为准则，成员们只进行合法木材贸易，并且倾向于可持续经营森林木材贸易。WNH 于 1996 年建立了 Keurhout 系统来核实和批准不同的认证计划。近年来，Keurhout 系统也注重合法性认证计划。Keurhout 建立了自己的一套合法性和可持续性的标准来审核合法认证计划和森林认证计划。

(5)西班牙木材贸易协会：2005 年 3 月西班牙木材进口商协会(AEIM)通过了其负责任的采购要求，并且立即生效。对于所有的成员，不管是企业还是机构，都是强制的。

西班牙木材贸易协会的最低要求是合法性，与西班牙的进口法、国际公约如 CITES 和 CBD 一样，定义合法性为遵守来源国的法律。同样也建议成员开展可持续森林经营认证。

西班牙木材贸易协会认为与确认木材合法性的来源国的供应商签订合同可作为合法性的证明。来源国的供应商要求提供关于经营方案、所有权认证、采伐认证、运输文件等方面的信息，还建议(并不强制)供应商寻找供应产销链认证。

(6)英国木材贸易联盟：英国木材贸易联盟(TTF)是英国最大的国家级木材协会，其会员企业掌控了英国85%的木材贸易。自2010年，在其会员行为准则中加入新环境标准，以帮助会员应对《欧盟木材法案》。根据这个标准，TTF制定了负责任采购政策，并于2010年起强制要求会员实施负责任采购政策。TTF的负责任采购政策是一种风险管理工具，支持会员企业遵守TTF制定的环境行为准则。据此准则，要求会员签署承诺声明，并实施尽职调查体系。该政策强制执行，不愿执行负责任采购政策的会员企业将作退会处理。

TTF负责任采购政策程序分为采购程序和年度管理与报告程序两部分。在采购过程中，会员企业的采购经理必须根据5个步骤来检查执行负责任采购政策的实施情况，包括：①验查所采购的产品是否通过第三方认证或验证且开展了风险管理，如是，则可验证为低风险，不必开展之后4个步骤的验查；②对于没有开展风险管理的产品，开展初期风险评估，评估所获得相关信息和声明，如果经审核验证为低风险，不必开展之后3个步骤的验查；③根据TTF国家指南、供应链图和供应商管理表，收集产品来源和供应链的更多信息；④开展最终风险评估，如果结论为低风险，不必开展下一步工作；⑤实施供应链审核等风险规避措施，减缓风险(TFT，2010)。

TTF也要求会员企业实施年度管理与报告机制，主要分两步开展：①会员企业必须开展风险管理，并形成年度风险管理报告；②在必要时，针对负责任采购政策开展审核，并将审核报告提交至TTF。

TTF会员企业可免费使用负责任采购政策框架和工具。在这个框架中，包含三个部分：①风险评估框架，以分析非法木材流入会员企业供应链的风险；②渐进式评估过程，以逐渐提高合法来源和经认证木材的采购比例；③会员协助机制，帮助会员企业向消费者宣传其最佳采购政策。TTF负责任采购政策体系认可FSC和PEFC等认证体系。并向会员提供技术支持和指导，帮助会员以一种正式且系统的方式有针对性地收集相关信息，实施负责任采购政策。

TTF的准则规定“成员要承诺他们的木材和木材产品均来自合法与可持续经营的森林”，要求供应商提供所有供应产品的年度总量和许可证或是其合法认证说明。对于没有经过认证或是合法性证明的产品，供应商需要提供来源国的信息、森林位置、是来自天然林还是人工林、执行的任何管理计划或是证明合法的文件。成员需要将未认证产品的风险分为低级、中级和高级，并包含一份降低风险的指标书。英国木材贸易联盟接受供应商的产品为合法包括：①森林认证体系(CSA，FSC，MTCS，PEFC和SFI.)；②木材合法性认证体系(欧盟FLEGT许可、SGS的TLTV验证、BV的OLB验证)；项目(TFT的木材贸易行动计划(TTAP)、RA的Smartstep、WWF的全球森林与贸易网络(GFTN))。

### 3.3.2 企业木材采购政策

(1)百安居(B&Q)：作为一家具有全球供应网络的国际零售商，于1991年发起了木材采购政策，并分别于2000、2004、2006和2008年进行了修改，最新的政策于2009年8月出台。百安居的木材采购政策是为了确保所有使用的和销售的木材、木材制品和纸制品都来自于管理良好的森林、完全的产销监管链或是可回收材料。

为了符合百安居的木材采购要求，供应商必须提供相关文件，以证明所采用木材的所有来源均来自合法林业资源。百安居接受以下的合法证据：有完全产销监管链的经过 FSC 认证的木材来源；有完全产销监管链的非热带物种 PEFC 认证的木材来源；只有当有产销监管链支持并且有独立的证明确保来源符合 FSC 的要求时，其他来源的 PEFC 认证木材才会被接受；由回收的消费前或消费后废弃物生产的产品必须有独立的第三方验证，表明此材料是再生的废弃物。

(2)宜家：宜家家居(IKEA)于 1943 年创建于瑞典，目前已发展成为已成为全球最大的家具家居用品商家。宜家在其制定的 IWAY 林业标准(2008 年 6 月更新)中阐述了对宜家供应商的木材原材料和相应木材采购作业的要求。该标准涵盖宜家产品中所使用的木质纤维原料，包括实木，单板，胶合板、层压板等。其对宜家产品所使用的木材原材料的要求包括：

①优先选择的木材来源：木材来自负责任经营的森林，该森林必须通过宜家认可的森林认证体系的认证。通过 FSC 森林经营(FM)和产销监管链(COC)标准认证的木材符合宜家优先选择的原料要求。使用在宜家产品的高价值热带树种必须经过宜家认可的森林认证体系的认证。

②最低要求：用在宜家产品上的木材必须遵循以下原则：不来自涉及非法采伐的森林；不来自涉及林业纠纷或社会冲突的森林；不来自未经认证的原始林或已确定的高保护价值森林(HCVF)；不来自转化为人工林或非林业用途的热带和亚热带天然林；不来自官方判定或地理上鉴定为商业转基因的人工林。

对于供应商，宜家要求其指定专人负责、制定木材采购和操作程序、传达并遵守宜家关于原料采购的林业要求，收集和填写有关木材来源的森林资源调查表，识别并验证高风险来源，对所有进厂材料进行登记，隔离未通过验证的木材，并开展相关的培训活动。宜家还成立了专门的林业标准审核团队，对其供应商开展第二方的审核，以确保其按照 IWAY 林业标准进行操作。

(3)家得宝(Home Depot)：家得宝是全球领先的家居建材用品零售商，于 1999 年首次推出它的木材采购政策，适用于木材和木材产品。家得宝的木材采购政策的最低要求是合法性，希望其木材和木材制品的供应商的经营和生产的产品遵守了法律法规。

家得宝承诺优先购买来源于经过认证的经营良好的森林的木材和木材产品；不购买来自于世界各地濒危地区的木材和木材产品；促进对于木材和木材产品的有效利用和负责任的利用；促进和支持替代环保产品的发展；承诺不购买世界保护监测中心列为潜在濒危物种的 40 种树木，除非供应商提供出口许可。

家得宝接受来源合法的木材，但是并没有指定证明其合法性的证明类型，但是将 FSC 的认证产品作为优先考虑的产品。

(4)汇丰银行：汇丰银行于 2004 年首次发布了其林地和林产品部门指南。2008 年对指南进行了审查和修订。汇丰的政策适用于为森林和林产品部门的客户提供金融服务，包括林业经营、木材产品、世界各地生产的纸浆和种植园(木材、油棕、大豆和橡胶)。汇丰银行要求客户能够取得独立的认证，证明他们的木材业务和/或他们提供的木材产品是合法以及可持续的。汇丰的标准是建立在FSC的原则和标准和对于赤道原则的承诺的基础上的，其标准为合法性和可持续性提供了保证。

对于合法性，汇丰要求采伐活动尊重许可证，配额，特许区域，本地关于税收的法律，保护种类(包括CITES物种)，高保护价值森林的社区和区域的合法权。汇丰不会资助把高保护价值森林转为人工林，并且只考虑在高保护价值森林里的低影响行动。

对于可持续性，汇丰要求森林经营要将对生态系统的危害减到最低，保持森林生产力，确保森林生态系统的健康和活力，维护森林住宅社区的传统和习俗权(包括保护土著人民的权利，维护社区关系，为当地社区谋福利，保护工人的权利和解决纠纷的机制)，并反映经济、环境和社会利益的均衡参与。根据政策，汇丰将不会资助原材料来自于非认证木材的纸和纸浆的生产。

汇丰银行接受FSC认证，因为汇丰银行的标准是以FSC的标准为基准制定的。其他认证体系可能也会被接受，取决于其内容是否满足了汇丰的标准。当客户的行为70%是可持续的，并且有证据表明剩下比例的行为是合法的，符合最佳实践认证程序，则认为客户符合了政策要求。汇丰也支持"近似遵守"的客户，即该客户在符合政策的过程当中。例如，客户在取得认证的过程中，或在达到可持续前提供了合法性保证。

(5)沃尔玛：2008年7月，沃尔玛在加入森林与贸易网络后，于2008年9月提出了它的木材采购政策。政策涵盖了纸和木制品。沃尔玛的供应商必须确保他们的木材来源是已知的，合法的，文件是可查的，并且是遵守了所有使用的法律的。沃尔玛将会优先考虑采用通过其认可的森林认证项目的可持续木材的家具供应商，例如：FSC，SFI，PEFC，CSA。沃尔玛承诺在2013年前从供应链中消除所有的不需要的木材：来源不明的木材、高保护价值森林的木材、导致天然林转化为人工林的木材、或者来自没有得到净社会和环境效益的土地的木材、木材的贸易方式推动了暴力冲突、木材采伐或加工侵犯了人权。

## 3.4　第三方合法性与可持续性认证

### 3.4.1　森林认证

森林认证是非政府环保组织认识到一些国家在改善森林经营中出现政策失误、国际政府间组织解决森林问题不力以及林产品贸易不能证明其原材料来自何处之后，作为促进森林可持续经营的一种市场机制，于20世纪90年代初逐渐兴起的。森林认证为消费者证明林产品来自经营良好的森林提供了独立的担保，通过对森林经营活动进行独立的评估，将"绿色消费者"与寻求提高森林经营水平和扩大市场份额以求获得更高收益的森林经营部门联系在一起。森林认证的独特之处在于它以市场为基础，并依靠贸易和国际市场来运作。

森林认证包括FM认证和COC认证两个部分。FM认证，主要针对森林经营企业，由独立第三方认证机构根据所制定的森林经营的标准，按照规定的和公认的程序，对森林经营绩效进行审核，以证明其达到可持续经营或负责任经营要求并颁发证书的过程。而COC认证是针对木材加工企业，对其各个生产环节，包括从原木的运输、加工到流通整个链条进行鉴定，以确保最终产品源自于经过认证的经营良好的森林或其它符合要求的来源。通过认证后，企业有权在其产品上标明认证体系的名称和商标，即林产品认证的标签。森林认证有两个主要目标，一是提高森林经营水平，实现可持续性；二是保证并促进市场准入，获取市场利益。它主要针对木材产品，也可包括森林中生产的森林食品、中草药、竹藤等非木质林产品及森林服务。

各认证体系制定的森林认证标准中，都把合法性作为森林认证标准的最低要求。在森林认证过程中，通过木材的跟踪普查以及认证的审核，可以监督森林采伐的合法性，有效控制非法采伐。林产加工企业通过COC认证，就可以证明其木材来源的合法性。这样开展森林认证也为林产品加工企业的木制品出口满足欧盟所提出的"尽职调查法案"和美国提出的"雷斯法案"要求提供了一个可行的途径。

森林认证在不到20年的时间中得到了成功的发展，受到政府、市场、林产品加工企业的广泛认可。到目前为止，世界上共有两大国际体系—FSC和PEFC在运作，还有很多国家发展了国家森林认证体系。目前主要的森林认证体系包括以下几种。

(1)FSC：FSC体系是由非政府组织发起的全球体系，也是全球第一个森林认证体系，它强调环境、社会和经济三方的利益平衡和决策共享。该组织于1993年11月成立，是一个独立的、非营利性的非政府组织，旨在促进对环境负责、对社会有益和在经济上可行的森林经营活动。它制定了全球统一的FSC原则与标准，通过其认可的认证机构认证森林，并提供全球统一的FSC认证标志。FSC体系得到了非政府组织、贸易组织和消费者的广泛认可，国际市场认可度较高。至2013年8月15日，全球共有80个国家1216个经营单位的1.81亿$hm^2$的森林通过了FSC的认证，113个国家的26685个企业通过了COC认证。

(2)PEFC：PEFC体系是由欧洲私有林场主协会于1999年6月发起成立，总部设在卢森堡。原名泛欧森林认证体系，2003年根据在全球开展森林认证工作的需要，改为现名，由一个区域性森林认证体系发展成为全球性、自愿性森林认证体系。它根据PEFC的《技术文件：共同要素与要求》来认可国家认证体系，发展了各国认证体系的相互认可的框架。它通过各个国家认可的认证机构来认证森林，并提供统一的PEFC产品认证标志。到2012年10月底底，PEFC接纳了来自欧洲、北美、南美、亚洲和大洋洲的35个国家体系会员，批准了其中27个国家的28个国家森林认证体系和认证标准(其中美国有两个体系)。至2012年8月，全球共有27个国家的2.40亿$hm^2$的森林通过了PEFC的认证，9167个企业通过了COC认证。

(3)区域体系与国家体系：区域体系有泛非森林认证体系和泛东盟森林认证体系，但都没有正式运作。另外，马来西亚、印度尼西亚、美国、加拿大、智利、巴西、澳大利亚等国均创立了国家森林认证体系，大多数国家体系均已加入PEFC体系。

(4)中国国家森林认证体系(CFCS)：在世界森林认证蓬勃发展的同时，中国政府也开始关注森林认证，并着手建设中国的森林认证体系。国家林业局于2001年7

月决定成立中国森林认证工作领导小组，统一协调、管理森林认证有关事务。领导小组下设办公室，设在国家林业局科技发展中心森林认证处，具体负责森林认证工作。2008 年 6 月，国家林业局与国家认证认可监督管理委员会发布《关于开展森林认证工作的意见》，2009 年 3 月，国家认监委发布《中国森林认证实施规则》(试行)，标志 CFCS 正式运作。

2007 年 9 月 10 日国家林业局正式发布《中国森林认证　森林经营》和《中国森林认证　产销监管链》林业行业标准。其他标准和相关技术规程也正在制定或发布过程中。

### 3.4.2　合法性验证

目前，在国际市场上存在一些由第三方开展的自愿的合法性验证体系，主要目的是满足市场对于合法性木材的需求。在整个供应链中从事森林资源管理的公司、制造商和贸易商为了向他们的客户提供木材和木材产品来源合法的证明，通常会使用第三方的合法性验证体系来提供证据。

自愿性的合法性验证体系从其标准制定过程、认证认可、产品追踪和标签等方面来看，不像森林认证那样完善。这是由于对于合法性验证体系本身来说，并没有一个鉴定机构，因此没有一个统一的关于合法性验证体系发展和管理的方法。自愿合法性验证体系的认证机构对于合法性定义和如何进行验证都有自己的理解，对采用何种形式的公共宣传方面也存在差异。现有的第三方合法性验证体系主要有以下 6 个：

(1)SGS 的木材合法性与原产地验证。SGS 总部位于瑞士日内瓦，在全球范围内开展检验、鉴定、测试和认证服务。在林业领域，它也开展有关森林可持续性和木材合法性的验证服务。SGS 的木材合法性与原产地验证(TLTV)出台于 2005 年，目前提供两个方面的 TLTV 服务：合法来源验证(VLO)和合法性验证(VLC)(SGS，2013)。

合法源验证(VLO)：对于诸如制造权、所有权的连续性、完税及生产配额的执行情况的检验，以证明原木与木制品都是合法取材的。

合法性验证(VLC)：对木材生产商符合所有相关国家法律包括森林管理计划、土地管理及森林开发方面的法律的评估，以证明原木与木材制品都是合法生产的。

(2)雨林联盟的合法来源验证和合法性验证。雨林联盟(RA)成立于 1987 年，总部设在美国纽约，是非营利性的国际非政府环境保护组织，在全球范围内开展可持续农业、林业和旅游标准制定、认证审核和推广工作。2007 年 11 月，雨林联盟制定了合法性验证计划，该计划开展 VLO 和 VLC 验证。VLO 标准仅关注到合法采伐权、遵守税费方面的法律、尊重其他方的所有权和使用权和遵守贸易和出口程序要求这四方面的要求。合法性验证(VLC)对合法来源验证进行了扩展。不但木材来源应是合法的，而木材采伐、加工生产和运输应遵守各类相关法律，如环境保护、野生生物、水土保护、采伐规程和体系、劳动者健康与安全及社会公平等相关法律(Rainforest Alliance，2011)。目前，雨林联盟已取消了 VLO 验证，仅开展 VLC 验证。

(3)必维国际检验集团的木材原产地与合法性验证。必维国际检验集团(BV)成立于1828年，总部设在法国。该集团由在全球范围内提供检验、测试、审核、认证、船舶入级，以及与这些业务相关的技术支持、培训与外包服务。BV的木材原产地与合法性验证(OLB)体系于2004年制定，该标准是应林业公司需要而制定，以证明其经营活动和木材供应的合法性，尤其热带地区森林经营采伐的合法性。OLB标准对合法采伐权，遵守与森林经营、环境保护、劳工福利、健康与安全与相关的法律，遵守与税费相关的法律，尊重可能受木材采伐权影响的土地和资源的所有权和使用权、遵守贸易和出口程序要求等五个方面提出要求。OLB的具体步骤包括：针对公司的一份具体的合同；预评估(可选)，根据目前的情况之间和标准的要求寻找差距；进行初步评估；认证委员会决定；证书发放；监督审核，以验证系统整合的连续性；经过5年的时间，证书更新(Bureau Veritas China，2013)。在每个阶段，提供一份完整的报告，BV保证了后续证书的有效期。

(4)SCS的合法采伐验证。SCS是位于美国的一家认证机构。其于2010年7月19日制定运行了一种全新的认证标准——合法采伐验证(LHV)，并在亚洲和南美开展试点工作。在评估森林经营单位的合法采伐权方面，LHV验证在本质上与VLO相似。然而，LHV更进了一步，向企业提供了更强有力的标准(SCS Global Service，2013)，包括：①供应链预评估，为企业提供一个更好地了解其供应链风险的计划；②合法采伐验证，主要针对直接经营管理森林的单位，以确保他们投放到市场的木材是合法的；③为工厂和贸易商进行合法采伐验证，主要针对想证明自己木材来源合法的制造商和贸易商提供服务，要求定期现场审核LHV标准。在这种情况下，有时会要求上游供应商和来源地的森林开展LHV或VLO验证。另外，SCS还为一些组织或者协会提供服务。

(5)Certisource的合法性验证。Certisource是一家位于印度尼西亚的私营公司。其合法性验证体系于2007年3月出台，主要针对向美国、欧洲、澳大利亚、新西兰和新加坡的客户出口木材和木材产品的印度尼西亚木材特许经营公司和加工厂实施Certisource合法性标准。Certisource没有制定自己的标准，而是沿用WWF全球森林贸易网络(GFTN)指南，以此为基础并与当地相关标准相结合。在印度尼西亚，Certisource使用印度尼西亚生态标签研究所的合法性标准。与必维国际的OLB相似，Certisource也对合法采伐权，遵守与森林经营、环境保护、劳工福利、健康与安全与相关的法律，遵守与税费相关的法律，尊重可能受木材采伐权影响的土地和资源的所有权和使用权、遵守贸易和出口程序要求等五个方面提出要求。与其他验证体系不同的是，Certisource体系以批次为基础开展验证活动，而不对森林经营单位和工厂开展验证(陈勇等，2012)。如经验证符合要求，各个批次将取得Certisource证书。Certisource独立认证机构在验证供应链中的一批木材时，也会对森林作业进行评估，如许可证和年可采伐量、运输文件及实地森林检查。值得一提的是，Certisource在产销监管链审计中采用了DNA技术，这比书面核查体系更为精确。DNA验证体系在供应链各个环节针对同一树木采集DNA样本并作配对。通过这种方法，该体系提供了一种科学方法来验证产销监管链的书面证明文件。

(6)NEPCon的合法源验证。NEPCon根据欧盟木材法案的要求于2010年建立合法源验证体系，旨在帮助森林经营单位、采伐作业企业、加工企业、贸易商、进口商和出口商满足欧盟、美国和大洋洲针对非法木材采伐及其贸易的法律要求。其中，尽职调查体系是NEPCon合法源体系最核心的部分，向林产品生产、加工、销售、贸易等企业提供了一种满足欧盟木材法案、美国雷斯法案和大洋洲非法木材法案的渐进的方式。尽职调查体系共包含四个组成部分：建立质量管理程序、获取木材来源和供应链信息、风险评估和风险规避。在建立质量管理程序方面，企业应做出公开承诺，只购买和使用合法木材，并界定执行体系的负责人及其职责和适用于体系的产品组、供应链和材种；建立尽职调查的文件管理和保存体系，开展内部审查和外部审核。在质量管理程序的基础上，要求企业收集和取得供应商和供应链的相关信息，包括产品类型、供应商和采购商信息、来源地区、材种、数量、原料的验证或认证状况等。基于这些信息，评估供应链和供应商的风险，得出风险结论。如风险结论为高风险，企业应采取措施规避风险(NEPCon，2013a)。另外，NEPCon还制定了针对森林经营、供应链、产销监管链以及其它低风险来源的标准。在特定环节出现风险时，可根据这些标准进行合法性验证。由于NEPCon合法源体系完全脱胎于欧盟木材的要求，只要能通过合法源体系的验证，就能完全满足欧盟木材法案的要求。

## 3.5 NGO行动

国际组织、非政府组织和研究机构在打击非法采伐与贸易和促进森林的可持续经营上也起着重要作用。例如，WWF就积极推动私营部门参与到这些事务中。全球见证组织(Global Witness)和国际野生生物贸易组织(TRAFFIC)等机构也都参与到了针对非法采伐和贸易的监测和调查以及其他相关活动中。

### 3.5.1 世界自然基金会的全球森林贸易网络

全球森林贸易网络(GFTN)成立于1991年，属于WWF倡议，旨在防止非法采伐进入全球木材市场。GFTN阶梯式计划针对木材贸易行业中的所有代理商，包括森林经营者、零售商和终端用户，涵盖所有类型的木材和木材产品。GFTN有两类会员：一类来自森林经营方面(林主和经营者)，另一类来自贸易方面(林产品的加工企业、生产商、贸易商和终端用户)。

所有加入GFTN的公司在签订参订协议之前都必须进行基础评估。贸易方面的会员也需要：承诺开展负责任采购；5年内将清除不符合要求的木材来源；执行负责任采购行动计划；承诺进行产销监管链认证，在加入GFTN后1年内要完成一种设施的认证，5年内完成所有设施的认证；向GFTN报告林产品的采购数据。贸易方面的会员需要发布公共政策声明，承诺开展林产品负责任采购。

GFTN将木材来源状况分为：①已知来源：提供证明文件，说明来源地位置、来源机构和供应链中每个中间商情况；②取得许可证的已知来源：表明来源机构有合法采伐权的证明文件；③认证进程中；④认证材料或可回收材料。GFTN会员将

《保证合法(KIL)》手册作为合法性证明文件指南。参加 GFTN 的公司期望通过 FSC 认证等“可靠的森林认证”。GFTN 参考 WWF 和世界银行共同编制的《森林认证评估指南》(于 2006 年公布)给出的可靠认证体系标准。

### 3.5.2　森林协会(TFT)

森林信托基金是一个非营利性的国际组织，成立于 1999 年，以促进其会员公司的森林可持续经营为目标。所有木材行业公司都可加入 TFT 阶梯式计划，共有 3 类会员类型：采购方会员(零售商和终端用户)，供应方会员(处于来源森林与零售商中间环节的任何组织)和支持性会员(与木材贸易无直接关系但仍支持森林可持续经营的公司)。

为了成为 TFT 供应方会员或者采购方会员，相关公司必须：表明对 TFT 任务和目标的认可；向 TFT 报告其木材产品的情况及其相关供应链；协助 TFT 联系其供应厂家，以设计和监测木材控制体系；对 TFT 项目进行投资，投资额与其木材要求的规模相匹配，并且该投资足以支持可靠项目满足要求；承诺遵守双方议定的付款时间表，包括成为 TFT 会员的预付款；明确承诺在一定时期内将所有可能的非法木材清除出供应链；指定一个联络官，作为 TFT 联系人；执行 TFT 董事会批准的所有程序；向 TFT 做年度报告，报告 TFT 任务和目标的执行进程。

对于参与计划的森林经营单位，TFT 最低要求是合法采伐权。通过执行内部监测系统(第一方)，TFT 的供应方会员和采购方会员需将所有可能的非法木材清除出供应链。会员在得到 TFT 批准后，可使用 TFT 商标。这意味着，只有那些按照 TFT 木材控制体系(WCS)且处于 TFT 秘书处密切监测下生产的木材产品才可以使用 TFT 商标。TFT 的最终目标是通过 FSC 认证。

### 3.5.3　世界自然保护联盟(IUCN)

IUCN 支持各国参与打击非法采伐及相关贸易和促进森林可持续经营的各项事务。IUCN 的全球“森林保护项目”旨在影响、鼓励和帮助世界各国保护森林生物多样性，并保证森林资源的利用符合公平性和生态可持续性的原则。IUCN 的愿景是促进地区和国家层面的森林施政、直接改善地方人民生活并实现可持续森林管理。各个层面对于非法采伐和其他掠夺性森林行为作出各种反应都应遵循“公平、透明、参与和行动”四个最基本原则。IUCN 认为非法采伐是森林施政缺乏效力的一种症状和结果，因此执法的行动要想取得持久的变化，必须在更广的范围上开展森林施政改革。

作为“森林保护项目”的一部分，IUCN 的“生计与景观战略”(LLS)项目将在人与森林相互作用的景观区域内，改善农村贫困人口获取林产品的权力和获取能力。在中国，该项目的目的是通过在示范区采取森林景观恢复措施，并改善当地贫困人口的生计，来保护生物多样性，同时提高森林景观生产力。成功的森林景观恢复方法(FLR)将提高透明度和可问责性，并取得更好的施政效果。我们在这方面将取得更加丰富的经验，同时我们的经验表明 FLR 能够改善森林施政，进而改善生计，促进可持续森林管理。

IUCN 是中国“非法采伐对话”系列活动的合作伙伴之一，与英国皇家国际事务研究所(Chatham House)和森林趋势合作。该机制的目的在于为利益相关方建立一个常规的、开放式的平台，使得主要生产国和消费国就有关可持续的、合法的林产品的国际贸易问题进行富有建设性的讨论。

此外，IUCN 正在建立多利益相关方的联盟，希望由此建立起中国与中西非地区的联系，改善森林施政。该项目会在 6 个非洲生产国的地方层面和国家层面展开，它们是：加纳、利比里亚、刚果民主共和国、刚果共和国、喀麦隆和加蓬。通过此项目，中国作为中西非林产品的主要消费国将参与非洲森林施政的讨论中。

从 2008 年开始，IUCN 将与世界银行和 WWF 开展一个合作项目，涉及俄罗斯、亚美尼亚、阿塞拜疆、白俄罗斯、格鲁吉亚、摩尔多瓦和乌克兰。这一项目将包括中国在内的三方对话，就出口国的需求和非法森林活动展开讨论，同时会就正在实施中的"自愿伙伴协议"和其他倡议与中国的利益相关方进行信息共享。IUCN 中国办公室在非法采伐和森林施政方面的工作之所以能顺利开展是得到了来自欧盟、英国国际发展部和 DGIS 的支持。

# 第二章

# 欧盟 FLEGT 与 VPA 进程

非法采伐指违反采伐国法律法规的木材采伐行为。非法采伐是一个全球性问题，在经济、社会和环境方面具有深远的负面影响。非法采伐所产生的经济影响包括政府财政损失。同时非法采伐与毁林、气候变化以及生物多样性的丧失有直接关联。向市场提供廉价非法木材及木制品的行为削减了优秀企业在负责任采购方面所做的努力。1998 年的八国集团会议首次把非法采伐作为一个严重的国际问题提出来，并正式讨论通过了打击非法采伐的《森林行动计划》(*Action Programme on Forests*)。

随后，在 2002 年 4 月欧盟委员会举办了一个探讨欧盟应当如何打击非法采伐的国际研讨会。在同年于约翰内斯堡举行的世界可持续发展峰会(WSSD)上，欧洲委员会做出了一项郑重的承诺，打击非法采伐及相关的贸易。在此基础上，欧洲委员会在 2003 年 5 月发布了第一个《FLEGT 行动计划》提案。

FLEGT 是“森林执法、施政与贸易”(Forest Law Enforcement, Governance and Trade)的英文缩写。自 2003 年启动以来，FLEGT 行动计划的目的已经不仅仅是减少非法毁林，还致力于促进森林的良好管理，以利于消除贫困并促进自然资源的可持续经营。但是，促进合法木材贸易并将非法木材逐出欧盟市场仍是该计划的主要目标之一，因此，该行动计划在提出时就包括了一整套的政策方案，关注于如何为合法木材的贸易提供便利同时阻止非法木材进入市场，并要求所有在欧盟销售木材或木材产品的企业必须保证它们的产品来源合法。

FLEGT 行动计划的主要方法是在木材生产国和欧盟之间签署“自愿伙伴关系协议”。通过此协议的签署帮助木材生产国建立起控制和许可程序，以确保只有合法木制品才能进入欧盟市场。FLEGT 行动计划所涉及的重点区域和国家包括：中非、俄罗斯、南美和东南亚。这些地区占到了世界森林资源的大约 60%，同时也是国际木材贸易原材料的主要来源地。

与此同时，多项相关行动也随着国际和国家郑重承诺的出现而接连展开。其中主要的包括三个区域 FLEG 进程的开展，分别为：亚洲及太平洋地区 FLEG 进程、非洲 FLEG 进程、欧洲和北亚 FLEG 进程。在世界银行的协调下，这些不同地区进程促使该区域内各国政府部门制定和执行国家行动方案，以打击非法采伐。

# 1 欧盟 FLEGT 的内容与特点

## 1.1 欧盟 FLEGT 的内容[①]

《FLEGT 行动计划》提出了一系列旨在打击非法采伐活动的措施。这些措施包括以下 7 个主要领域。

### 1.1.1 为木材生产国提供支持

FLEGT 行动计划致力于为木材生产国提供财政和技术支持以及建议，以达到以下目的：改善林业施政结构，在林业执法较弱的地区发展可靠的木材合法性验证体系；推动政策改革，提升所在国法制发展水平，倡导多方参与政策改革的进程；鼓励木材生产国和消费国之间的信息共享，提高透明度，支持第三方独立的森林监督；在木材生产国开展能力建设和培训，支持有利于实施新施政体系的机构改革；支持社区森林管理，帮助当地居民打击非法采伐。

### 1.1.2 推动合法木材贸易活动

该部分包括两个层面的活动，一是与欧盟贸易关系密切的木材生产国，二是国际贸易中的主要木材进口国。

(1) 签署 VPA。FLEGT 行动计划建议木材生产国（FLEGT 协议国）与欧盟之间签署自愿双边协议。此协议规定双方在打击非法采伐方面的责任和行动。自愿伙伴协议的目的是：改善林业施政；为协议国的木材产品提供进入欧盟市场的优惠政策；提高协议国政府的收入；为协议国政府提供更多支持和发展援助；在协议国实施更多有效的执法机制；奠定森林可持续经营的坚实基础。

VPA 制定了一套方法，通过协议国颁发的许可证来辨别进入欧盟市场的合法木材。这套方法的基础是在每个协议规范之下发展木材合法性保障体系。通过 FLEGT 许可证，欧盟国家海关人员可以知道来自协议国的哪些木材产品是已经得到合法性验证的，从而可以把那些来自相同国家，但没有得到合法性验证的木材产品拒之门外。合法性保障体系将对木材生产、加工、内部审核、许可证和第三方独立监督等方面作出规定。

(2) 国际多边合作框架。欧盟是全球木材市场的一个重要组成部分，但不是唯

① 本部分内容主要来自欧盟委员会发布的 FLEGT 简报，由 IUCN 翻译整理。

一。通过和其他主要木材进口国的对话和合作，例如中国、日本和美国，欧盟才能更好地实施自愿伙伴协议机制，并推动国际合作，以便在那些对欧盟市场影响力较小的木材生产国内打击非法采伐和非法木材贸易。

#### 1.1.3　推动政府采购政策

FLEGT 行动计划鼓励欧盟成员国家制定相关采购政策，优先采购可持续的、通过验证的合法木材。此类政策要求供应商提供足够的证据，证明木材来源的合法性或可持续性。至今，比利时、丹麦、法国、德国、英国和荷兰已开始实施此类采购政策。

#### 1.1.4　支持私营部门倡议

FLEGT 行动计划鼓励私营部门的参与，包括为木材生产国的私营部门提供能力建设方面的支持，以提高森林管理的标准，加强守法，改善供应链管理和采纳企业社会责任标准等。如欧盟委员会和成员国同意支持全球森林贸易网络和热带木材行动计划。

#### 1.1.5　提供相关的金融和投资保障

不当的林业投资可能诱发非法采伐，例如超出允许采伐量的木材加工能力可能加剧非法采伐。FLEGT 行动计划鼓励银行和金融机构在对相关投资项目进行全面评估时考虑林产品的长期、合法供应，同时也考虑社会和环境层面的因素。

#### 1.1.6　利用现有法律体系或制定新的法律法规

欧盟正在研究成员国和地区现有的法律法规是否足以打击林业部门的非法活动，包括：审视反洗钱方面的法律法规能否应用于打击林业犯罪；研究濒危野生动植物物种 CITES 的实施情况，并研究是否有可能把更多一些的树种加入到该公约的附录里；研究经济合作与发展组织(OECD)关于反贿赂的措施，因为证据表明，在一些地区贿赂和采伐权有着密切的联系；研究利用国家法律来打击非法采伐林产品贸易的情况，例如如何利用关于赃物的相关法律来打击非法木材贸易。

同时，欧盟委员会也在考虑在欧盟或欧盟成员国国内通过新的法律以打击非法采伐木材贸易，对自愿伙伴协议起到补充作用。

#### 1.1.7　致力于解决“争议性”木材

行动计划承诺，欧盟将对“争议性”木材作出准确的定义，并处理好在发展合作计划中出现的森林和冲突的关系。

### 1.2　欧盟 FLEGT 的特点

欧盟 FLEGT 的特点包括以下几个方面。

(1)FLEGT 行动计划将森林执法、施政与贸易组合在一起，是一种保护森林及依赖森林为生的人类和动物的创新方法。FLEGT 行动计划有史以来第一次将森林的保护和贸易联系在一起，认为人类应当为他们所消费的产品对社会和环境造成的影响承担责任。

(2)FLEGT 行动计划不同于传统形式的发展援助项目，更像是一种政治进程，它将森林的良好管理和保护从单纯的项目层面，扩大到政府层面，对主流趋势产生了影响。尤其是促使木材生产国的政府开始真正关注应当如何在全国范围内开展森林可持续经营；同时，促使欧盟主权国家的政府认真考虑应该如何为各自的贸易执法负责。

(3) FLEGT 行动计划调动了各方的积极参与，通过集合各方力量开展切实合作，共同保护森林和贫困人口。例如，欧盟成员国政府利用自己的“消费力”敦促企业购买合法和可持续的产品，同时鼓励他们在这一问题上承担企业的社会责任。另外，FLEGT 行动计划要求欧洲的任何木材买家都要为森林合法经营的实际成本买单，这也进一步加深了人们对毁林和林产品贸易之间关系的认识。

# 2 自愿伙伴关系①

FLEGT 行动计划承认，欧盟作为木材产品消费大户，和木材生产国一样，有责任解决非法采伐及相关贸易的问题。然而，目前还没有一个切实可行的机制可以识别并拒绝非法木材进入欧盟市场。

有鉴于此，FLEGT 行动计划提出在欧盟和各个木材生产国（森林执法、施政和贸易协议国）之间签署自愿伙伴协议（Voluntary Partnership Agreements，VPAs）。协议的最终目的就是要将非法木材从协议国的国内外贸易中彻底清除。

自愿伙伴协议是欧盟与协议国签署的具有约束力的协议。根据该协议，欧盟和协议国共同努力，支持实现 FLEGT 行动计划的目标，实施木材许可制度。为此，欧盟通过了一项新法案即欧盟木材法案，以支持 FLEGT 许可制度的实施。

## 2.1 自愿伙伴关系的目的和作用

自愿伙伴关系协议是欧盟与单个木材出口国之间具有法律约束力的协议，其目的是确保欧盟和木材生产国之间只有合法的木材贸易，并提高森林管理。具体目标和作用包括：

(1) 自愿伙伴关系协议需要确保森林法的规定是适用的，一致的，可理解的和可实施的；并反映了伙伴国的社会、经济和环境综合目标。协议的谈判也为加强木材出口国的执法提供了一个机会。

(2) 自愿伙伴关系协议为森林利益者提供了对话的机会和机构，并在林权方面达成共识。协议的内容反映国家内部的共识与参与，比如私营部门和民间社会团体。这样可能导致利益相关者之间广泛支持自愿伙伴关系协议的目标。

(3) 自愿伙伴关系协议通过合法性保障体系来保证出口到欧盟的木材是合法生产的。合法来源和木材的生产将由伙伴国来验证，验证合法后将给每个验证物品一个“FLEGT”许可证。一旦合法性保障体系是妥当的，并已经成功通过了一个独立的评估，欧盟将只接受来自 FLEGT 许可的国家的木材。

---

① 本部分内容主要来自欧盟委员会发布的 FLEGT 简报，由 IUCN 翻译整理。

(4)自愿伙伴关系协议可以满足伙伴国的发展目标，比如：减少贫困，确保就业率和竞争力，增加政府收入，改善政府和私营部门的能力，加强法律统治，确保以森林为生计的人们的权利。自愿伙伴关系协议也能加强执法力度和促进可持续森林经营，包括有益于森林群落。

顾名思义，这些协议对出口国是自愿的。但是，一旦生效，它们就对双方都具有法律约束力。

## 2.2　自愿伙伴协议的内容

自愿伙伴协议旨在通过支持改善森林执法和施政，协助木材生产国在促进可持续森林管理方面的努力。所有协议的共同点是协议国已致力于或将要致力于制定可靠的法律、行政管理体系，以及技术系统，确认木材生产符合本国的法律规定。这意味着协议国应：①承诺确保可适用的森林法是稳定的、易于理解，具有可操作性，并有助于促进森林可持续经营；②开发技术管理体系，以监测采伐行为，识别并跟踪木材从采伐到市场或出口地的全过程；③承诺提高林业施政的透明度，建立问责制；④木材跟踪和许可制度必须包括相互制约机制，其中包括实施独立的监督体系；⑤开发合法木材出口许可程序。

然而，自愿伙伴协议也要承认影响各协议国森林施政和执法的情况各有不同。自愿伙伴协议需要考虑每个国家各自的森林施政问题、有关林业法规、森林的自然状态和土地权属、木材贸易的性质、业内有关项目和行动，以及实施协议的能力等因素。

在设计和实施自愿伙伴协议的过程中，需考虑的要素可能包括：

(1)社会保障。自愿伙伴协议应考虑本土和当地社区与森林有关的生计问题，努力把对当地社区和穷困人口造成的负面影响降至最低。同时要鼓励协议国把森林执法、施政和贸易问题同本国的扶贫策略联系起来，并监测自愿伙伴协议对贫困问题的影响。

(2)利益相关方的参与。在设计和实施自愿伙伴协议时，应制定相关条款，定期征求利益相关方的意见，其中包括如何吸纳私营部门共同对抗非法采伐，但也应确保对小规模生产者的要求在他们可承受的范围内。

对有些协议国来说，兑现这些承诺意味着要付出相当大的努力来加强机构建设和能力建设。自愿伙伴协议应明确哪些领域需要技术和经济援助。所有援助都将以促进森林相关部门的合法经营为目标，因为这是实现可持续森林管理的基础。需强调的领域可能包括：必要情况下，协助推行立法和法规改革；协助开发木材合法性保障体系，确认木材采伐的合法性；协议国政府和民间团体的能力建设；寻求以公正公平的方法解决非法采伐问题，最大限度地减少对依赖森林生存的社区造成负面影响；加强现有机构的能力和机构建设；支持林业在政策法规方面的改革。

## 2.3 自愿伙伴协议的谈判和实施

### 2.3.1　协议的谈判和有效性

自愿伙伴协议谈判通常源于欧盟和潜在协议国之间的非正式讨论。非正式讨论一般在欧盟委员会由一个或多个成员国提出。讨论应确保利益相关方很好地理解自愿伙伴协议的目标和实施机制。讨论还有助于欧盟了解各国在设计自愿伙伴协议的过程中该国林业需要解决的问题。潜在的协议国做好正式协商的准备后，就通知欧盟委员会，正式进入谈判过程。

协议的谈判将主要关注对协议国森林执法和施政具有重要意义的问题。过程可能要持续几个月的时间。谈判结束且协议双方对谈判结果认可的程序(如批准)完成后，自愿伙伴协议即开始生效。

### 2.3.2 联合实施委员会

联合实施委员会由协议国、欧盟委员会和成员国的代表组成，其目标是监督自愿伙伴协议的实施。委员会的责任是确保欧盟和协议国开展定期有效的讨论。委员会将推动、监测和监督伙伴协议的实施，调停和解决由此产生的冲突和争端。联合实施委员会的任务包括：①决定许可证方案生效的时间安排；②监测检查伙伴协议实施的总体进展；③检查独立监测报告和针对许可证方案运行产生的投诉；④调停并努力解决有关协议与许可证方案的冲突。

### 2.3.3 规划和实施

每份自愿伙伴协议都应有一个详细计划。计划包含了内容明确、有时间期限的行动，用以改善森林施政和实施许可证方案。

自愿伙伴协议生效后到许可证方案生效前可能需要经历一段时间，因为这个过程中可能需要开发或加强合法性保证制度。如果有协议国认为本国的合法性保证制度符合规定的所有要求，可通过联合实施委员会通知欧盟。

欧盟委员会经过确认后，把该协议国和许可证方案将包括的所有附加产品添加到欧盟 FLEGT 规定的附录。自此，该协议国的所有适用产品如果出口欧盟都要有 FLEGT 许可证。

### 2.3.4 伙伴协议的范围

许可证方案最开始将针对有限的实木产品(如，原木、锯材、单板和胶合板)。然而，每份自愿伙伴协议都会有条款把方案应用范围扩展到其它产品类别。这对协议国是有利的。

### 2.3.5 审核和报告

开发和实施自愿伙伴协议需要有年度报告。报告要详述目标实现情况、双方同意的行动是否在时限内得到实现，以及彻底清除出口到欧盟以外市场和在国内市场销售的非法木材的工作进展。如果 FLEGT 许可证方案进入实施阶段，还要详细给出 FLEGT 许可证的签发数量和出口欧盟的木材产品数量。

所有自愿伙伴协议都应包含相关条款，用以审核协议的效力和影响。首次审核应安排在自愿伙伴协议生效后 2 年内。如果出现实施问题，可能会要求进行额外审核。

### 2.3.6 伙伴协议的期限

除非欧盟委员会或协议国想退出协议并提前一年通知对方，伙伴协议自生效之日起将持续有效。如果在审核过程中发现有不执行伙伴协议的严重行为，且未在双方议定的时间框架内纠正，协议将暂停执行，协议国将退回到无伙伴关系的状态。

### 2.4 FLEGT 协议国的优势

实施自愿伙伴协议和许可证方案需要进行能力建设和相关投入，以确保可靠性和可信度。反过来这也给协议国带来了一些优势，其中包括：①从政策和财力上加强了致力于改善森林施政的政府改革；②更好地进入欧盟市场。随着政府和民间采购政策对使用合法木材和拒绝不明来源木材或非法木材的规定越来越具体，协议生效后，从协议国出口到欧盟的所有产品都将被视为合法；③协议国税收增加，有时可能会超过与运行许可制度有关的成本；④有更多资金可以用于资助扶贫和社区发展计划；⑤欧盟对外援助政策将优先资助 FLEGT 的有关措施；⑥有更多解决非法采伐的执行方法；⑦建立一个基本框架，促进私营经营商不断进步，取得森林可持续经营认证；⑧提高了政府致力于良政的国际声誉。

欧盟和非协议国开展的贸易不会因此受到影响。但是，由于购买商越来越倾向于采购那些经过验证的合法木材，所以，有非法采伐问题的国家和不加入自愿伙伴协议的国家将发现他们在欧盟市场的份额会逐渐减少。

## 3 欧盟 FLEGT 与 VPA 的进展

截至 2012 年 9 月，全球 25 个国家进入了 VPA 进程的不同阶段。

6 个国家已经与欧盟签署了 VPA，进入了制度建立阶段，分别是：喀麦隆、中非共和国、加纳、印度尼西亚、利比里亚和刚果(布)。

6 个国家处于正式谈判阶段，分别是：刚果(金)、加蓬、圭亚那、洪都拉斯、马来西亚和越南。

13 个国家处于搜集信息与预谈判阶段，分别是：美洲的玻利维亚、哥伦比亚、厄瓜多尔、危地马拉和秘鲁；亚洲的柬埔寨、老挝、缅甸、巴布亚新几内亚、所罗门群岛和泰国；非洲的科特迪瓦和塞拉利昂。

但到目前为止，仍没有持有 FLEGT 许可证的产品进入欧盟市场。

现将 FLEGT 行动计划的主要进展归纳如下。

### 3.1 支持木材生产国

主要是支持 VPA 的发展，目前 VPA 的发展已经远远超过了最初的预计，VPA 涉及的合法性确保体系已经扩大到不仅仅应用于 FLEGT 法规所规定的 5 大类产品，并且扩展到其他国际贸易。目前，欧盟以及 6 个成员国已经为伙伴国家提供了资金和技术方面的支持；同时，欧洲林业研究所(EFI)成立了专门的部门来支持 FLEGT 行动计划；另外，FAO 还启动了针对非洲、加勒比和太平洋地区的 FLEGT 支持项目。

### 3.2 鼓励负责任的木材贸易

欧盟一直试图在全球和欧洲的层次上采取共同的行动来解决非法采伐和相关贸

易方面的问题。包括支持国际性进程来促使建立多边框架，以便改善森林执法和管理水平，例如支持区域层面的 FLEG 部长级会议、UNFF、国际热带木材协议(ITTA)等，但目前多边框架并没有真正发挥作用，最受关注的还是双边协议，除了 VPA 之外，欧盟还与日本、俄罗斯合作，并且针对非法采伐和中国建立了中欧合作机制。

另外，自 2003 年 FLEGT 行动计划启动以来，随着意识的提高，欧盟已经出台了 3 个相关的法规：2005 年的 FLEGT 法规，2008 年的 FLEGT 执行法规，以及 2010 年制定的欧盟木材法案。同时，一些欧盟成员国已经指定专门机构负责接收和验证具有 FLEGT 证书的木材，第一批具有 FLEGT 证书的木材有望 2012 年就能进入欧洲。但是，仍有近一半的欧盟成员国目前还没有任何行动。

## 3.3 木材公共采购

10 年前，木材公共采购政策就已经显示出其在影响市场方面的重要作用。在 FLEGT 行动计划的推动下，目前欧盟已经有 11 个国家制定出了木材公共采购政策。鉴于合法和可持续贸易的市场压力日益增大，在木材公共采购政策之外，一些法规例如欧洲木材法案也颁布出台，但对于欧洲木材法案 2013 年生效后，欧盟成员国公共采购政策的定位和功能还需要拭目以待。

## 3.4 私营企业的行动

自 2003 年 FLEGT 行动计划启动以来，欧洲林产品企业和协会在采购方面发生了很大的变化，例如：优先采购森林认证产品(FSC 和 PEFC)；木材贸易商和热带木材进口商建立起新的产销监管链体系；越来越多的私营企业认识到需要去验证木材的合法性。

同时，欧盟及其成员国也积极采取行动支持其他国家的私营部门，包括：与伙伴国家的私营部门进行合作共同推动森林的可持续经营和木材的合法贸易；帮助伙伴国家的私营部门，促使其在 VPA 协商过程中发挥更大的作用；通过 WWF 的 GFTN 和 TFT，帮助重要的林产品加工国的林产品企业满足木材合法性的要求；帮助欧盟的林产品进口商和发展中国家的林产品加工企业建立起紧密的联系。

## 3.5 金融和投资

一些银行和其他金融机构已经改变了投资政策，包括：对林业企业的投资需要额外提供木材来源合法性或可持续性的证明；林业企业如果参与了非法采伐活动，将不能获得贷款或投资。另外，目前还制定出了专门的投资指南，用以帮助金融机构判定相关企业是否参与了木材的非法采伐和非法贸易活动。

## 3.6 法律和制度

一些欧盟成员国已经针对各自的国内法律是否能够满足 FLEGT 行动计划的要求进行了评估。鉴于一些国内法并不能阻止非法采伐活动，或者是收集相关证据非常困难，一些国家建议颁布新的法律法规，但是大多数欧盟成员国的反响并不积极。

### 3.7 争议性木材

目前，各方对“争议性木材”的定义还未达成共识，有关森林和自然资源的冲突仍将是关注的焦点，但是目前欧盟各成员国普遍认为“争议性木材“已经不再是 FLEGT 行动计划的优先领域。

## 4 VPA 协议国的进展

### 4.1 喀麦隆

喀麦隆森林面积约 2000 万 $hm^2$，占国土面积的一半左右。大部分森林永久性划为长期生产林或保护林，小部分为社区林。林业对 GDP 的贡献率约为 6%。喀麦隆是非洲向欧盟出口热带木材最多的国家。原木、锯材和单板是喀麦隆的主要出口木材产品。原木主要出口到中国、越南、印度、法国、意大利等国。

考虑到与欧盟的贸易水平，同时希望推动国内改革进程，加强对林业和社区权力的控制，喀麦隆政府与欧盟于 2009 年 5 月 9 日缔结了 FLEGT 伙伴关系协议。喀麦隆与欧盟缔结 VPA 协议的进程持续了 5 年(2005 ~ 2009 年)。2005 ~ 2006 年，在非正式预谈判期间，喀麦隆各方对 VPA 能否提高对欧盟的木材出口并促进国内改革进行了评估。通过谈判，喀麦隆政府、私营部门和当地非政府组织在合法性定义、可追溯性和控制体系等问题上取得了一致意见。2007 年 11 月，喀麦隆与欧盟进入了政治与技术正式谈判阶段(2007 ~ 2009 年)。在这一阶段，上述三方利益相关方加入了谈判进程。2010 年 10 月 6 日，喀麦隆与欧盟正式签署 VPA 协议。2011 年 12 月 1 日，喀麦隆政府批准了 VPA 协议，12 月 6 日正式生效。

根据 VPA 协议，喀麦隆从公众参与、FLEGT 产品市场推广、能力建设、机构建设、完善法律框架、完善国家监控体系、实施可追溯系统和实行合法性保证体系等方面推动 VPA 协议的具体实施。其中最核心的部分包括：

(1)建立完善管理机构和相关法律法规制度，自 2013 年起参考 VPA 协议，重新梳理林业法律与实施条例，修订相关法律法规。与欧盟联合成立联合实施委员会和联合监督委员会，同时设立国家监督委员会(CNS)，由利益相关方代表组成。同时，加强政府工作，起草信息公开战略和林业产业化政策，建立相关网站。

(2)建立实施可追溯性体系和合法性保证体系，严格国内木材市场的监管，签署 FLEGT 许可证发放流程的决议，设立独立第三方审核制度，设计 FLEGT－喀麦隆标识。

(3)加强能力建设，对系统内部的技术人员和外部的审核人员开展培训活动，采购配备相关设备。喀麦隆虽然建立了木材追溯和合法性验证体系，但是到目前为止，由于各利益相关方对 VPA 协议认识不足、新林业法推迟生效、利益相关方在协议中发挥的作用较小等问题，喀麦隆木材可追溯体系的实施已放缓。

## 4.2 中非共和国

中非共和国森林面积约为5.4万$km^2$，占国土面积的8.7%，而热带森林占国土面积的31%。林业是第三大经济支柱，在出口和政府收入方面是第二大产业，其GDP贡献率为4%。欧洲是该国最重要的木材出口市场(占60%)，意大利、德国和西班牙等欧洲国家是中非共和国木材的主要出口市场。其次为中国、北美和非洲(尤其是喀麦隆和乍得)。其出口产值占该国总出口产值的40%。

2007年，中非共和国政府正式开始讨论与欧盟签署VPA协议事宜。2008年5月开始准备工作。之后，成立了FLEGT工作组，其中包括社会团体的代表。2009年10月，谈判正式启动；2010年12月21日缔结协议，2011年11月28日签署了VPA协议。2012年7月开始实施VPA协议。据中非共和国的设想，2014年12月中非VPA协议将正式生效。中非共和国是签署VPA协议最快的国家，仅用了14个月。水利、林业、狩猎和渔业部负责VPA协议的谈判和实施工作。

与其他VPA协议不同的是，中非共和国没有将国内木材纳入到VPA范围中，VPA合法性保证体系只针对出口木材。截至目前，中非共和国成立了VPA协议全国委员会和联合实施委员会，修改相关法律文件；初步建立了木材合法性保证系统，建立了标准指标体系，并成立了审核机构，规定了审核的时间间隔；确立确定许可证签发程序。中非共和国的木材合法性保证才刚刚建立起来，没有步入实施阶段。

## 4.3 加纳

在加纳，大约260万$hm^2$森林为生产性森林，约50万$hm^2$森林是保护林，另外200万$hm^2$为农田林。加纳以木材加工创新和高附加值产品生产出名，主要出口木材产品为锯材和人造板，出口的原木大都为工业原木，其林产品尤其适合欧洲市场的要求。意大利、法国、德国、比利时、英国、中国、印度、尼日利亚、美国等欧洲、亚洲和美洲国家是加纳的主要木材出口市场，出口到欧盟的木材产值占出口木材总产值的43%。2005年11月，加纳开始在全国范围内征求签署VPA协议的相关意见。在取得各方共识之后，加纳于2007年1月开始与欧盟就VPA协议开展谈判。2009年11月，经国内各利益相关方的同意后，加纳与欧盟签署了VPA协议。2010年3月19日，加纳议会批准了VPA协议。加纳林业委员会负责VPA协议的谈判、签署及实施。

自加纳开始VPA协议谈判到最终签署，多方利益相关人咨询进程进展良好，在此基础上，启动了森林法修订进程。与此同时，加纳合法性保证体系也在积极制定之中。为了保证该体系的正确实施，加纳正着手在组织上、制度上和机构上加强建设。首先，在加纳林业委员会下面新成立了木材验证部，主要负责整个TLAS的内部审核工作，控制整个木材出口的来源和木材追踪体系，保证加纳木材在整个保证体系流动过程中都是合法的；定期开展审计，审核林业委员会各个部门是否根据他们的职责开展工作。其次，建立木材追踪体系，从森林到出口地点对所有出口木材进行追踪，建立了实时查询网站，增加木材追踪体系的透明度。一旦该体系完全实施，将利用该体系发放 FLEGT 证书。最后，修订林业政策和相关法律，改革行政管理措施，从制度上保障合法性保证体系的实施。此外，加纳还计划从四个独立但又息息相关的层面建立合法性保证验证体系，包括林业委员会层面的强制性要求、林业委员会各部门开展的保证合法性的有关工作、木材验证部的内部审核及第三方独立审核。

加纳在建立 TLAS 过程中，也遇到不少挑战，主要包括：如何将 VPA 木材合法性保证验证体系与林业委员会现行的监控体系结合起来；寻找一种有效的验证方法以平衡法律监管体系和 FLEGT 证书签发程序之间的关系；探讨利用木材追踪体系来监控木材流向和开展合法性保证验证；加强野外核查人员的能力建设等。

## 4.4　印度尼西亚

印度尼西亚拥有约 1.2 亿 $hm^2$ 的森林面积，占土地总面积的 63.7%。森林面积和蓄积量分别在亚洲列第一和第二位，是世界上最大的热带木材出口国之一。印度尼西亚的主要林产品市场是亚洲、北美和欧洲，主要出口国是加拿大、美国、德国、瑞典和芬兰。

印度尼西亚是与欧盟进行 VPA 谈判的首批国家之一，也是亚洲首个启动 VPA 谈判的国家。印度尼西亚和欧盟于 2007 年 1 月 8 日在布鲁塞尔进入正式谈判。首轮正式谈判于 2007 年 3 月 29～30 日在雅加达进行。2013 年 9 月 30 日，印度尼西亚政府和欧盟签署了 VPA 协议，发表共同承诺，保证进入欧盟的木材是经过合法生产的。同年，开始实施 TLAS。

印度尼西亚早在 2003 年就与相关利益方共同启动 TLAS 的开发，其主要目标是打击非法木材采伐及相关贸易，保证其出口林产品为合法生产产品。该体系以良好管理、富有代表性和提高透明度为主要原则，适用范围涵盖产自国有林和私有林的木材、罚没木材及木材产品。如验证合格后，将颁发合法产品证书（V-Legal 证书）。与欧盟开展 VPA 谈判过程中，印度尼西亚一直努力将 TLAS 转化为木材追踪体系并纳入 VPA 协议中。这也是印度尼西亚能在签署 VPA 协议后迅速实施 TLAS 的根本原因。

在实施 TLAS 后，印度尼西亚为出口欧盟的合法林产品签发 FLEGT 证书，对出口到其他国家的合法林产品则签发合法产品证书。为了保障整个体系的运转，印度尼西亚建立了合法性验证体系，完善了制度建设。制定了合法性标准，涵盖了拥有特许经营权的国有林、社区林、私有林、转换林、微/小型木材生产企业、家用木制品/手工艺品、原木贸易商、从事第一/第二产业的企业这 8 类范畴，共有 24 个原则，57 个指标。建立了五级验证/认证制度，包括认可机构、国际森林经营网络组织、独立的认证/验证机构、业务管理单位和政府。其中认可机构是认可认证机构的机构；国际森林经营网络组织由 29 个非政府组织组成，对整个体系开展独立监督；认证/验证机构是根据合法性标准对相关企业独立开展认证/验证工作的机构；业务管理单位是负责整个体系运行的机构；政府出台相关法律法规，规范和改善体系的运转。

自TLAS实施以来，已为各类企业(国家林、人工林、社区林和各类加工企业)发放了685个合法产品证书，为出口到151个国家的木材发放了合法产品证书。印度尼西亚签署VPA协议后，曾计划在2013年10月签发第一份FLEGT证书，而且双方对协议签署后首批出口到欧盟的林产品进行了联合检查。但因为一些技术原因，FLEGT证书迟迟未能发放。

目前，印度尼西亚是实施TLAS最好的国家，但也遇到一些困难，其中最大的困难是提高国际市场对持有合法产品证书的林产品的认可和接受。为此，印度尼西亚正在与其主要进口国进行磋商和谈判，希望进口国能认可印度尼西亚TLAS，并承认持有合法产品证书的林产品的合法性。

## 4.5 利比里亚

利比里亚森林覆盖率超过40%，林业在国民经济中占有重要的地位。欧洲是利比里亚林产品的传统出口市场，而中国目前是利比里亚木材的最大市场，出口到中国的木材量是利比里亚向其第二大出口市场出口的木材的3倍。

2007年，利比里亚开始就签署VPA协议的可能性展开了非正式讨论。2009年3月，利比里亚政府和欧盟正式启动VPA谈判，双方承诺打击利比里亚境内的非法采伐。2011年5月9日，利比里亚政府与欧盟缔结VPA协议，并于2011年7月正式签署协议。2012年5月，欧盟批准了协议，2013年9月利比里亚政府批准协议。利比里亚发展局负责VPA协议的谈判和实施，计划用7年时间将VPA协议付诸实际，包括准备期(2011~2013年)和实施期(2014~2017年)。

自签署之日起，利比里亚就在为VPA协议的实施做准备。在等待批准的同时，利比里亚和欧盟一同成立了联合执行委员会，在VPA谈判期间成立了执行委员会。这两个机构负责VPA实施的监管工作。此后，在VPA协议实施准备期间，又成立了VPA技术秘书处和VPA支持部，以协调VPA协议的实施。利比里亚政府还成立了多方利益相关人监督委员会，结合各社会团体开发的监测体系，共同监督VPA的实施。与此同时，利比里亚在能力建设、法律法规制定或修订、信息公开透明、公众宣传方面做了不少工作。

利比里亚下一步工作是建立TLAS，为此，正在筹备将现行的产销监管链认证体系转化为木材追踪体系，建立木材合法性保证验证框架，并在林业发展局下设验证部和发证部，负责VPA协议的具体实施。

利比里亚计划2014年底前签发FLEGT证书，虽然雄心勃勃，但面临不少问题，包括：协调各利益相关方之间的利益和意见、制度能力建设、VPA支持部的协调能力、政府部门缺乏技术和协调能力、验证机构缺少标准作业程序等。

## 4.6 刚果(布)

刚果共和国森林覆盖率为65%。森林是刚果共和国第二大重要自然资源，其产值占全国GDP的5%，林产品主要出口到欧盟和中国。刚果共和国是第二个与欧盟签署VPA协议的刚果盆地国家。

刚果共和国和欧盟之间的 VPA 协议谈判进行了不到一年时间(2008 年 6 月至 2009 年 5 月)，是目前签署进程最快的国家。在非正式预谈判期间，尽管在 2007 年 12 月举办了一次研讨会，制定了谈判计划，但是并没有取得多少进展。3 个月后，成立了 VPA 谈判工作小组，对协议的各个部分进行界定。2008 年 6 月，VPA 政治和技术谈判正式开始，并进展迅速，最终在 2009 年 5 月 9 日缔结协议。2010 年 5 月 17 日，刚果共和国与欧盟正式签署协议。经批准后(2012 年 7 月)，VPA 协议于 2013 年 3 月 1 日生效。

刚果共和国在缔结协议后，于 2009 年 9 月开始着手建立木材追踪体系，从制度建设、法律法规修订、能力建设、公众宣传和沟通、企业合法性验证方面做了大量工作。在制度建设方面，建立了森林合法性与追溯小组、由各利益方组成的技术秘书处、VPA 联合执行委员会，负责推动和监督 VPA 协议的实施；设立了联合工作组及木材合法性验证程序评估和验证委员会，从程序和制度上保证 VPA 的实施；指定林产品出口管理部门为 FLEGT 证书签发机构。在能力建设方面，针对林业部门的工作人员提供技术培训，并在各部门开展合法性保证保障能力的试点项目。在法律法规修订方面，修订林业法典，将 VPA 协议要求纳入法律体系中；修订法律条款加强对当地居民合法利益的保护；梳理天然林木材合法性条文。在公众宣传和沟通方面，设立 VPA 沟通小组，并建立相关网站，发行 FLEGT 实施纪要(双月刊)，向公众宣传 VPA 的实施；建立公众监督平台，设立独立的公众观察小组，监督 VPA 协议的实施情况。在企业合法性验证方面，根据木材合法性追踪体系的要求，对 3 家林业企业开展了合法性验证的试点工作，与此同时，对林业部门开展合法性验证的程序进行了评估和验证。

虽然刚果共和国在 VPA 实施方面取得了一定进展，但还面临着一些问题，如 2015 年是否能如期签发 FLEGT 证书；研发木材追溯软件；对验证体系进行独立第三方监督审核；制定颁布保障当地居民利益的法律条文等。

# 第三章 应对非法采伐的主要法规及其影响

目前，非法采伐已成为全球关注的焦点，非法采伐不但破坏环境，还影响到政府税收、企业盈利和林农收入。据世界银行估计，每年由于非法采伐产生的经济损失超过100亿美元。其中，森林执法和管理不善是导致非法采伐行为的主要原因之一。目前世界各地都在采取广泛行动、启动各种进程，目的就在于解决非法采伐和贸易问题。这些行动和进程有的是在国际范围内开展的，有的是在地区和国家层面上开展的，并且各类行动和进程都彼此密切相关。在政府层面，欧美等发达国家纷纷通过立法，禁止非法木材进入贸易市场。美国在2008年修订了具有百年历史的《雷斯法案》，将涉及领域延伸到非法木材贸易，于2010年4月正式实施；欧盟议会已于2010年7月通过木材法案，已于2013年3月实施；澳大利亚于2011年出台了禁止非法采伐木材法案，瑞士也正在考虑出台类似的政策。这些有关木材合法性的贸易法规的出台，对包括中国在内的林产品贸易产生了重大影响。

## 1 欧盟木材法案

### 1.1 欧盟木材法案实施背景

自2006年年底开始，欧盟已经和越来越多的国家进行谈判，并已经成功签订了5个VPA。然而，VPA只涉及FLEGT伙伴国家和欧盟之间的直接贸易，为了规避欺诈和洗钱等风险，欧盟委员会在FLEGT行动计划中还做出承诺，要制定其它打击非法采伐及相关贸易的措施。作为承诺的一部分，欧盟委员会于2008年10月提交了一份法律提案，要求贸易商进行尽职调查，从而使非法木材投放市场的风险降为最低。此法案名为欧盟木材法案。

欧盟木材法案提案已通过欧洲议会和欧洲理事会同意，并由欧盟理事会于2010年10月12日通过《欧盟议会和委员会第995/2010号(欧盟)法案赋予将木材和木制品投放市场的运营商义务》(以下简称《欧盟木材法案》)。2012年7月，欧盟发布《欧洲议会和委员会第607/2012号(欧盟)实施条例》(以下简称《欧盟木材法案实施细则》)，对“尽职调查体系”和监督机构进行检查的频率和性质作出详细规定。欧盟木材法案在试用27个月后于2013年3月3日正式生效。

欧盟木材法案和FLEGT有紧密联系：如果一个国家和欧盟签署了VPA，获准出口到欧盟的产品将被视为来源合法，因此满足欧盟木材法案要求。

## 1.2　欧盟木材法案的内容

欧盟木材法案主要通过以下三项规定抑制非法木材的流通：①禁止将非法木材及含有此类木材的木制品投放欧盟市场；②要求将木材和木制品首次投放欧盟市场的运营商进行“尽职调查”；③在达到最终消费者前，被投放市场的木材和木制品可能经历再加工和再交易等环节。为了确保产品的可追溯性，贸易商需保留关于其供货商和客户的文件及证明。不遵守法律的后果将包括罚款，没收木材和授权立即中止交易。欧盟木材法案针对欧盟内进行的木制品贸易，涵盖几乎所有的木材和木材产品，回收产品除外(欧盟委员会，2011)。

### 1.2.1　合法采伐与非法采伐的界定

根据该法案的解释，“合法采伐”指依据采伐国适用法规进行的采伐，相反，“非法采伐”指违反采伐国适用法规进行的采伐。“适用法规”指采伐国所执行的、涵盖以下方面的法规：在公布的边界内依法采伐木材的权利；为取得采伐权和木材支付的款项，包括木材采伐相关的税费；木材采伐，以及和木材采伐直接相关的森林经营和生物多样性保护的环境和森林法规；受木材采伐影响的使用权和所有权的第三方合法权利；以及迄今为止林业部门涉及的贸易和海关法律。

需要指出的是每个木材生产国都有权自己来诠释什么是合法木材。大多数国家都有繁多的林业法规，要评估采伐是否符合了所有的法规，是一项极为繁杂和困难的工作。在一些国家，法律界定比较清楚，制定合法性定义也就相对比较容易，但在那些现有法律不明晰，法律之间互相有冲突的国家，这项工作比较难。因此，合法性的定义需要经过多方商定，并经所在国的政府认可。

### 1.2.2　适用对象及其职责

该法案适用于欧盟木材供应链内的运营商和贸易商，其规定了将木材和木制品首次投向欧盟内部市场的运营商和贸易商的义务(图3-1)。法案将木材和木制品投放市场的任何自然人或法人称为运营商；将在商业活动过程中，在内部市场上出售或购买已经投放市场的木材或木制品的任何自然人或法人称为贸易商。

运营商的义务是：禁止把非法采伐的木材投放于欧盟市场。所有把木材或木制品首次投放于欧盟市场的机构，必须实施“尽职调查”体系，以减少引入非法采伐木材的风险。这要求运营商：①追踪木材供应链；②开展木材合法性的风险评估；③确定木材采伐来源国和地区；④对产品的信息进行描述；⑤取得证明合法性的文件。

贸易商的义务是：提供其供方和买方的基本信息，从而保证木材和木制品的可追溯性。贸易商需能够在整条供应链上识别：供应木材和木制品的运营商和贸易商；在适用的情况下，提供木材和木制品的贸易商。贸易商应将以上信息保留至少5年，并在合适的主管机构要求时提供相关信息。

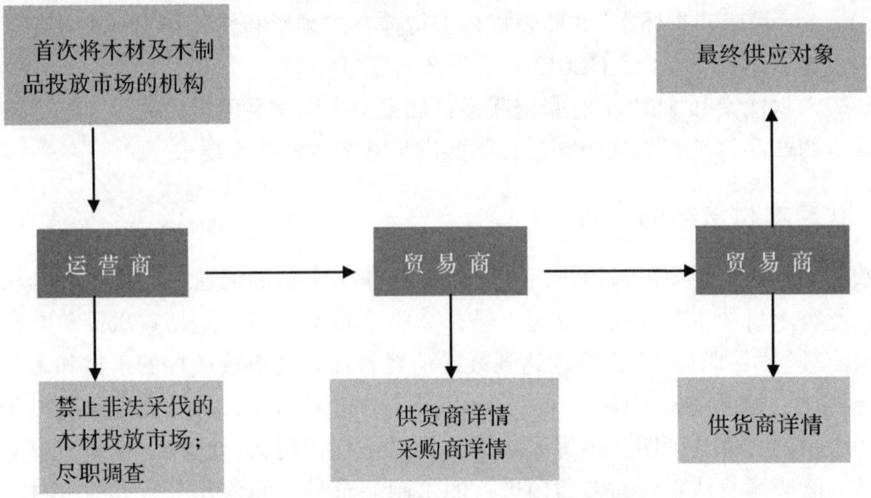


图 3-1 欧盟木材法案的适用对象及职责

### 1.2.3 “尽职调查体系”的要求

法案要求运营商要做到“尽职调查”需要做到以下三个方面：提供进入市场的木材的相关信息；使用木材的相关信息来进行风险评估程序，这个程序可以使运营商在风险标准上对采伐的木材或林产品的非法风险进行分析和评估；一旦发现有非法采伐的风险，要采取措施来减轻非法采伐木材进入市场的风险。现行的法律草案允许运营商通过运用合适的法律证明和合法认证体系来减少他们供应链存在非法木材的风险(图 3-2)。

(1)提供信息：运营商应提供投放内部市场木材和木制品来源及供应商的信息，其中包括：产品描述，包括产品名称、种类以及树种的常用名称(在不能明确区分树种时，需采用该树种的学名)；采伐来源国，在该国各区域存在不同的非法采伐风险时，应提供采伐国所在采伐区域的信息；产品的数量(以体积、重量或单位数量表示)；供货商的名称和地址；贸易商的名称和地址；表明木材和木制品符合适用所在国林业法规的文件或其它信息。

(2)风险评估：运营商必须根据第 1 点的信息并依据法案中所列标准对其供应链进行非法木材风险评估。风险评估的标准包括：遵守适用法案的保证，包括森林认证或其它涉及木材合法性的第三方验证；所利用树种非法采伐的广泛性；在采伐国与欧盟内部木材采伐地区非法采伐行为的广泛性，包括武装冲突的广泛性；联合国安全理事会或欧盟理事会对木材进出口的制裁；木材和木制品供应链的复杂性。

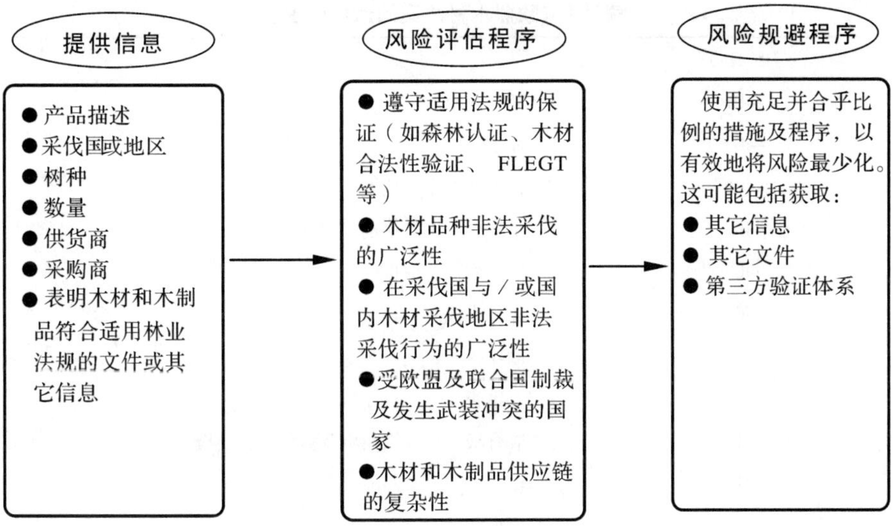


**图 3-2　尽职调查体系的程序**

（来源：欧盟委员会，2011）

(3) 风险规避程序：当供应链上存在非法木材的风险时，运营商必须通过要求供应商提供更多信息和检验证明来规避风险。

根据《欧盟木材法案实施细则》，运营商应在 12 个月内对每个供应商所提供的各类木材和木制品实施“尽职调查体系”。在应用其“尽职调查体系”时，应说明其收集的信息如何按照风险评估标准进行核查，如何做出风险规避措施以及如何确定风险等级等。运营商应将所提供的产品信息以及所应用的风险规避程序进行归档，并至少保留 5 年以上时间供主管机构核查。

### 1.2.4　欧盟木材法案覆盖的产品范围

此法案的产品涵盖范围包括：原木、锯材、单板、刨花板、木质纤维板、胶合板、地板、木制家具、纸和纸浆等(表 3-1)。回收产品、竹、藤、印刷品(例如书籍、杂志、报纸)等不在此范围内。必要时此产品涵盖范围可以被修改。

此法案适用于欧盟内部生产以及进口的木材和木制品。持有 FLEGT① 和 CITES② 许可证被视为满足本法合法性要求的证据，因此持有 FLEGT 和 CITES 许可证的木材或木制品能够证明满足尽职调查要求，并可免于欧盟木材法案的管理要求。

### 1.2.5　处罚措施

违反欧盟木材法案的处罚准则由成员国制定，成员国还应采取必要措施确保处罚得以实施。做出的处罚必须有效、适当，并具有劝诫性，可包括以下内容：

(1) 罚款：与违法行为所造成的环境破坏、相关木材和木制品价值、税收损失和经济损失相称的罚款；计算处罚等级时应确保处罚能有效剥夺责任人严重违规获取的经济效益，且不损害其合法执业权利；对重复违规的处罚应逐渐加重。

---

① http：//ec. europa. eu/environment/forests/flegt. htm

② http：//ec. europa. eu/environment/cites/home_ en. htm

表 3-1 欧盟木材法案的适用范围

| HS 编码 | 名称 |
| --- | --- |
| 4401 | 薪材及木片 |
| 4403 | 原木 |
| 4406 | 铁道及电车道枕木 |
| 4407 | 木工具、工具手柄、扫帚手柄 |
| 4408 | 装饰木板、单板 |
| 4409 | 家具半成品 |
| 4410 | 刨花板 |
| 4411 | 纤维板 |
| 4412 | 胶合板、单板饰面板及类似的多层板 |
| 4413 | 浸渍木 |
| 4414 | 木框 |
| 4415 | 木箱、木盒 |
| 44160000 | 木制大桶、琵琶桶 |
| 4418 | 建筑用木制品 |
| 4748 | 木浆及其他纤维状纤维素浆；回收纸或纸板；纸及纸板；纸浆、纸或纸制品 |
| 940330，940340，94035000，940360，94039030 | 办公室用木家具、厨房用木家具、卧室用木家具、其他家具、家具零件 |
| 94060020 | 活动房屋 |

(2) 查封：查封相关的木材和木制品。

(3) 吊销：立即吊销贸易授权。

## 1.3 欧盟木材法案的执行与管理

### 1.3.1 主管机构

欧盟木材法案适用于欧盟所有成员国，对所有成员国都具有约束力。各成员国将指定一个或多个主管机构负责协调本法案的执行并制定处罚条例。各欧盟成员国将自行决定针对违反法案行为的处罚种类和范围。这些主管机构名单将由欧盟委员会公布，包括在互联网上，并定期更新。

### 1.3.2 监督机构

依照本法案规定，运营商的尽职调查体系需要经过监督机构的审核后批准，并定期验证其是否正确使用尽职调查体系。在运营商不能正确使用尽职调查体系时，采取适当行动，如运营商出现重大失误或重复出现失误时，通知主管机构。

申请成为监督机构的机构需具备以下资质：①具有法人资格并在欧盟内依法成立；②具有相关职能的专业知识和能力；③保证在行使职能过程中不存在任何的利益冲突。

监督机构的认可和撤销由欧盟委员会在征求相关成员国的意见后作出决定。认可监督机构的决议由欧盟委员会通知成员国的主管机构。监督机构名单将由欧盟委员会在其《欧盟官方期刊》和其网站上公布，并定期更新。

主管机构对监督机构进行定期检查，至少每两年一次，并撰写核查报告，公开评估结果。主管机构的核查应根据书面程序，具体的核查方法包括现场核查、检查监督机构和运营商相关的文件和记录、访谈监督机构、运营商和贸易商的管理者和工作人员、抽样检查运营商使用的“尽职调查体系”等。监督机构有权对主管机构的核查报告提出反馈意见。如主管机构验证监督机构未能履行职责，应及时通知欧盟委员会，由欧盟委员会作出是否撤销的决定。

#### 1.3.3 运营商的检查

作为私营实体的监管机构将为欧盟运营商提供尽职调查体系。运营商可以选择开发自己的尽职调查体系或使用监管机构提供的尽职调查体系。

主管机构还将根据以风险为基础的定期审阅计划对运营商进行检查，包括①检查尽职调查体系，包括风险评估和风险缓解程序；②检查能够证明尽职调查体系和程序正常运行的文件和记录；③现场检查，包括实地审核。这些检查记录应公开，并保留5年以上时间。运营商应为主管机构的检查提供所需的各种协助，包括现场和相关的文件和记录。

主管机构在检查时如发现缺陷，应通知运营商采取补救行动。根据发现的缺陷的性质，成员国可采取临时措施，包括查封木材和木制品，禁止木材和木制品的销售等。

#### 1.3.4 技术援助、指导和信息交流

在不损害运营商行使尽职调查义务的前提下，考虑到中小型企业的状况，成员国在适当时候应在欧盟委员会的协助下，向运营商提供技术和其它援助。成员国应在欧盟委员会的协助下，促进非法采伐相关信息的交流和传播，特别是协助运营商按照法案的要求开展风险评估。提供技术援助应避免影响主管机构行使其职责，保持主管机构的独立性。

### 1.4 欧盟木材法案与 FLEGT VPA 的关系

(1)FLEGT 为木材出口欧洲提供满足欧盟木材法案的“绿色通道”。和欧盟签订 FLEGT VPA 能为 VPA 国家在欧盟出售木材过程中带来可见的好处，即：不需要进一步回答新的问题。尽管各国和供应商能够提供其他合法性文件，预计欧盟贸易商会青睐“没有争议”的 FLEGT 木材。

(2)FLEGT 木材出口到加工国享有优势。欧盟木材法案一旦生效，越南、泰国和中国等加工国在试图确保获得合法性证据时就会越来越看重 FLEGT 木材。这就不可避免地使 VPA 伙伴国木材更具吸引力。如果 FLEGT VPA 不能在欧盟木材法案实施之前及时签订，木材加工和生产就会失去和其它国家的比较优势。很多 VPA 合作伙伴国知道这个欧盟木材法案的实施日期，试图在此日期前签订协议，并尽快运行体系。

(3)FLEGT VPA 是木材生产商重要的营销工具。通过 FLEGT VPA，木材生产商

能够在欧盟市场增加销量，来自 VPA 伙伴国的木材能够在全球市场上获得一张品质标签。

# 2 美国雷斯法案

## 2.1 美国雷斯法案实施的背景

《雷斯法案》(《美国法典》第 16 卷第 3371 至 3378 节)，是美国第一部联邦自然保护法案。在 19 世纪与 20 世纪之交，以营利为目的的非法捕猎在美国尤其是西南部泛滥，严重威胁了美国诸多野生物种。

1900 年春天，爱荷华州的共和党人约翰雷斯(John F Lacey)议员向美国国会提交了《雷斯法案》提案。规定依据各州法律，禁止在各州之间运输非法捕猎物或者受保护动物。同年 5 月 25 日，美国总统威廉·麦金莱(William McKinley)签署通过《雷斯法案》。生效之后，作为美国联邦层面的第一部环境保护法律，《雷斯法案》百余年来历经修订，最为重要的有 1969 年、1981 年、1989 年和 2008 年的几次修订。经过多次完善，《雷斯法案》内容不断演化，适用领域日益广泛，时至今日，已构成美国联邦野生动植物资源保护执法体系的基础。

美国《雷斯法案》只是 2007 年美国粮食、保护和能源法案(俗称“美国农业法案”)的一部分，一直以来是美国相关机构打击野生动物犯罪最有力的工具之一。于 2008 年 5 月 22 日正式生效的美国《雷斯法案》(修正案)延伸至植物及其制品(林产品)贸易，它认可、支持其他国家在管理本国自然资源中做出的努力，并对企业交易来自合法渠道的植物及植物制品(林产品)提供强有力的法律保障。通俗地说，如果“你”在植物的获取、采伐、占有、运输、销售或出口环节违反了任何一个国家或美国各州的相关法律，以及提供虚假证明、虚假商标等等，那么根据《雷斯法案》“你”已经违反美国法律《雷斯法案》(修正案)。

例如，“你”在 A 国砍伐、运输木材违反了 A 国政府的相关法律(如：非法采伐或者没有交纳相关税费)，或者你在中国使用这批木材加工成地板或者家具再出口到美国，只要你的这批木材制品跟地理概念上的“美国”发生关系时，就触犯了《雷斯法案》(修正案)。美国政府就会因为“你”从采伐到交易过程中违反了所在国的法律而判“你”违法。

美国《雷斯法案》修订前，有关植物的条款区域限定比较窄，仅限于美国本土植物并列入 CITES 或美国州法律的物种。修订后的《雷斯法案》扩充了针对植物的执法条款，涉及进口、运输、销售、接收、获取或购买违反其他国家法律获得的植物或产品均为非法。它扩展了植物的界定，包括植物界任何野外品种的任何部分或者其衍生产品。这一定义涵盖了所有木质产品，包括来自天然林与人工林的林木以及由木材制成的各种木材加工产品如纸浆、纸张、家具等制品。

## 2.2 美国《雷斯法案》的内容

2008 年《雷斯法案》根据国际林产品贸易形势所需进行的新的修订涉及了该法案

最主要的几个核心内容。

### 2.2.1 重新修订了“植物”的概念，扩大了适用范围

法案第一条第(f)款其中3个小项对“植物”进行界定：第(1)小项规定，植物或者植物种群包括植物界所有野生组成部分，包括根茎、种子、组织部分和相应制品，以及所有不管是天然起源还是人工起源的林木。第(2)小项规定，“植物”概念不包括普通培育植物(除了林木)和农作物，不包括用于实验室或田间研究的基因种植资源的科学标本，不包括用于移植或者更新的植物。第(3)小项规定，如果这些植物属于《濒危野生动植物种国际贸易公约》的名录、或者属于《濒危物种法》所规定的濒危或者受到威胁的物种、或者依据任何一州法律属于受保护且濒临灭绝的本土物种第(2)小项不适用。除此之外，第(j)款扩充了“取得”的概念和内容，包括了植物的采集、采伐、搬运和转移等。

### 2.2.2 增设了涉及植物的违法犯罪类型

除了持有、运输或出售等违反各州法律或者规章、外国保护植物法律的行为之外，另外规定：任何盗伐、盗挖植物行为；任何从公园、森林保护区或其他官方保护区取得植物行为；任何没有获得官方许可或者与官方许可相违背而取得植物行为都被禁止。

### 2.2.3 增加了涉及植物的处罚类型

针对增设的犯罪类型设置了相应的处罚规定。《雷斯法案》(修正案)第三条、第四条对应不同的犯罪类型分别设置了罚款、没收及监禁等民事、刑事处罚措施。

此外，第二条还增设了植物申报制度，包括申报、评审和报告等三部分。申报制度分为进口植物申报和相关植物制品申报。

《雷斯法案》实质上是美国《粮食、保护和能源法案》(俗称“美国农业法案”)的一部分，旨在打击野生动物犯罪。2008年5月22日正式生效的美国《雷斯法案》(修正案)将其实施范围延伸至植物及其制品(林产品)贸易。该法案认可、支持其他国家管理本国自然资源中做出的努力，并对企业交易来自合法渠道的植物及植物制品(林产品)提供强有力的法律保障(吴柏海、张蕾、余涛，2009)。修正后的《雷斯法案》拓展对“植物”的界定，其规定植物包括植物界任何野外品种及其根部、种子、任何部分及其派生产品，还包括从天然林与人工林的林木，同时扩充了针对植物的执法条款，包括规定进口、出口、运输、销售、接收、获取或购买违反其他国家法律获得的植物均为非法行为。《雷斯法案》(修正案)与木材贸易相关的条款主要包括：①禁止非法来源于美国各州或其他国家的林产品的贸易；②从2008年12月15日起，海关申报表必须包括进口木材每个材种的拉丁名、进口货值、进口数量、木材原产国的信息，如不清楚具体的木材原产国，则要填写可能的原产国；③赋予美国政府对从事非法交易的个人与公司处以罚款甚至监禁的权力，对那些进口木材在采伐、运输过程中违反木材生产国相关法律的贸易商提起诉讼。处罚包括民事行政处罚(最高1万美元)、没收(包括运输工具)、刑事处罚或监禁(最高50万美元，最长5年监禁，或兼两者)，还可能引起涉及走私或洗钱的指控。

## 2.3 美国雷斯法案的实施与管理

美国对进口植物及产品申报实施分阶段实施计划，并对具体的实施时间表涉及的产品范围有详细的规定，雷斯法案分4个步骤提交进口申报(表3-2)。

表3-2 雷斯法案进口申报时间表

| 第一阶段(2008.12.15－2009.3.31) | 第二阶段(2009.4.1－2009.9.30) | 第三阶段(2009.10.1－2010.3.31) | 第四阶段(2010.4.1－2010.9.30) |
|---|---|---|---|
| 此阶段只需纸质申报且自愿提供 | 涉及HS编码如下：<br>44：<br>4401(薪材及木片)<br>4403(原木)<br>4404(木劈条)<br>4406(铁道及电车道枕木)<br>4407(锯材)<br>4408(装饰木板、单板)<br>4409<br>4417(木工具、工具手柄、扫帚手柄)<br>4418(建筑及木工用木材) | 涉及HS编码如下：<br>44：<br>4405(木丝刨花)<br>4410(刨花板)<br>4411(纤维板)<br>4412(胶合板、单板饰面板及类似的多面板)<br>4413(浸渍木)<br>4414(木框)<br>4415(木箱、木盒)<br>4416(木桶)<br>4419(木质餐具和厨具)<br>4420(木质镶饰、木匣、木雕)<br>47：<br>4701(机械木浆)<br>4702(化学溶解木浆)<br>4703(硫酸盐木浆)<br>4704(亚硫酸盐木浆)<br>4705(机械化学木浆) | 包括前两个阶段的产品。<br>4421(其他木制品)<br>48：<br>4801(新闻纸)<br>4802(未经涂布的书写纸)<br>4803(卫生纸、面巾纸)<br>4804(未经涂布的牛皮纸)<br>4805(其他未经涂布的纸及纸板)<br>4806(植物羊皮纸等)<br>4807(复合纸及纸板)<br>4809(经涂布的纸和纸板)<br>4810(经涂布的纸和纸板)<br>4811(除4803、4809及4810外经涂布的纸等)<br>94：<br>940169(带木框架坐具)<br>940330(办公用木家具)<br>940340(厨房用木家具)<br>940350(卧室用木家具)<br>940360(其他木家具)<br>940370(木家具部件) |

# 3 澳大利亚木材法案

## 3.1 澳大利亚木材法案实施的背景

为支持各级政府在其所辖范围内推进木材合法贸易进程，促进澳大利亚采购和销售合法采伐的木产品，澳大利亚于2011年制定了《禁止非法采伐木材法案》。在此之前，澳大利亚政府做了以下准备工作：制定和发布法案制定和实施相关内容及其影响的申明报告、法案实施对行业经济产生的影响分析报告、法案对小企业的影响以及社会影响报告、合法性验证体系分析以及木材进口合法性的评估方法等。2011年3月23日，农村事务和运输部部长路德维先生在参议院常设委员会上回答了关于非法采伐禁止草案征求意见稿和解释性备忘录的公众质询。2012年11月澳大利亚国会通过了《禁止非法采伐木材法案》。除此主要法案以外，澳大利亚还将于两年后出台法案实施细则。法案也分为两个阶段实施，目前阶段(2014 年 11 月 30 日之前)禁止非法采伐木材的进口、禁止国内加工产品中使用非法采伐的木材。法案通过的两年后，即 2014 年 11 月 30 日起将禁止对混合了非法采伐的木材产品进口，并对木材进口管理和木材加工实施“尽职调查”。该法案的实施条例将在立法 2 年后的 2014 年 11 月正式实施。主要包含以下三方面：尽职调查原则、遵守申明、木材产品名录。

2013 年澳大利亚制定了《2013 年禁止非法采伐修正条例》，并于 6 月 3 日提交澳大利亚议会审议通过。该条例规定了对澳大利亚进口商和加工商的要求，即进口商和加工商在将受管制木材产品(regulated timber products)进口到澳大利亚之前，必须开展尽职调查。“尽职调查”与欧盟木材法案中有关“尽职调查”所包含的内容是基本一致的，包括：信息收集和风险确定、风险评估和风险规避，此外进口商还必须填写一份尽职调查的声明表。

除了澳大利亚进口商和加工商以外，澳大利亚政府已向各贸易合作伙伴国政府及其行业代表进行了广泛的咨询。在后续细则的制定过程中，澳大利亚政府与贸易合作伙伴继续开展合作。2014 年 11 月，明确勾画出进口商和加工商操作框架的法案细则将生效，包括将以细则为依据的尽职调查流程及详细产品清单。澳大利亚政府于 2013 年 5 月底，即细则生效前的 18 个月，对这些细则进行了讨论，为行业留出了建立尽职调查体系和流程的充足时间。澳大利亚将继续致力于与美国和欧盟的有关法案共同合作，以期将该法案对出口木材到澳大利亚的企业所造成的冲击降至最低。

## 3.2 澳大利亚木材法案的内容

### 3.2.1 关于非法采伐的界定

全球非法砍伐程度几乎是无法量化的，因为“合法”与“非法”二者之间并无清晰的界定，但这二者的界定又是解决非法采伐问题的关键。澳大利亚政府希望通过立法可以明确木材来源的合法标准，禁止非法采伐木材原料及木材制品流入国内。

澳大利亚的禁止非法采伐木材法案补充并促进了国际社会推动合法木材贸易交易的国际努力。此法案通过限制进口非法采伐的木材来促进合法采伐木材的交易，并且为国际努力贡献力量。根据该法规，非法采伐木材的定义是违反木材采伐所在地(无论是否在澳大利亚)的有效法律而采伐的木材。澳大利亚进口商将在原产国非法采伐的木材或木材制品投入澳大利亚市场属违法行为。相反的，遵守相关国家的法律制度采伐的木材，将被视为合法采伐木材。

澳大利亚禁止非法采伐木材法案中承认对于如何判定某一木制品如纸张，是否是由来源不合法的木纤维制成这一问题，政府的判定结果是基于“怀疑”或出口国存在非法砍伐产业的可能性，而非实质性证据。此项法律在判断出口国是否生产含有非法木材的木制品的可能性时，通常是以此出口国在透明国际组织(Transparency International)中的排名作为指标。通常情况下，出口国，尤其是发展中国家，若存在严重的制度腐败，其林产品的木材来源则被视为存在高风险的非法采伐。

### 3.2.2 法案适用对象及其职责

澳大利亚禁止非法采伐木材法案仅对澳大利亚进口商和在澳大利亚采伐的原木进行加工的加工商提出要求，对澳大利亚生长的木材和进口木材同样适用，以在最大程度上降低非法木材进入澳大利亚市场的风险。该法案对澳大利亚的贸易合作伙伴或其出口商无要求，澳大利亚的贸易合作伙伴并不为该法案所辖。自 2014 年 11 月起，进口商可能需要向其供应商要求查询与将要采购的木材有关的信息，并被要求对进口非法采伐木材的风险进行评估。此法案主张禁止进口或者加工非法采伐的木材。如果起诉违反这项法案的人，必须证明某个澳大利亚进口商或者加工商明知、故意或者罔顾后果地进口或加工非法采伐的木材。这意味着澳大利亚进口商和加工商必须确保其不得有意、故意或疏忽大意地进口或加工非法采伐的木材。该法案具体阐明，在此法规生效后的 24 个月，即 2014 年 11 月 30 日起，澳大利亚进口商在将受管制木产品进口到澳大利亚之前必须履行尽职调查程序，澳大利亚加工商在加工国产原木时同样也需要进行尽职调查程序。

### 3.2.3 “尽职调查”体系的要求

澳大利亚的“尽职调查”体系同时对进口商和本地加工商施加要求。法案规定进口商在将受管制木产品进口到澳大利亚之前，加工商在生产制造木材产品之前都必须有一个尽职调查体系，并保存该尽职调查体系的书面记录。并且在进口时向海关呈报他们已经进行了所需的尽职调查。澳大利亚尽职调查体系程序包含四个步骤：即信息收集、风险确定、风险评估以及风险规避。

#### 3.2.3.1 信息收集

第一步，进口商和加工商必须获取其想要进口和加工的木材或木材产品的相关信息，并尽可能多地获取该产品的信息。信息的获取对进口商来说应该是合理可行的。

(1)进口商在进口受管制的木材产品之前或者加工商在生产加工木材之前需获得的该产品的信息，包括：受管制木材产品或未加工原木的描述，包括产品类型、商品名以及树种常用名称。

(2)采伐来源国以及采伐国所在采伐区域信息。

(3)产品生产国信息。

(4)供货商的名称、地址、营业名称、公司注册码(如有)。

(5)产品的数量(以体积、重量或单位数量表示)。

(6)由供货商提供涉及产品采购的文件。

(7)如果某木材产品或该木材采伐地区已应用木材合法性框架体系，木材采伐者或相关人员应提供合法性标签或者证书的副本作为表明符合该合法性体系要求的证据。

(8)如果特定国家指南适用于某木材产品或者该木材采伐地点，要求进口商应根据该指南获取该产品的相关信息或证据，例如证书、标签或者其他文件。

可证明产品不是来自非法采伐木材的证据包括：①该产品所包含的木材采伐树

种在该木材采伐地被证明是否为禁止采伐的树种；②木材采伐地点是否符合有关法规条例的合法性要求，并经过批准；③如果木材采伐权的获得需要缴纳费用，确定费用支付是否已完成；④如果某人拥有某木材采伐地的土地合法使用和占有权，木材采伐是否与法律规定相矛盾。

3.2.3.2　风险确定

第二步，进口商或者加工商可选择以下两种程序，即木材合法性框架(timber legality framework)或特定国家指南(country specific guidelines)来评估和发现是否存在非法采伐的风险。

**可选程序1：根据木材合法性框架体系评估和发现风险**

澳大利亚法案所认可和指定的木材合法性框架体系包括3种：①欧盟委员会执行的FLEGT计划；②FSC森林认证体系；③PEFC森林可持续经营认证体系。

进口受管制木材产品的进口商和对原木进行生产加工的加工商选用此程序应满足以下条件：木材产品或者采伐区域已开展上述三种木材合法性框架体系之一，并且进口商已应用下述程序进行评估。即生产或进口木材产品之前，加工商和进口商必须：

①评估通过合法性框架体系所获取的信息和证据是否准确可靠；

②识别通过使用框架所收集的信息与第一步中所要求的信息收集是否相一致，评估产品是否为非法采伐、存在由非法采伐的木材制成或者含有非法采伐木材的风险；

③在识别所收集信息进而评估和识别风险过程中，考虑进口商或加工商知道或者应当合理知道的任何其他的，关于可以表明产品是否为非法采伐、由非法采伐的木材制成或者含有非法采伐木材的信息；

④如实做好识别和评估记录。

**可选程序2：根据特定国家指南评估和发现风险**

此程序的适用条件是：木材产品或者采伐区域可适用特定国家指南(具体的国家指南相关内容尚未发布，澳大利亚政府将会和他国政府一道制定该国国家具体指导方案)，并且加工商或进口商使用下列程序进行评估。即进口产品之前，加工商和进口商必须：

①评估通过使用国家指南所收集的信息与第一步中所要求的信息收集是否相一致。

②在识别所收集信息进而评估和识别风险的过程中，评估产品是否存为非法采伐、由非法采伐的木材制成或含有非法采伐木材的风险。

③在识别所收集信息进而评估和识别风险过程中，考虑加工商和进口商知道或者应当合理知道的任何其他的，关于可以表明产品是否为非法采伐、由非法采伐的木材制成或者含有非法采伐木材的信息。

④如实做好识别和评估记录。

3.2.3.3　风险评估

第三步，如果加工商或者进口商没有采用第二步中列出的可选程序，或如果其采用了第二步中列出的程序但发现木材存在着不可忽略的非法采伐风险，加工商或进口商必须开展风险评估。

在加工或者进口产品前，加工商和进口商必须评估所进口的原木或受管制木材产品是否存在着为非法采伐、由非法采伐的木材制成或者含有非法采伐木材的风险。需要采取的行动有：

①评估所收集的信息是否与第一步中所要求的信息收集相一致；

②风险评估还需考虑下列因素：考虑高风险地区，如非法采伐多发的地区、根据树种推断非法采伐可能发生的地区、有武装冲突的地区；考虑产品的复杂性；考虑进口商知道或者应当合理知道的任何其他的，关于可以表明产品是否由非法采伐的木材制成或者含有非法采伐木材的信息；

③对风险评估过程做好如实的记录。

#### 3.2.3.4 风险规避

第四步，如果加工商或者进口商在第三步中发现木材存在着不可忽略的非法采伐风险，进口商必须根据《条例》开展风险规避程序。

风险规避程序包括以下几个步骤：

①获得关于产品更多的信息，包括关于产品的任何其他认证或者第三方评估；

②重新评估产品是否存在为非法采伐、由非法采伐的木材制成或者含有非法采伐木材的风险，包括考虑第三步风险评估中提及的加工商或进口商风险评估时需采取的行动和考虑的因素；

③不进口该风险木材或者木材产品；

④对风险评估过程做好如实记录。

### 3.2.4 受管制木材产品的范围

澳大利亚禁止非法采伐法案生效后的两年内，《2013 年禁止非法采伐木材修正条例》出台，并于 2013 年 6 月 3 日提交澳大利亚议会审议。条例概述了本国木材进口商和加工商对某些木材产品所应履行的尽职调查程序。受管制的木材包括原木、锯木、纸张、纸浆和家具等。尽职调查的要求，依产品种类而异。相关条例也有指定的豁免项目，如古董家具等。

澳大利亚进口商在进口受管制木产品之前需要对产品开展尽职调查。受管制木材产品的范围见表 3-3。

**表 3-3 澳大利亚受管制木制产品范围**

| 序号 | HS 编码 | 描述 |
|---|---|---|
| 1 | 4403 | 原木 |
| 2 | 4407 | 锯材 |
| 3 | 4408 | 装饰木板、单板 |
| 4 | 4409.10.00 | 家具半成品(针叶材) |
| 5 | 4409.29.00 | 家具半成品(非针叶材) |
| 6 | 4410 | 刨花板 |
| 7 | 4411 | 纤维板 |
| 8 | 4412 | 胶合板、单板饰面板及类似的多层板 |

（续）

| 序号 | HS 编码 | 描述 |
|---|---|---|
| 9 | 4413.00.00 | 浸胶木材 |
| 10 | 4414.00.00 | 木框 |
| 11 | 4416.00.00 | 木桶 |
| 12 | 4418 | 建筑及木工用木制品 |
| 13 | 4701.00.00 | 机械木浆 |
| 14 | 4702.00.00 | 化学溶解木浆 |
| 15 | 4703 | 硫酸盐木浆 |
| 16 | 4704 | 亚硫酸盐木浆 |
| 17 | 4705.00.00 | 机械化学木浆 |
| 18 | 4801 | 新闻纸 |
| 19 | 4802 | 未经涂布的书写纸 |
| 20 | 4803 | 卫生纸、面巾纸 |
| 21 | 4804 | 未经涂布的牛皮纸 |
| 22 | 4805 | 其他未经涂布的纸和纸板 |
| 23 | 4806.20.00 | 植物羊皮纸等（防油纸） |
| 24 | 4806.30.00 | 植物羊皮纸等（描图纸） |
| 25 | 4806.40.00 | 植物羊皮纸等（半透明玻璃纸、蜡光包装纸） |
| 26 | 4807.00.00 | 复合纸和纸板 |
| 27 | 4808 | 有瓦楞的纸和纸板 |
| 28 | 4809 | 复写纸 |
| 29 | 4810 | 有涂层的纸和纸板 |
| 30 | 4811 | 除 4803、4809、4810 外的纸和纸板 |
| 31 | 4813 | 卷烟纸 |
| 32 | 4816 | 4809 外的其他复写纸 |
| 33 | 4817 | 信封、明信片等 |
| 34 | 4818 | 卫生用纸等，卷宽不超过 36cm |
| 35 | 4819 | 纸箱、袋、包装容器 |
| 36 | 4820 | 账簿、笔记本、备忘录等 |
| 37 | 4821 | 纸和纸板标签 |
| 38 | 4823 | 其他纸浆、纸板、纤维素 |
| 39 | 9401.61.00 | 带木框架坐具（装软垫的） |
| 40 | 9401.69.00 | 带木框架坐具（其他的） |
| 41 | 9403.30.00 | 办公用木家具 |
| 42 | 9403.40.00 | 厨房用木家具 |
| 43 | 9403.50.00 | 卧室用木家具 |
| 44 | 9403.60.00 | 其他用木家具 |
| 45 | 9403.90.00 | 家具部件 |
| 46 | 9406.00.00 | 活动房 |

此外，条例要求所有进口受管制木材产品的进口商必须向海关做出声明，声明其是否按照条例规定的要求进行了尽职调查，若未按规定声明则该行为属于民事违法行为。

### 3.2.5 处罚措施

法案规定进口含有非法采伐木材的受管制木材产品属于刑事犯罪；违反尽职调查和在进口时进行申报的要求属于民事犯罪。

若某人或某公司因进口非法采伐的木材或木材产品而被裁定有罪，惩罚范围包括罚款和监禁。惩罚根据法院的自由裁量权，可能施加的最高刑罚是：5 年或以下有期徒刑，并且个人 5.5 万澳元罚款，公司或法人团体 27.5 万澳元罚款(个人和公司的罚款额是根据每单位处罚金额 110 澳元所计算的结果，该处罚金额在 2013 年提高到每单位 170 澳元。)

## 3.3 澳大利亚木材法案的执行和管理

### 3.3.1 主管机构

澳大利亚木材法案的制定和协调林业政策的主要机构是林业、渔业和水产部长理事会(MCFFA)和澳大利亚政府委员会(COAG)。法案的主管机构是澳大利亚主管林业的农渔林业部(DAFF)，农渔林业部负责协调本法案的执行并按规定实施处罚。

### 3.3.2 监督检查和执行

#### 3.3.2.1 检查员的任命

由部长书面任命经过培训或者有丰富经验以确保其可以正确行使检查员权力的人作为检查员，来行使法案执行情况的监督检查权力。官方检查员的任期不得超过两年。作为检查员特殊身份的象征，部长必须向指定的检查员发放身份认证卡，而检查员在行使权力的时候必须随身携带身份卡。身份认证卡的发放和管理非常严格，检查员在脱离检查员身份后必须在 14 日内向部长返还身份认证卡，否则视为民事犯罪。

#### 3.3.2.2 检查员的监督和调查权力

检查员负责监督本法案的规定条款是否已经或者正在被执行和遵守。

检查员在经受检方同意的情况下或者凭官方令状进入受检场地。检查员进入受检场地的目的有两个，即检查员判定本法案的规定条款是否已经或者正在被执行和遵守；判断进口商或加工商提供的信息是否符合法案的规定。检查员为行使这样的监督权力有权进入受检场地，当然这种进入必须征得场地所有人的同意，场地所有人有权要求检查员出示身份认证卡。进入受检场地的检查员可以于适当时候取得他人的协助，前提是这种协助是必要和合理的。

此外，检查员还有对受检方的调查权利。如果检查员有合理的理由怀疑受检场地存在证据材料，检查员有权进入受检场地行使调查权利。但是这种权利的行使必须经受检方同意或者凭官方调查令状进入受检场地。

检查员在进入受检场地后可以对尽职调查体系包括风险评估和风险规避程序等进行现场监督和检查，检查能够证明尽职调查体系政策运行的文件和记录。检查员行使的监督和调查权利包括以下几方面：①搜检受检地的权力；②监测巡查受检地里所进行的一切活动的权力；③检查一切文件；④摘录、复印相关文档或文件的权力；⑤受检地所有物品的取样权力；⑥如果检查员有合理的原因怀疑相关数据，其有权操作该场地的电子设备以查看磁盘或者存储设备中的文件，并有权复制和删除这些文件；⑦获得证据性材料的权力。检查员可以24小时内封锁或者派人看管相关设备及证据材料，前提是检查员有合理原因认为设备中的数据如不采取行动有可能被毁坏或者篡改，证据材料被隐藏或者丢失。检查员在控制设备和证据材料前需向受检方发出通知，控制时限为24小时，且该时限可被延长一次。相关数据和证据的调查可以作为判定相关行为和信息是否符合法案规定的依据。

3.3.2.3 监督和调查令状

检查员可以向令状签发官员申请监督令状和调查令状。如果签发官根据检查员或者其他相关人员提供的书面或口头证词认为检查员提供的信息是可信的，其有合理原因进入受检场地行使监督和调查权利以确定受检方的行为是否遵守了法案的规定，那么签发官可以向检查员发放监督或者调查令状。检查员可以凭借令状在未经受检方允许的情况下进入受检场地行使权力，进入前需向受检方发出通告。检查员在持有监督或者调查令状行使检查员权力的时候，有权要求受检方回答任何相关问题以及提供任何相关文件，在一些情况下出于合理且必要的理由检查员或者检查员协助者可以采取强制措施。受检方有义务为监督和调查的实施提供必要设施及援助。

# 4 主要贸易法规比较

## 4.1 法律的适用范围各有侧重点

《雷斯法案》(修正案)要求美国进口商在每次船运进口木材和木材制品时都要提供一份基本报告以增加木材来源信息的透明度。

《雷斯法案》(修正案)适用于任何从事植物的进口、运输、销售、接收、获取或购买等交易活动并受美国联邦法律管辖的企事业单位或个人；如果企业或个人违反世界任何一国野生动植物资源保护及其贸易方面的法律，或提供虚假证明、虚假商标等，都视为违反《雷斯法案》(修正案)。修正案涉及的对象既包括卖方也包括买方；既包括美国国内企业或个人守法行为，也包括国外企业或个人对其本国法律和国际法的守法行为。

《欧盟木材法案》适用于所有27个欧盟成员国，适用于欧盟木材供应链内的两类机构：运营商和贸易商，涉及供应链的整个环节。首次将木制品投放于欧盟市场的机构被称为运营商。除对运营商的要求外，法规亦要求所有参与供应链的机构，履行可追溯性义务，这些机构称为贸易商。该法规直接约束的是欧盟市场的卖方。向欧盟出口木材和木制品的所有外国供应商、加工商，都必须配合提供相关信息和文件，因此也间接受到该法规的约束。条例对运营商的要求是禁止把非法采伐的木材投放于欧盟市场。所有把木材或木制品首次投放于欧盟市场的机构，必须实施“尽职调查”体系，以减缓引入非法采伐木材的风险。对贸易商的要求是所有贸易商在欧洲内部市场交易木制品，须保留相关记录至少5年，记录须记载供应这些木材和木制品的运营商或贸易商，以及购买这些木材和木制品的贸易商。

《澳大利亚禁止非法采伐木材法案》仅对澳大利亚进口商和在澳大利亚采伐的原木进行加工的加工商提出要求，对澳大利亚生长的木材和进口木材同样适用，该法案对澳大利亚的贸易合作伙伴或其出口商无要求。

## 4.2 申报信息不尽相同

《雷斯法案》(修正案)要求进口商填报植物及产品申报表，包括进口木材每个材种的拉丁名(明确到种)、进口货值、进口数量(包括计量单位)、木材原产国的信息，如不清楚具体的木材原产国，则要填写可能的原产国。

《欧盟木材法案》要求运营商实施尽职调查体系，并提供指定的信息，包括产品描述、供货商、木材采伐国、树种等。除此之外，欧盟还要求运营商提交能够表明木材和木制品符合采伐国林业法规的信息。法案要求企业提供木材合法性的证明文件，为下一步的风险评估做基础。

《澳大利亚禁止非法采伐木材法案》要求本国木材进口商和加工商履行的尽职调查程序。澳大利亚进口商在进口受管制木产品之前需要对产品开展尽职调查。尽职调查的要求，依产品种类而异，受管制木材产品的范围与《欧盟木材法案》所规定的类似，需提供指定的信息，如产品描述、供货商、木材采伐国、树种等。条例要求所有进口受管制木材产品的进口商必须向海关做出声明，声明其是否按照条例规定的要求进行了尽职调查。

## 4.3 对木材非法采伐的认定存在差异

《雷斯法案》(修正案)规定，违反该法案的行为包括以下两方面：第一，植物的取得、采伐、占有、运输、销售或出口违反了任何一个国家或美国各州的相关法律。这就是非法来源植物的界定。第二，个人或公司在美国州际之间，或国家之间从事非法来源植物的贸易均属非法行为。因此，在木材供应链的任何环节被确定为非法，雷斯法案都视其为非法的，而禁止其进入美国市场。但是，法案中未对“非法来源”进行界定，而是认为应当由各个主权国家自己的法律来定义。目前国际社会对此也没有统一的认识，无法提供一个令各方都满意的合法性证明文件，这就造成国外企业可能被美国执法机构重点怀疑而面临调查的风险，且给操作带来难度。

相比之下，《欧盟木材法案》和《澳大利亚禁止非法采伐木材法案》对“合法采伐”与“非法采伐”有明确的定义。《欧盟木材法案》规定“合法采伐”指依据采伐国适用法规进行的采伐；“非法采伐”指违反采伐国适用法规进行的采伐。其中“适用法规”指采伐国执行的、涵盖以下方面的法规：在依法公布的边界内采伐木材的权利；为取得采伐权和木材支付的款项，包括木材采伐相关的税款；木材采伐，包括和木材采伐直接相关的森林经营和生物多样性保护的环境和森林法规；关于受木材采伐影响的使用权和所有权的第三方合法权利；迄今为止林业部门涉及贸易和海关法律。法规还明确指出持有 FLEGT 和 CITES 许可证的木材及木制品均被认定为合法采伐。

而根据《澳大利亚禁止非法采伐木材法案》，非法采伐木材的定义是违反木材采伐所在地(无论是否在澳大利亚)的有效法律而采伐的木材。澳大利亚进口商将在原产国非法采伐的木材或木材制品投入澳大利亚市场属违法行为，遵守相关国家的法律制度采伐的木材，是合法采伐木材。同时，该法案在判断出口国是否生产含有非法木材的木制品的可能性或是否存在高风险时，通常是以此出口国在透明国际组织中的排名作为指标。

## 4.4　调查体系的差异

《雷斯法案》(修正案)鼓励实施“应有的注意责任”，要求针对特定情况参与方应采取常用的合理步骤确保自己没有违反相关法律，但没有更加详细的信息予以指导。“应有的注意”是在美国法律中已经发展成熟的一个灵活的概念。“应有的注意”是指“一个理性、审慎的人在相同或者相似情况下会采取的关注程度”。因此，对于具有不同知识水平和责任的人，应用方法有所不同”。林产工业贸易和加工企业应该持有谨慎态度，利用可获得的多种工具、技术和资源对原材料木材及其制品进行风险评估，并从通常较长并且复杂的供应链中清除来源非法的木材。

相比雷斯法案，《欧盟木材法案》要求运营商实施的“尽职调查”体系相对全面，需要做到以下3个方面：提供进入市场的木材的相关信息；使用木材的相关信息来进行风险评估程序，这个程序可以使运营商在风险标准上对采伐的木材或林产品的非法风险进行分析和评估；一旦发现有非法采伐的风险，要采取措施来减轻非法采伐木材进入市场的风险，称为风险减缓程序。现行的法律草案允许运营商通过运用合适的法律证明和合法认证体系来减少供应链存在非法木材的风险。

澳大利亚木材禁令中的“尽职调查”与《欧盟木材法案》很相似，要求木材及林产品进口商及国内生产、加工商建立并实施减少采购非法来源木材及木材产品的相关体系，包括：信息收集：包括购买产品描述、采伐国、产品数量、供货商等信息；风险评估：运营商应利用所收集的信息按照法案中要求的标准对非法木材进入供应链的风险进行评估；风险规避：采取手段减少面临的风险。

## 4.5　监督机构的设置

《欧盟木材法案》规定为向运营商提供现有的“尽职调查”体系，专门设置监督机构。法规要求监督机构必须是欧盟内依法成立的私人机构(如公司、协会)，拥有必要的专业知识和能力，并不存在任何利益冲突。监督机构须由欧洲委员会正式认可。监督机构的职能包括：开发实用的“尽职调查”体系；向运营商授予使用“尽职调查”体系的权力；验证运营商正确使用“尽职调查”体系；在运营商不能正确使用调查体系时，采取适当行动。

与欧盟的做法相比，《雷斯法案》(修正案)并没有设置专门的监督机构，而是由长期从事调查野生动物进口和走私案件调查的专家，美国内政部鱼和野生动物服务局，以及美国农业部动植物检疫局共同处理申报和调查非法来源木材的进口。美国海关和美国国土安全局也会支持这项工作。如果联邦检察员发现或收到犯罪活动的证据，就会开展进一步调查。如果有充足证据证明产品是非法来源的，运输船只可以被扣押。此时，案件将被移交给美国司法部，启动没收、罚款程序。

澳大利亚通过任命经检查员，来行使《澳大利亚禁止非法采伐木材法案》执行情况的监督检查权力，检查员监督本法案的规定条款是否已经或者正在被执行和遵守。

## 4.6 处罚措施的力度不同

《雷斯法案》(修正案)制定了较为严厉的民事和刑事处罚条款，赋予美国政府对从事非法交易的个人或公司处以罚款甚至监禁的权力，对那些进口木材在采伐、运输过程中违反木材生产国相关法律的贸易商提起诉讼。处罚分两种情况："故意"从事被禁止行为和"不知情"从事被禁止行为。处罚包括民事行政处罚(最高1万美元)、没收(包括运输工具)、刑事处罚或监禁(最高50万美元，最长5年监禁，或两罪并罚)，还可能引起涉及走私或洗钱的指控。由于美国各州之间法律诉讼不同、执行掌握尺度不一，操作复杂性及未知因素较大，对中国产品出口造成潜在影响。《欧盟木材法案》规定各成员国应制定适用于法规条款的国家处罚准则，做出的处罚必须有效、适当，并且有劝诫性，包括以下内容：与违法行为所造成的环境破坏、相关木材或木制品价值、税收损失和经济损失相符的罚款；没收相关的木材和木制品；立即吊销贸易牌照。《澳大利亚禁止非法采伐木材法案》规定如果发现违法行为，惩罚范围包括对个人5.5万澳元或对公司27.5万澳元的罚款以及最高5年的监禁。

## 4.7 执行机构不同

《雷斯法案》(修正案)没有设置专门的执行机构。要求在进口产品时在美国海关强制申报，美国农业部动植物检疫局负责信息汇集和处理相关业务，按照美国联邦法律的体系执行。根据法律，联邦调查员和公诉人在调查及执行《雷斯法案》(修正案)时，可以利用多种渠道获得可靠信息，包括公众和非政府组织提供的信息。如果联邦调查人员发现或收到犯罪活动的证据，就会进一步调查。如果有充足证据证明产品是非法来源，运输船只和货物可以被扣押。《欧盟木材法案》是由欧盟指定的成员国内第三方监管认可机构执行，该认可的第三方机构是专门设置的监督机构，是执行该法律的官方机构的市场代表。澳大利亚的农渔林业部是《澳大利亚禁止非法采伐木材法案》的主管机构，负责协调该法案的执行。

# 5 主要法规的影响

美国、欧盟以及澳大利亚政策，特别是运用法律手段打击非法采伐及相关贸易政策相继出台，各国法案的实施将对包括我国在内的木材行业市场及林产品国际贸易产生重大影响。

## 5.1 积极影响

长期看，各项法规作为重要的贸易环境因素，会带来诸多积极影响。

(1)各项法案对于促进全球森林资源保护和生态环境改善起着重要的推动作用。

目前木材非法采伐问题非常严重。据统计，印度尼西亚估计有76%～80%的采伐属于非法，巴西亚马孙估计63%的采伐属于非法，非洲刚果雨林有50%的采伐属于非法，这些都对环境造成了无法逆转的破坏。木材条例实施后，为了不丧失欧洲市场，对欧出口的木材加工企业必将寻求合法木材来源。由于发达国家大力发展森林认证，构成森林可持续经营的主体，这必将改变国际木材进口流向，促使木材进口的重点向发达国家转移，从而在一定程度上遏制非法采伐行为，促进合法木材贸易和林业的可持续发展(李剑泉等，2011)。

(2)将提高合法木材的出口竞争力，促进市场公平竞争。长期以来，非法木材由于不需要森林可持续经营的成本投入，在国际市场上总会以低于合法木材的价格冲击国际市场，造成对使用合法木材企业的不公平竞争。法案要求所有欧盟贸易商采用尽职调查，因此能够削减由非法经营者引起的不公平竞争。木材条例实施后，合法性证明将在未来的欧盟木材市场上扮演越来越重要的角色为了减少处罚风险，欧盟进口商将选择能够提供合法来源证明和已经通过森林认证的供应商，进而提高对合法木材的市场需求，也促使其选择低风险的供应商。非法木材在欧盟的市场份额，将逐步被合法木材取代。同时，木材条例的生效强化了欧洲消费者的生态环保意识，引导欧洲市场形成对合法木材的消费偏好，进而提高合法木材的溢价(李剑泉等，2011)。

(3)改善和优化林产品国际贸易条件。木材合法性法规实施以后，来自热带和温带国家的木材均需遵守合法性要求。因此，本法为所有出口国(如马来西亚、印度尼西亚、越南、俄罗斯和中国)搭建了公平竞争的贸易平台。发展中国家的木材产业为了赢得国际市场份额，展开恶性价格竞争，扰乱了国际市场的正常秩序，自身也陷入比较优势陷阱。欧盟木材法案的制定将改变全球特别是中国林产品的出口格局，将使企业间竞争的重点转移到对合法木材的获取。由于合法木材的使用增加了额外成本，只有建立在规模化经营的基础上才能抵消成本压力。这将使部分依靠非法木材而获取成本优势的小企业放弃欧洲市场，为有能力使用合法木材的大中型企业腾出市场空间，并使其从出口中获得更高的溢价，从而改善和优化全世界特别是中国林产品的贸易条件。

(4)加强供应链管理，降低风险。木材加工企业需要对木材产品供应链进行追踪和监控，促使其选择低风险的供应商，从而降低商业风险。

## 5.2 消极影响

### 5.2.1 对林业企业国际市场竞争力的影响

各国法案都要求本国进口商或贸易商通过开展尽职调查或提供木材来源的证据，确保木材及木材制品采购中没有非法采伐的木材。但在贸易实践中，进口商为进行信息收集，风险评估和规避，必然会要求下游出口企业、生产商提供相关申报信息，还可能以合同约定在海关放行通关后支付货款、接受货物，因此相关压力将会转移到出口企业和生产商身上。海外进口商可能会要求中国林产品出口企业提供更多有关木材原料来源的信息。但是，准确提供产品的植物拉丁学名、产地来源国等信息在操作方面存在难度。如，美国农业部动植物卫生检疫局和美国海关要求，任何植物及植物产品进出口均需要填报植物及植物产品申报表，对于我国企业来说，虽然申报单由进口商填报，但是作为出口商有义务协助提供有关信息，且如果填错最终的责任可能要转嫁给我国的制造商。

### 5.2.2 增加企业经营风险

如何判定木材是合法采伐的，目前国际社会还没有一个统一的认识，无法提供一个令各方都满意的合法性证明文件，这就造成欲将林产品出口到被美国、欧盟和澳大利亚等国的企业可能被这些国家的执法机构怀疑其合法性，从而面临调查的风险。各法案具体实施范围及操作细节尚不明确，同时各国法律诉讼不同、执行掌握尺度不一，操作复杂性及未知因素较大，也会对中国产品出口造成潜在影响，而各种认证将使经营成本、交易成本提高，必然对中国产品出口构成限制并将逐步构成贸易壁垒，增加企业经营风险。

### 5.2.3 法规将提高市场门槛

欧洲、美国出台的法规要求木材企业对存在非法风险的木制品提供合法证明，并追溯到木材原产国。作为加工国的中国，没有统一有效的木材合法性验证体系，将使供应链的追踪工作较困难。这将给全球木材市场带来系统性的转变，在一定程度上提高了市场准入的门槛。中国木制品企业要高度关注该法规的实施进展，加强与国外客商沟通，了解相关法案执行的情况，及时调整采购来源，尽早做好相关应对工作。

## 5.3 对中国供应商的要求与启示

### 5.3.1 对中国供应商的要求

随着欧盟木材法案、美国雷斯法案修正案以及澳大利亚木材法案等国有关针对非法采伐相关法规的实施，我国外向型出口企业需要采取措施积极满足国际市场的新要求和变化。这些法规的具体要求有所差异，但总体上均需要对投放到该国市场的木材及木制品开展尽职调查，减少非法木材的风险。

目前来看，欧盟木材法案的要求更为严格和具体，其需要追溯木材的原产地，提供所产木材或木制品的名称、种类、树种、采伐来源国或地区、数量、供货商和贸易商信息以及合法性证明，并针对木材原产地开展非法木材的风险评估，并采取风险规避措施。

欧盟木材法案仅适用于欧盟木材供应链内的运营商和贸易商，要求运营商需要对投放到其市场的木材及木制品开展尽职调查。原则上，该法案不对欧盟以外的其它国家产生法律效应。但中国是欧盟重要的林产品贸易国，向欧盟出口大量的家具及其它木制品。中国的供应商是欧盟内部运营商木材及木制品生产整个供应链其中一个环节，因此中国企业需要满足欧盟木材法案和运营商所提出的尽职调查体系的要求。具体来说，包括以下几个方面。

(1)产品信息。中国供应商也需向运营商提供所产木材或木制品的名称、种类、树种名称(必要时需提供学名)、采伐来源国或地区(包括国产材及国外材，非法采伐风险不一的亚国家区域信息)、数量、供货商和贸易商信息以及合法性证明。这要求中国供应商需要建立一套有效的木材追溯体系，追踪木材的来源，并提供合法性证明。

(2)风险评估与风险规避程序。运营商为了转嫁风险，需要中国的供应商提供风险较小的有独立证明的合法木材产品，或要求供应商同样建立相应的风险评估与风险规避程序。目前市场上有多种可供选择的风险评估和风险规避的方法，除欧盟FLEGT标签的木材能满足欧盟木材法案的要求外，欧盟及木材法案并未明确说明具体的要求或哪种方法最为可行，需要企业根据实际的需求和特定情况进行选择。

### 5.3.2　对中国供应商的启示

随着欧盟和美国反对非法木材力度的加大，供应合法木材对所有出口商越来越重要。中国作为这些市场的主要供应者，中国出口企业面临着不断增长的证明木材合法性的要求。有以下几点需要注意：

(1)随着市场转变，中国生产和制造商要么努力利用这些新政策带来的机遇，以获取更大的市场份额，要么眼睁睁地看着他们现有的市场份额逐渐变小。由于相当比例的木制品出口到美国和欧盟这样的环境敏感市场，中国的林产工业，就像其印度尼西亚和越南的竞争对手一样，具有潜在的脆弱性，特别是在胶合板、木制家具和木地板方面。

(2)当前国际社会对如何判定木材是合法采伐的，还没有一个统一的认识，无法提供一个令各方都满意的合法性证明文件，这就造成企业可能被欧美等国执法机构重点怀疑而面临调查的风险。

(3)在过去的几年里，中国出口到欧盟和美国的木材产品(原木当量和出口值)占中国总出口量的40%左右。欧盟和美国一直设法抵制非法木材，并逐渐拒绝不可持续的木材产品，而他们在中国木材产品出口中所占的份额很大，因此，如果中国的供应商希望继续与他们进行交易，就必须确保其木材来源是合法的。

(4)合法性证明将在未来的林产品市场上扮演越来越重要的角色。如欧洲市场的运营商将要求出口企业提供有关木材来源合法性的证明，特别是针对来自非法采伐高风险国的热带木材。为了减少处罚的风险，厂家很可能将会选择能够提供来源证明和采伐认证的供应商，大大增强了对合法性产品的市场需求。也就是说，那些具有木材合法性证明的企业将保留其市场份额，比不能提供合法性证明的企业更有市场竞争优势。

(5)木材条例将提高市场门槛。欧盟等国的法律要求木材企业对存在非法风险的木制品提供合法证明，并追溯到木材原产国。作为加工国的中国，没有统一有效的木材合法性验证体系，将使供应链的追踪工作较困难。这将有望给全球木材行业带来系统性的转变，在一定程度上提高了市场准入的门槛(陈勇等，2011)。

# 第四章

# 中国应对非法采伐的政策与行动

非法采伐及相关贸易问题具有其历史性和阶段性，需要认识木材非法采伐及相关贸易问题的实质及中国在其中所处的角色。事实上，中国一贯反对并打击非法采伐及相关贸易，并且已经采取实质性的措施与行动，通过制定相应法律及完善管理法规、加强执法、实施绿色采购政策、建立行业信用制度、进行木材合法性验证、开展森林认证工作，开展国际和区域间交流与合作共同打击木材非法采伐和相关贸易，也已取得了明显效果。

## 1　非法采伐及相关贸易对中国的影响

随着我国经济社会的快速发展，对木材及林产品的需求一直呈刚性增长，目前我国已成为世界木材消费及贸易大国，木材及其产品的对外依存度达到43.6%。特别是近几年来，进口原木数量较大，2007 年高达 3709 万 $m^3$，受国际金融危机影响进口有所下降，2008 年为 2957 万 $m^3$，2010 年快速反弹至 3435 万 $m^3$，2013 年为 4516 万 $m^3$，在全球原木贸易总量中占有较大份额。在此情况下，我国成为了国际社会讨论林业问题的焦点，非法采伐及相关贸易与知识产权、人民币汇率等问题一道成为当前美国、英国、欧盟、日本等为首的发达国家和地区打压我国的新手段，并且对我从国际市场获取木材资源、产业发展和国际形象造成了一定的负面影响。

### 1.1　对中国获取全球森林资源的影响

在全球森林资源有限的情况下，木材非法采伐的存在将使全球森林面积减小的趋势加剧，尤其是热带材资源的减少，同时一些国家迫于舆论的压力，在分不清合法和非法木材的情况下，限制或禁止正常的原木出口，国际原木市场的供应量可能急剧下降，我国获取全球森林资源的难度加大，从而加剧了我国木材供需矛盾突出的紧张局面。

### 1.2 对中国林业产业发展的影响

如果非法采伐木材大量进入我国木材市场，由于具有价格优势，必然打压正常的木材进口贸易商和国内木材贸易商，导致木材市场畸形发展，而靠非法木材维持的市场是无法长久的，一旦出现问题，整个林业产业的原料供应链中断，将导致我国正常的林产品贸易萎缩，严重的会影响我国林业产业发展和生态建设。随着非法采伐及相关贸易在国际林产品贸易中的反响越来越强烈，相关的森林认证及产品认证问题将逐渐成为发达国家限制发展中国家林产品贸易的手段，伴随而来的标准、认证、检疫等技术性贸易措施将随之出台，中国的林产工业企业将不断卷入无休止的国际贸易纷争之中，不利于我国林产品开拓国际市场。

### 1.3 对中国政治外交的影响

当前我国在国际交往中屡受一些国家和组织渲染的“中国木材威胁论”、“中国转嫁生态危机”的攻击，更有甚者指责中国是“世界非法采伐木材的集散地”，给我国的国际舆论和外交谈判造成一定影响。中国虽然已经开展了针对非法采伐及相关贸易的打击活动和措施，并与其他消费国和生产国缔结了一系列双边协议，但仍然任重而道远。一方面要化解国外组织将中国进口木材问题极端化的趋势，净化中国进口木材的国际环境，给正在成长中的中国经济，特别是木材工业以发展空间；另一方面也要正视这一问题，积极稳妥地应对，否则将对我国林业产业和国家形象产生严重影响。

## 2 非法采伐及相关贸易问题的实质

非法采伐及相关贸易具有其历史性和阶段性。要认识木材非法采伐及相关贸易问题的实质，必须充分考虑以下因素。

（1）*要考虑非法采伐界定的法律依据。*遏制非法木材和林产品贸易面临的首要问题是如何界定“非法采伐”。目前没有适用于非法采伐的国际法律，只有《濒危野生动植物种国际贸易公约》附录中列出濒危物种，所以很难依据国际法律定义非法采伐。从狭义上看，木材非法采伐及相关贸易是指违反国际、国家或地方政府关于森林开发利用和林产品贸易方面的法律法规，造成森林资源破坏的行为。从广义上看，木材非法采伐及相关贸易既包含狭义上的采伐和贸易行为，也包括约束行为的规则，即相关的法律法规和执法水平。由于定义内涵不同，加上林产品的产销供应链非常复杂，非法采伐及相关贸易的界定以及监管手段就存在很大的差异，很难统一操作。

(2)要考虑木材生产国的主权。一些国际文书和公约明确规定，森林经营是国家主权，国家有权根据本国的社会、经济等发展规划和政策来经营本国的森林。我国认为非法采伐违反的是木材生产国有关采伐、运输和买卖过程中的法律，非法采伐的治理也应主要依靠木材生产国解决，至于进口国和消费国等方面只是外在因素，这些国家的法律不可能实行于木材生产国。某些木材生产国林业立法不健全，执法能力低，为非法采伐提供了空间，也为木材的原产地管理带来很大困难，在此背景下的木材贸易也给进口国和消费国的海关执法带来很大的困难。

(3)要考虑打击非法木材贸易和正常木材贸易的关系，不能影响正常贸易。个别国家从本国利益考虑，以"非法采伐"为由，打压一些木材生产国如印度尼西亚、巴西、马来西亚、俄罗斯等国的木材出口，扩大本国的木材出口。木材贸易是全球经济贸易的一个重要的组成部分，正常的贸易与导致某一个国家、某一些地区乱砍滥伐没有直接的关系。木材非法砍伐和相关贸易破坏环境的问题大都发生在经济比较落后或不稳定的地区。对于这些问题，不要采用批评的眼光，要遵循发展的原则，在发展经济和保护环境之间努力寻找各方都能接受的平衡点，引导和改进森林开发利用，加快林区经济的发展，从根本上遏制木材的非法采伐，又帮助这些地区发展经济。

(4)要认识到非法采伐的根源在于贫困。全球森林资源遭到严重破坏的热带雨林主要集中在非洲、南美洲和东南亚地区。其中热带雨林的破坏90%发生在非洲和南美洲，这两个洲是世界经济欠发达的地区，生活贫困导致毁林开荒和任意利用薪材。另外，这些国家和地区森林的管理能力较低，相关法律法规不健全，猖獗的非法采伐影响了依赖森林为生的社区生计，严重阻碍了林区和林业的可持续发展。根据FAO的数据分析，全球森林面积的减少80%是归因于薪材利用、毁林开荒和转为农业用地，只有不到20%的森林是归因于工业用途。1990～2000年非洲与南美洲合计减少森林897.3万$hm^2$，占世界森林减少总量的95.5%，而中国从这两洲进口木材仅267万$m^3$(原木材积)，为其木材产量3.83亿$m^3$(1997年)的0.7%，欧美等国家从这两洲采购的木材量远大于中国。因此，中国大量进口林木导致全球森林资源遭到严重破坏的说法是不成立的。

在当今世界经济全球化的背景下，中国林产品进口需求旺盛、增长较快，但人们往往忽视了另一个事实——中国在全球林产品工业产业链条中主要处于加工这个中间环节。以2006年为例，中国进口的主要木质林产品(原木、锯材、胶合板和单板)折合原木材积计算，其总量约为4200万$m^3$，同期中国出口的主要木质林产品(锯材、胶合板、木家具和实木地板)折合原木材积计算，其总量约为3200万$m^3$。从这个角度来看，中国市场消费的木材净进口量只有1000万$m^3$，其最终产品有相当一部分在国外消费的。世界上许多发达国家把木材工业转移到中国，加工后把产品销往世界各地。1998年至今，美国和欧盟从中国进口的木材产品增长了近9倍。迄今为止，美国是中国木材产品出口的最大目的地国。2010年美国从中国进口的林产品约占中国总出口额的12.5%。因此中国是典型的"世界木材加工厂"，且大部分利润被国外赚走。据位于美国的森林趋势(Forest Trends)和世界林业研究中心(the

Center for International Forestry Research)共同撰写的报告指出，在巴布亚新几内亚收购1$m^3$原木仅需11美元(9欧元)，但一旦这些原木运到中国加工后再运到美国和欧洲市场，售价达2400美元/$m^3$(2000欧元/$m^3$)以上。从俄罗斯采伐的原木运到中国后价格增长情况与上例类似。发达国家不单从中国大量购买廉价但高质量的林产品，而且人均消耗仍然远超其他地区。从表4-1可以看出，即使到2020年，中国对主要林产品消费的人均水平，依然低于目前的世界平均水平，与发达国家现在的消费水平仍然存在着巨大的差距。在处理非法采伐及相关贸易的问题上，欧美等国家和地区有着不可推卸的责任。如果单纯认为中国进口木材来满足国内消费者，这也是不全面的。

**表4-1 国内外主要林产品消费水平对比** $m^3$/人

| | 2003年 | 2010年 | 2020年 |
|---|---|---|---|
| 世界 | 0.364 | | |
| 美国 | 2.148 | | |
| 日本 | 1.427 | | |
| 欧洲 | 0.905 | | |
| 中国 | 0.162 | 0.204 | 0.304 |

注：①主要林产品包括：锯材、人造板、纸和纸板；②统一按原木当量折算；③中国为2004年数据；④中国数据均按净进口量(扣除出口部分)计算。

因此，非法采伐表面上看来是林业问题、可持续发展问题、环境问题，实质是贸易问题，是资源和利益的竞争问题，非法采伐是发达国家与发展中国家关于森林资源利用的再分配问题。通过上面的分析，导致木材非法采伐及相关贸易的主要原因是不合理的国际经济秩序、企业界受利益驱动、林业社区的贫困以及木材生产国的政府执法和管理不严等。打击非法采伐是全世界的事情，单由一个国家参与是不够的，应该是木材的生产国、进口国和消费国的共同行动。近年来，中国屡屡在非法采伐及相关贸易中遭受别国或国际组织的攻击，主要有以下四个方面的原因：

一是以美国、英国、日本等国为首的发达国家为保证本国能够继续获得较大数量的木材资源份额，主导国际林产品贸易，以生态环境保护、打击非法采伐及相关贸易为由，对中国大量获得木材资源施加压力。

二是一些森林资源丰富的发展中国家因中国大量获取原木而不在当地投资加工带动经济发展，也对中国产生了不满情绪。

三是国外反华势力以此为借口煽动一些媒体和非政府组织，指责中国是全球最大的非法采伐木材集散地，只注重保护本国生态环境和资源，将生态危机转嫁他国等，蓄意散布反华言论。

四是前些年我国在此问题上对外交流和解释不够，造成了一些误解。

## 3 中国应对非法采伐的态度与立场

应对非法采伐及相关贸易是各利益攸关方共同的责任，需要整个木材生产、加工、国际贸易链条上所涉各方的共同努力和合作，并承担与各方能力和条件相匹配的义务。

非法采伐问题和非法木材贸易问题的产生和发展有其国际和国家背景，也有其历史性和阶段性，涉及政治、经济、社会等诸多因素，特别是国家主权、国家林业立法和执法、实现全球森林可持续发展的国际义务、林业犯罪和林业行业乃至社会腐败等问题。为了表明中国政府在打击非法采伐问题上的态度与成就，回应发达国家利用非法采伐问题指责与发难，林业主管部门提出了打击非法采伐的七项原则，具体包括：

(1)坚持国家主权原则。世界各国，无论是发达国家还是发展中国家，也无论大国还是小国，平等地享有发展权。森林经营和利用是各国主权的组成部分，各国政府可根据社会、经济状况和发展需要，制定本国森林资源保护与利用的规划，这也是里约《森林原则声明》强调的原则之一。

(2)坚持政府主导作用的原则。各国政府是立法、执法和依法管理森林资源的主体，应发挥主导作用，对打击非法采伐木材和非法木材贸易做出承诺，强化内部审批和管理程序，规范企业采伐行为，加强海关监管，加强国内林业立法和执法，严厉打击非法林业活动，从源头上杜绝非法采伐和非法木材贸易。

(3)坚持加强森林可持续经营的原则。在坚持森林利用国家主权的同时，各国应积极考虑国际义务，将森林可持续经营和发展纳入国家政治、经济和社会发展议程，制定和实施国家林业发展规划，制定森林经营和采伐计划，加强森林采伐、木材运输监督管理，遵循森林的经济效益、生态效益和社会效益的协调发展，努力实现森林可持续经营。

(4)坚持保护正常国际贸易的原则。森林采伐是森林经营重要组成部分，林产工业的发展是森林可持续经营的重要支柱，木材产品国际贸易是实现森林经济效益的重要载体。森林采伐、林产工业和木材产品贸易是各国经济、社会和生态协调发展的重要组成部分。没有森林采伐和木材加工以及产品贸易，就不能实现森林可持续发展。没有利用，就没有保护，有效利用才能有效保护。因此，在打击非法采伐与相关贸易的同时，应积极促进和保护正常国际贸易，不能人为地设置障碍，违反市场规律，破坏正常的木材贸易秩序。

(5)坚持全球合作的原则。非法采伐与相关贸易是全球性的问题，不是某个国家和某个区域的问题，更不是某个国家和某个区域的责任，打击非法采伐和相关贸易是各国的共同责任。非采伐和非法木材贸易同国际经济秩序密切相关，应把资源利用问题特别是非法采伐和非法木材贸易纳入国际经济新秩序之中统筹考虑。应加强双边、区域和全球合作，建立有效的国际机制，交流森林资源管理经验，加强相关国家资源管理、监测能力建设。

(6)坚持科学定义、评估和报告的原则。非法采伐问题涉及国家经济、社会、法律等诸多领域的全球性问题，应建立一个全球统一的定义，严格确定依据、界限和行为，并建立全球统一的监测、评估标准和体系，做到公平、公正，才能打击非法采伐，保护合法利用。

(7)坚持社区参与的原则。非法采伐的根源涉及因素很多，与国家林业立法和执法体系不健全、企业追求经济利益等密切相关，但最根本的原因是林业社区居民贫困，生存和生活过度依赖森林。因此，解决非法采伐问题，必须充分考虑林区居民的生存和生活，建立利益激励机制，寻求新的经济来源，保证社区居民的收益。只有林业社区从森林经营中获得利益，才能主动参与保护。否则，谈不上社区参与、社区的发展，更谈不上森林生态环境保护。国际社会应充分履行承诺，结合联合国《千年发展目标》，建立有效机制，采取实际行动，帮助发展中木材生产国林区贫困社区发展经济，增加收入，摆脱贫困。

## 4　中国应对非法采伐的制度与行动

在打击木材非法采伐及相关贸易问题上，中国坚决反对并打击非法采伐及相关贸易行为，坚持互利共赢、可持续发展的森林资源管理合作战略，愿与国际社会共同努力，为促进森林可持续经营、维护正常的林产品贸易、加强全球森林资源保护做出更大的贡献。

### 4.1　健全法律法规体系

我国打击非法木材贸易的法律法规主要有《中华人民共和国森林法》、《对外贸易法》、《中华人民共和国海关法》、《进出口货物原产地条例》。同时中华人民共和国野生动物保护法、环境法、中华人民共和国种子法、中华人民共和国防洪法和中华人民共和国防沙治沙法对相关森林的保护、更新和禁伐做出了明文规定。中华人民共和国刑法对非法采伐做出了详细的刑罚规定，最高人民法院关于审理破坏森林资源刑事案件具体应用法律若干问题的解释具体规定了非法采伐的树种、数量等量刑依据以及相应的罪名和处罚。中华人民共和国进出口商品检验法规定，对于进出口木材必须经过商检机构或者国家商检部门、商检机构指定的检验机构检验。

(1)《中华人民共和国森林法》规定，采伐森林和林木必须申办由林业主管部门批准的森林采伐许可证，木材运输必须持有林业主管部门颁发的运输证件，木材及其制品贸易需持有批准出口文件、允许进出口证明书，并禁止和限制出口珍贵树种及其制品、衍生物，如违反本法有关规定，非法采伐、毁坏珍贵树种的，依法追究刑事责任。《中华人民共和国森林法实施条例》中具体规定了非法采伐的经济处罚。国家林业局先后制定了破坏森林资源责任追究制度和重大案件报告制度的规定、占用征用林地审核审批规范、关于严格天然林采伐管理的意见、关于规范树木采挖管理有关问题的通知和重大林业生态破坏事故应急预案等一系列办法和规定，完善了森林资源管理的法律法规体系。

(2)《中华人民共和国对外贸易法》中直接和木材贸易相关的有三条规定，其中第十六条规定国家基于“保护人的健康或者安全，保护动物、植物的生命或者健康，保护环境”，可以限制或者禁止有关货物、技术的进口或者出口。第三十四条规定，在对外贸易活动中，不得有“伪造、变造进出口货物原产地标记，伪造、变造或者买卖进出口货物原产地证书、进出口许可证、进出口配额证明或者其他进出口证明文件”。第二十六规定，国家基于“我国缔结或者参加的国际条约、协定的规定”，可以限制或者禁止有关的国际贸易。

(3)《中华人民共和国海关法》第十八条规定，进口货物的收货人、出口货物的发货人应当向海关如实申报，交验进出口许可证和有关单证。国家限制进出口的货物，没有进出口许可证的，不予放行。

(4)《进出口货物原产地条例》第十一条规定，进口货物的收货人应当如实申报进口货物的原产地。第十四条规定，海关在审核确定进口货物原产地时，可以要求进口货物的收货人提交该进口货物的原产地证书，并予以审验，必要时可以请求该货物出口国(地区)的有关机构对该货物的原产地进行核查。很多非法木材贸易是通过伪造原产地证明进行的，加强国家海关之间的密切合作，增加海关数据的交流和透明度，就可以很容易查出伪造原产地证明，打击非法木材贸易。

## 4.2 加强执法力度

为了制止非法采伐行为，中国政府制定了一系列法律法规，同时健全行政机构，加强木材管理，对相应的量刑处罚都做了明确规定。中国已建立林业行政处罚程序规定、林业行政执法监督办法、林业行政处罚听证规则等行政规章制度，进一步从程序上保证了林业法律法规的正确执行，为林业行政执法提供了较为完备的执法依据，也维护了当事人的合法权益。

为了使森林法和相关法律法规得到贯彻执行，制止非法采伐活动，国家林业局设置了森林公安局，指导全国森林公安机关林业行政执法工作，协调组织打击破坏森林及野生动物资源违法犯罪活动的统一行动和专项治理，督促查处破坏森林资源、国家重点保护野生动物资源的特大案件，指导林区安全综合治理工作。森林法赋予了森林公安机关的法律地位、职责权限、管理范围和管理体制。各级地方林业行政部门和公安机关都设有森林公安机关或森林警察机构具体负责辖区事务，依法打击有关非法活动。同时，各级地方林业行政部门下属的木材检查站是林业基层行政执法单位，由县级以上地方林业行政主管部门领导，负责检查运输中木材的有关证明，截获非法采伐木材，协助森林公安机关破获重大案件。

1999 年以来，针对一些地区破坏森林和野生动物资源违法犯罪活动比较猖獗的情况，森林公安局相继组织开展了冬季严打、破案攻坚战、打击破坏森林资源专项行动、征占林地清理整顿等一系列专项整治行动，重点打击盗伐和滥伐木材、收购和运输以及加工非法木材的活动。2012 年森林公安局收缴非法采伐木材 74.8 万 $m^3$，审理森林案件 22.3 万起，打击处理 38.6 万人次，严厉打击和有效遏制了一些地方盗砍滥伐林木、乱征滥占林地、私收滥购林木和非法运输木材等各类破坏森林资源的违法犯罪活动(国家林业局，2013)。

## 4.3 完善木材监管体系

中国建立并实施了一整套森林资源管理制度，确保木材及木材产品在中国境内采伐、运输和加工利用的合法性；同时加强木材和林产品进出口贸易管理，多部门共同对木材及林产品进口实施监管。中国木材监管体系的建设以保护利用森林资源和生态环境为目标，加强对森林木采伐、木材生产、流通和消费等领域的监督管理。其中在木材采伐和流通运输环节上主要采取文件管理方式，严格执行年森林采伐限额、木材生产计划和采伐许可制度，对无证采伐和乱砍滥伐的依法严肃处理，来加强木材源头和流通监督管理，效果比较明显；而在木材加工、产品包装、物品装卸、成品运输、商品销售、产品消费等环节的监管制度还有待完善。目前，中国林业科学研究院正在开展木材跟踪系统研究，制定和完善有关木材原料和产品从采伐、运输、装卸、加工、制造、包装和销售到最终消费者的木材供应链全程监管体系，供政府适时采纳。为进一步提高林木采伐管理工作效率，国家林业局启动运行了全国林木采伐管理系统，正在建设林木采伐管理和木材运输管理的统一信息平台。

## 4.4　实施绿色采购政策

中国政府制定了绿色采购政策，规定从 2007 年 1 月 1 日起率先在中央和省级（含计划单列市）预算单位实行，2008 年 1 月 1 日起推广至全国。财政部、国家环保总局联合印发了《关于环境标志产品政府采购实施的意见》，要求各级国家机关、事业单位和团体组织用财政性资金进行采购的，要优先采购环境标志产品，不得采购危害环境及人体健康的产品；公布了中国第一份政府采购“绿色清单”，包括 81 家公司的 14 大类 856 种商品，其中涉及 9 家人造木质板材公司的 17 个注册商标的产品型号、10 家木地板公司的 24 个注册商标的产品型号、5 家家具公司的 6 个注册商标的系列产品型号的林产品详细目录，以及这些公司通过的环境标志认证证书的编号和证书有效截止日期。实施意见规定，在性能、技术、服务等指标同等条件下，应当优先采购“绿色清单”中的产品；对未按要求采购的，有关部门要按照相关法律法规予以处理，财政部门可视情况拒付采购资金。该政策虽然没有涉及其木材是否来自于可持续经营的森林、是否是合法采伐得到的木材等方面，但已表明中国政府准备通过采购政策来处理环境方面的问题。这项政策措施的实施将在一定程度上促进销售商采购合法来源的木材和林产品，同时也相应地影响并促进木材生产商的合法采伐。

最近，政府部门正在考虑研究机构的建议，在适当时候扩大政府绿色采购政策范围，将认证林产品纳入政府采购，以进一步制止木材非法采伐和促进森林可持续经营。同时中国政府有关部门正在研究出台《绿色信贷政策》。中国政府采购数量巨大，实施绿色采购具有很强的杠杆作用，能够促进绿色产业的发展和绿色消费市场的形成，绿色采购同时也是树立政府良好形象、保护生态环境、促进环境友好社会形成的一个非常有效的途径和手段。政府作为国内一大消费者，其木制品采购对产品供应商有着重大影响，同时也能够引导其他木材消费者的消费倾向，是能够抵制非法采伐及非法贸易的有力措施之一。

## 4.5　建立行业信用制度

中国政府提出“整顿和规范市场经济秩序、健全现代市场经济的社会信用体系”，进一步明确了社会信用体系建设的目标和任务，指出“建立健全社会信用体系，形成以道德为支撑，产权为基础，法律为保障的社会信用制度，是建设现代市场体系的必要条件，也是规范市场经济秩序的治本之策”。开展行业信用评价工作，将有利于木材企业融资和业务拓展、促进木材进口贸易规范发展，有利于促进中国木材工业做大、做强，有利于促进木材行业健康发展、保护消费者利益、推动中国和谐社会的建立，有利于提升中国政府和木材企业对世界森林资源可持续发展负责任的国际形象。2012 年 6 月，中国林业产业联合会在江西宜丰召开了全国林业产业诚信联盟座谈会，9 月下发了《关于做好申报推介中国林业产业诚信联盟单位的通知》，进一步规范中国林业产业诚信联盟的申报、推介、评定工作，确保入盟单位的质量。《通知》下发后已陆续收到林业系统企事业单位超过 300 份入盟申请，拉开了中国林业产业诚信联盟的帷幕，积极推动了国内林业产业诚信工作的开展。

中国木材流通协会积极参与社会信用体系和企业信用制度建设，在本行业内拟开展“中国木材行业合格供应商评估”和“中国木材行业企业信用评估”工作，将企业木材综合利用率、企业木制品原料来源是否合法、是否来自可持续发展林地、是否通过森林认证和产销监管链认证、企业是否对植树造林等公益事业做出贡献等内容纳入评估指标，给予相应的权重，在培育行业诚信企业和品牌产品过程中发挥了重要作用。

## 4.6 研建中国木材合法性验证体系并开展试点工作

近年来，一些国家根据本国国情设计和构建木材合法性验证系统，以保障出口林产品的合法性。各国木材合法性体系的建设，是顺应国际市场需求，提升自身管理和执法水平的体现。但在客观上，这些体系仍然面临着有效性、可靠性以及成本制约的挑战。木制品出口企业面临诸多体系要求无所适从，林业产业增速放缓，国际林产品贸易自由化和便利化受阻的困惑。解决这些问题，无疑需要我们加强对木材合法性问题的沟通和理解，分享各国在借鉴立法和建设合法性保障体系中的经验和教训，共同促进建立一个更加开放的、健康的林产品贸易市场，实现价值链中各经济体利益共赢的贸易格局。2011 年，国家林业局林产品国际贸易研究中心在国家林业局和英国国际发展部的支持下，研究提出了中国木材合法性验证办法，通过由各国林业主管部门出具木材合法性证明，以保证木材来源合法。在研究的基础上，按照市场需求和企业意愿，选择一些我国优势产品生产销售企业进行木材合法性认定试点，本着简便易行、先易后难的原则，指导试点单位建立健全产销监管链体系，探索和创新程序简单、低成本的中国木材合法性验证办法，促进全球森林可持续利用和我国林产品出口企业发展壮大。目前已启动国家木材合法性标准、相关管理办法等制定工作。根据局林产品贸易中心年会研究提出的验证办法，中国林产工业协会从 2012 年 11 月启动了木材合法性验证试点工作。试点对象是中国林产工业协会会员企业。截至 2013 年 6 月进行木材合法性验证的试点企业有 8 家，行业包括了木材贸易、红木加工、人造板等类型。

## 4.7　开展森林认证

1992年联合国环境与发展大会以后，全球森林认证逐步开展。森林认证能够促进森林可持续经营，推动负责任的森林经营和消费行为，从而有效地打击木材非法采伐和贸易。1995年以来，我国政府积极参与有关森林认证问题的国际研讨。2001年，我国启动了森林认证体系(CFCC)建设工作。其后，《中国森林可持续经营标准指标》、《中国森林认证森林经营》、《森林经营认证审核导则》等多个规范性文件相继出台，包括碳汇林、竹林、非木质产品、生产经营性珍贵稀有濒危物种、森林生态环境服务和人工林认证标准正在制定中。当前，《中国森林认证森林经营》和《中国森林认证产销监管链》两个标准正在从林业行业标准向国家标准进行转化。森林认证是国际性很强的事业，目前国际森林认证中，各个不同的认证体系寻求互相认可，呈现趋同性，而后发国家则选择适合国情林情的认证框架和体系。2012年，国家林业局向PEFC正式提交了互认材料，并于2014年初正式获得PEFC体系的国际互认。截至2013年6月，中国已有59家森林经营单位的313.3万$hm^2$森林获得了FSC的森林经营认证，2955家企业获得了FSC的COC认证(FSC，2013)；还有185家企业通过PEFC的COC认证(PEFC，2012)。在增强能力建设的同时，降低经营主体森林认证成本，实现和提升森林认证效益，这既是一个与国际接轨的过程，也是一个促进我国林业生产方式转变的进程。

## 4.8　推动国际交流与合作

由于非法采伐和相关贸易问题的复杂性、广泛性和严重性，国际社会应共同努力、相互配合、联合行动，加强全球森林资源的有效管理和合理开发，促进林业可持续发展，从而遏制和打击木材非法采伐和相关贸易。近年来，中国在国际层面打击非法采伐方面采取了如下政策和行动。

### 4.8.1　积极参加相关国际进程和会议

中国相继加入《联合国防治荒漠化公约》、《濒危野生动植物种国际贸易公约》、《湿地公约》、《生物多样性公约》等，认真履行“国际热带木材协定”，协助木材生产国控制非法采伐。中国已与世界上1/3的国家和数十个国际组织建立了合作关系，与31个国家签订了37个部门间林业合作协议，与8个国家签署了10个政府间协定。

中国政府积极响应并参与“森林执法与施政”会议，包括2001年9月在巴厘岛召开的“森林执法与施政”亚洲部长级会议，2003年10月在喀麦隆雅温得的非洲部长级会议，和2005年11月在俄罗斯圣彼得堡举行的“森林执法与施政”欧洲和北亚会议。在2007年第15次“亚太经合组织”会议上胡锦涛主席提出建立“亚太森林恢复与可持续管理网络”。2007年9月，国家林业局作为会议的主办方之一举办了“中欧FLEG”会议。会议讨论了FLEG的重要性和促进政策合作的具体步骤。2011年9月在首届APEC林业部长级会议上，通过了《北京林业宣言》，强调森林在经济、社会和环境可持续发展、生态保护、消除贫困、绿色增长特别是应对气候变化等方面具有重要的作用和功能，加强森林保护、恢复和管理，防止毁林和森林退化，打击非法采伐，促进合法采伐的林产品贸易，成为国际社会普遍关注的重大课题。中国参与“森林执法与施政”的相关进程，以及中国做出的相关国际承诺，有利于促进中国和木材生产国的良好森林施政环境的建立，同时也为中国提供了一个机遇，使之在区域和全球范围内发挥领导作用。

### 4.8.2 加强双边和多边合作打击非法采伐

中国与多个国家建立了打击非法采伐和相关贸易双边论坛，积极参加亚洲、欧洲和北亚森林执法与行政管理区域进程，目的就是将中国在森林资源管理方面的有效经验与大家共享，促进全球的森林资源保护和管理。同时，中国还和美国、欧盟、英国、澳大利亚、日本、印度尼西亚签署了打击非法采伐及相关贸易备忘录，并在此领域探讨开展合作，共同为全球森林可持续发展做出努力。

(1)美国：2008 年 5 月中美签署打击非法采伐和相关贸易的谅解备忘录，“非法采伐问题”被纳入中美战略经济对话。目前已经连续举办了 5 次打击非法采伐和相关贸易的论坛活动。

(2)欧盟：2008 年 4 月 24 日，国家林业局局长贾治邦会见欧盟环境委员会委员斯达夫洛斯·迪马斯先生一行，双方同意在木材和木材产品联合认定方面展开共同研究。2009 年 2 月中国总理温家宝访问欧盟时，签署建立中欧森林执法和行政管理双边协调机制，双方目前正在协调机制下开展系列信息交流和能力建设项目。

(3)英国：与英国开发署合作，双方成立专家工作组，合作开展“中国木材合法性认定体系研究”，探索建立程序简便、成本较低的木材合法性认定方法，研究取得阶段性成果。2009 年 10 月，中国林科院科信所得到英国国际发展部(DFID)、英国环境、食品和农村事务部(DEFRA)和中国国家林业局的资助，开展“中国木材合法性认定体系研究”，探索建立了一套国际上认可、积极有效的认定木材合法性的方法。目前已经取得阶段性成果，双方正在开展第二期的项目合作。中国在非法采伐问题上的主张和措施进一步被纳入了国际视野中，被国际社会认为是解决非法采伐问题的主要力量。

(4)澳大利亚：2009 年 10 月底，双方签署了《中华人民共和国政府与澳大利亚政府关于打击木材非法采伐及相关贸易支持森林可持续经营的谅解备忘录》并已召开了两次双边论坛会议。目前双方已经建立工作组，召开四次工作组会议，落实备忘录的内容。

(5)日本：2010 年，中国国家林业局与日本政府农林水产省就签署中日打击木材非法采伐及相关贸易支持森林可持续经营的谅解备忘录进行了磋商，并在第三次中日经济高层对话上双方签署了中日两国政府间关于打击木材非法采伐及相关贸易支持森林可持续经营的合作备忘录。2011 年，中日双方签署了中日打击木材非法采伐及相关贸易支持森林可持续经营的谅解备忘录。2012 年，中方拟派出专家组赴日本就谅解备忘录的内容实施展开磋商，共同推动中日林产品贸易的健康发展。

(6)印度尼西亚：中国国家林业局与印度尼西亚林业部于 2002 年 12 月 18 日签署了打击非法木材采伐与相关贸易备忘录。2009 年 9 月双方同意成立落实备忘录技术专家工作组，在备忘录框架下展开相关活动，进一步推动备忘录的落实。2010 年和 2011 年双方分别派出专家组到对方国家参加了系列活动，就森林资源管理和木材加工利用进行了交流和考察。

(7) APEC：积极支持和参与在 APEC 框架下开展打击非法采伐的合作，倡导建立区域内木材合法性互认机制，通过政策对话、技术交流、能力建设和信息共享，推进亚太区域内实现木材合法性互认，提高 APEC 各经济体森林资源可持续管理能力，降低区域内林产品进出口贸易成本，使各经济体享有平等参与全球合法木材价值链、获得合理收益的机会，维护正常合法的林产品贸易秩序，促进区域内贸易便利化和投资自由化，推动开放、融合、互惠、共赢的亚太大市场的建立。

### 4.8.3　支持和加强资源国的森林保护，积极开展对外援助工作

中国作为木材消费大国，非常关注木材生产国，特别是向中国出口木材国家的森林资源经营管理，并采取积极措施帮助一些国家保护和合理开发森林资源。对东盟及非洲、大洋洲一些木材生产国提供人员培训，加强这些国家森林资源管理者的素质和管理水平。帮助周边一些贫穷国家恢复森林资源，鼓励中国企业在缅甸、老挝、柬埔寨等国家开展造林和毒品替代种植。主要目的是解决当地居民生计问题，减缓和避免天然、原始森林的破坏。经过积极争取，2012 年国家林业局被列为中国对外援助部际协调机制成员单位，为下一步开展林业援外工作打下了良好基础。在 2012 年 7 月召开的中非合作论坛第五届部长级会议上，将"森林保护与管理"作为援非重点领域之一纳入中非合作论坛新举措。国家首次将对加蓬、刚果(布)、喀麦隆、柬埔寨等 4 国的林业物资、设备援助列入了 2012 年我国政府对外援助计划。受援国将通过引进中国的品牌产品、机械设备、成熟技术和管理经验而获得实实在在的利益。此外，中国政府在出席第二十四届世界经济论坛非洲峰会时曾表示，中国政府将向非洲提供 1000 万美元援助，专门用于保护非洲野生动物资源，保护非洲生物多样性，促进非洲可持续发展，这也有利于保护全球生物的多样性。

### 4.8.4　规范和引导境外林业企业的活动

中国政府在开发利用国外森林资源方面倡导互惠互利、长期可持续发展的原则，并要求中国企业严格按照资源国的法律法规从事森林采伐、更新和加工；同时，积极与这些国家开展森林资源保护培育、野生动植物保护、森林防火及科技交流等全方位合作，促进共同发展。2007 年中国政府出台了《中国企业境外可持续森林培育指南》。2009 年 3 月，国家林业局和商务部共同制订并颁布了《中国企业境外森林可持续经营利用指南》，要求中国林业企业在境外从事森林培育活动时，应严格执行所在国的有关法律法规，杜绝木材非法采伐和非法贸易，依法保护林地，引导规范中国企业按照可持续发展的理念培育和利用森林。并在加蓬、圭亚那、俄罗斯远东及莫桑比克选取在境外的中国企业开展试点工作，通过实地考察、座谈、召开培训会等方式向企业宣传《指南》的各项内容，引导企业树立环保意识和公众利益意识。目前，国家林业局正在筹备第三个指南《中国企业境外林产品可持续贸易和投资指南》的编写工作，希望对中国企业海外贸易和投资行为提供指导和帮助。

### 4.8.5　重视发挥各利益方的积极作用

建立了政府管理部门、行业协会、研究机构、企业四位一体的打击非法采伐及

相关贸易合作机制。国家林业局与FAO、WWF、ITTO、IUCN、TNC、森林趋势等国际组织和机构进行了有效合作，开展了一系列有关打击非法采伐的论坛培训和考察工作及相关的合作项目。同时，企业是木材生产和经营的直接主体，对解决非法采伐问题将会发挥非常重要的作用。我们和国内外主要林产品企业建立了信息沟通平台，通过协调组织，加强协会和企业间的合作交流，提高中国对非法采伐问题危害性和严重性的认识，提高自身防范非法采伐的自觉性和主动性；并且制定了相关规则，规范企业木材生产和经营行为，杜绝非法采伐问题的出现。

# 第五章

# 中国企业应对非法采伐相关贸易法规的现状与可选的途径分析

## 1 中国企业应对国际合法林产品贸易需求现状分析

为抑制世界范围内的非法采伐活动，2008 年美国出台《雷斯法案》(修正案)，2010 年欧盟议会通过欧盟木材法案，禁止非法采伐生产的木材和木制品的生产和贸易。欧美是我国林产品出口的主要市场，木材合法性贸易要求必将对我国木材行业带来深远而重要的影响。在此背景下，为更好地了解我国木业公司面临的机遇和挑战，明确企业对欧盟林产品外贸最新政策法规的熟知状况和应对行动，加强出口林产品使用的进口和国产木材的合法来源管理，制定和实施相应政策或措施来保护我国林业对外贸易企业的切身利益，我们对中国相关林业或木材加工企业开展应对国际合法林产品贸易需求的现状调研。

调研的主要内容包括：①我国企业和其它利益方对有关合法性国际林产品贸易政策的熟知情况；②这些政策对中国林产品贸易的影响；③目前国际市场上所提出的有关合法性的具体要求；④企业已采取的应对措施；⑤目前企业应对国际市场需求所面临的挑战；⑥政策建议。

本研究主要采取问卷调查、实地调研和会议讨论相结合的方式，具体包括：

(1)问卷调查。结合 2012 年 3 月 26 日在上海“2012 年国家林业局林产品国际贸易研究中心年会”和 2012 年 9 月 24 日在浙江省湖州市南浔区举行的中国林产品贸易形势分析与国际采购法规应对研讨会，对参会代表问卷调查。共发放问卷 210 份，收回有效问卷74份，其中企业代表49份，其它代表25份。企业代表主要针对的是外向型木材加工企业，具体包括板材企业9家，地板企业25家，贸易公司11家，服务企业2家，木制品企业2家。

(2)实地调研。于2011年9月18～29日分别到广东省林业厅及省内有关木材流通和加工企业、黑龙江森工、大兴安岭森工集团所属和北京市内的共10多家木材加工企业开展实地调研；

(3)会议讨论。2012年5月23～24日，与大自然保护协会共同主办中国木材合法性认定专家研讨会，就国际市场对木材的合法性要求、应对合法性要求的国家与企业经验以及如何帮助中国企业应对国际市场的木材合法性要求进行了研讨与交流。

由于美国雷斯法案正式实施仅两年时间，而欧盟木材法案将于2012年3月正式实施，很多影响尚未体现出来。本次调研重点是了解目前的市场现状、各方的看法，主要对企业的调查结果进行分析和研究，也兼顾其它重要利益方包括科研教育机构、行业协会、非政府组织的意见与看法，并作一定的比较分析。

## 1.1 利益相关方对国际合法林产品贸易相关政策的认知

了解和理解国际有关合法性的政策或市场的要求，是采取合理应对措施的前提。调查显示，针对国际主要的合法林产品贸易政策，包括各国政府发布的绿色采购政策、欧盟FLEGT行动计划、美国雷斯法案修正案以及欧盟木材法案，各政策总体的熟知情况比较类似(表5-1)。结果显示，总体来说，只有7%的代表表示非常了解有关合法与可持续的国际林产品贸易政策，42%的代表表示对政策一般了解，41%的人表示听说过，有10%的人表示不知道相关政策。由此可见，目前中国各方对国际有关合法性的林产品贸易政策的了解还非常不够。

表5-1 各方对有关合法与可持续国际林产品贸易政策的认知

| 主要政策 | 非常了解 | 一般了解 | 听说过 | 不知道 |
|---|---|---|---|---|
| 政府绿色采购政策 | 5 | 35 | 28 | 6 |
| 欧洲FLEGT(森林施政、执法与贸易)行动计划 | 4 | 24 | 34 | 12 |
| 美国雷斯法案 | 7 | 38 | 25 | 4 |
| 欧盟木材法案 | 5 | 27 | 34 | 8 |
| 合计 | 21 | 124 | 121 | 30 |
| 比重(%) | 7 | 42 | 41 | 10 |

针对企业代表，对相关政策非常了解占2%，一般了解的占35%，只听说过的占50%，还有13%的企业没听说过相关政策(表5-2)。这表明绝大多数中国木业企业对这些政策的了解和认识还非常浅。

表 5-2　企业对有关合法与可持续国际林产品贸易政策的认知

| 主要政策 | 非常了解 | 一般了解 | 听说过 | 不知道 |
|---|---|---|---|---|
| 政府绿色采购政策 | 2 | 22 | 20 | 5 |
| 欧洲 FLEGT（森林施政、执法与贸易）行动计划 | 0 | 11 | 28 | 10 |
| 美国雷斯法案 | 2 | 22 | 21 | 4 |
| 欧盟木材法案 | 0 | 14 | 28 | 7 |
| 合计 | 4 | 69 | 97 | 26 |
| 比重（%） | 2 | 35 | 50 | 13 |

## 1.2　木材合法性贸易要求对我国林产品贸易和企业的影响

### 1.2.1　对我国林产品贸易的影响

由于国际林产品贸易政策实施的实际效果还未体现出来，本次调研仅调查了各方包括企业代表针对这些政策对我国林产品贸易影响的看法。调查显示，大多数代表认为国际市场有关合法性要求对中国林产品国际贸易具有较大影响，68% 的人认为影响很大，16% 认为影响不大，只有 3% 认为影响很小，还有 13% 认为说不清楚（图 5-1）。对于 49 家企业代表，所持的观点基本相同，64% 认为影响很大，17% 认为影响不大，只有 2% 认为影响很小，17% 认为说不清楚（图 5-2）。

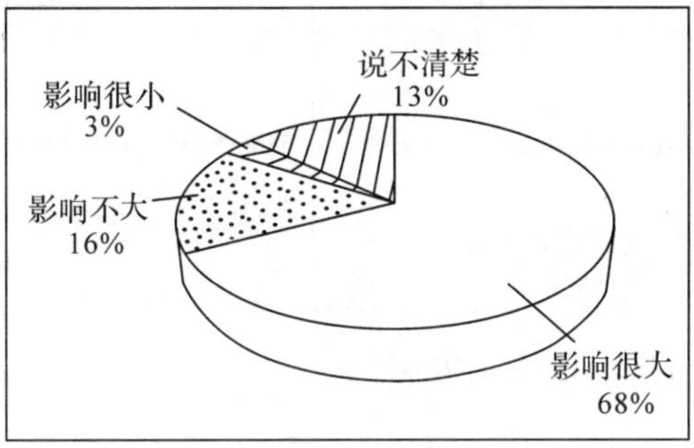


图 5-1　各方代表针对木材合法性贸易要求对我国林产品贸易影响的认知

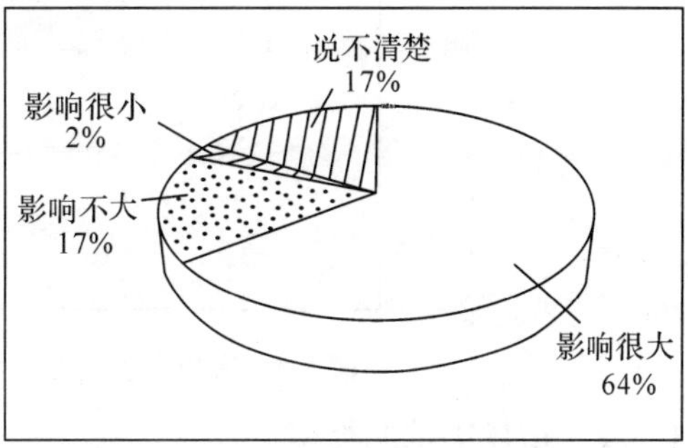


图 5-2　企业代表针对木材合法性贸易要求对我国林产品贸易影响的认知

### 1.2.2　对受访企业的影响

针对现有国际市场的木材合法性贸易要求对所受访企业已产生的影响，在受访的 49 家企业中，31% 的企业认为影响很大，46% 的企业认为影响不大，10% 的企业认为影响很小，还有 13% 的企业认为说不清楚。这说明，尽管欧盟木材法案还未实施，多数企业都表示国际市场有关合法性要求对我国企业出现不同程度的影响，而且有相当一部分企业已感受到市场的压力与要求（图 5-3）。

## 1.3　国际市场对我国企业提出有关合法性的实际需求

### 1.3.1　市场需求的规模

调查显示，49 家受访企业中，多数企业代表表示客户已经对我国企业提出有关

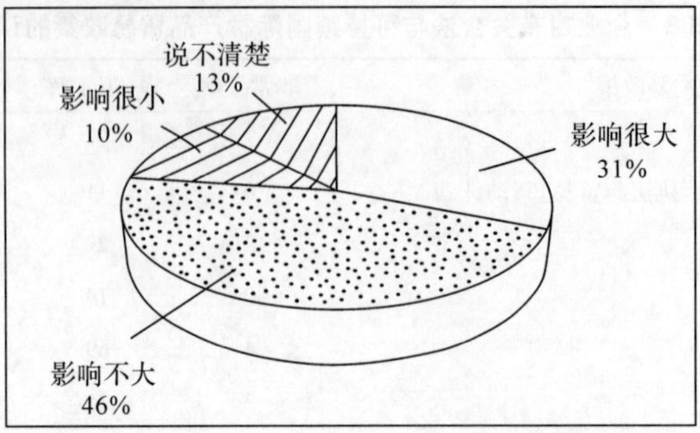


图 5-3　木材合法性贸易要求对受访企业的影响

合法性的要求。其中 25% 的企业大多数客户已提出要求，58% 表示少数客户提出要求，也有 17% 的企业表示客户没有提出过相关要求(图 5-4)。由此证明，林产品国际贸易市场受到了有关合法与可持续的国际林产品贸易政策的影响，越来越多的客户对我国的企业提出相关的要求，而随着欧盟木材法案的正式实施，这种趋势更为明显。

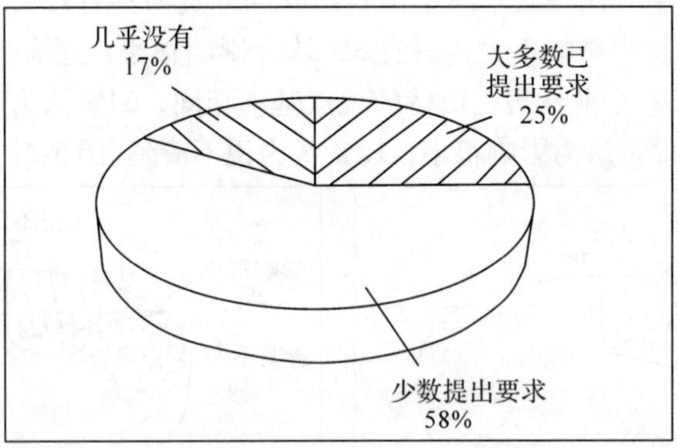


图 5-4　客户对受访企业提出有关合法性的实际需求

### 1.3.2　市场需求的类型

针对客户所提出的有关合法性或可持续性的具体要求，49 家受访企业中，67% 的企业客户提出了森林认证的要求，37% 的企业客户提出了木材来源合法性的要求，16% 的企业客户(美国)提出植物和植物产品申报，还有 2% 的客户提出其它要求(图 5-5)。由此看出，客户所提出的具体要求也不尽相同，大部分客户提出了有关森林认证的要求。森林认证非专门针对非法采伐提出的，它由非政府组织提出，主要目的是推动森林可持续经营和可持续的林产品贸易，其包含了合法性的要求，也可作为应对合法性市场要求的一种工具。而专门针对合法性的入关申报表和木材来源合法性的尽职调查已逐步由客户提出。

## 1.4　应对非法采伐贸易法规采取的措施

### 1.4.1　已采取的措施

调查显示，我国企业应对国际市场有关合法性要求已采取了一种或多种措施。

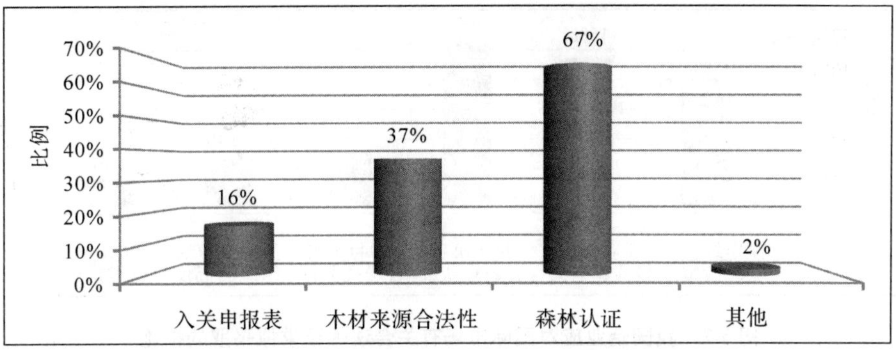


图 5-5　客户对受访企业提出有关合法性的实际需求

其中，在受访的 49 家企业中，63% 的企业选择开展第三方森林认证，29% 的企业已经制定绿色采购政策，27% 的企业建立木材供应链管理体系，14% 的企业参与了木材合法性验证的项目，8% 的人参加非政府组织的倡议(如世界自然基金会的森林与贸易网络)，但也有 16% 的企业对于国际市场有关合法性要求无任何应对措施(图 5-6)。由此看来，我国的一些企业已经采取了很多的方式来应对国际市场有关合法性要求，应对的途径与措施各不相同。多种途径说明企业应对国际市场需要有多种选择，但同时也说明国际市场针对合法性的具体要求不完全一致，增加了企业应对的成本与难度。

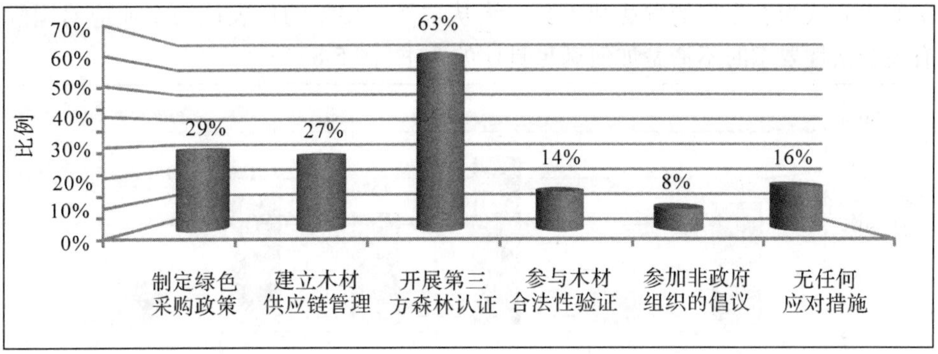


图 5-6　我国企业应对国际市场有关合法性要求已采取的措施

### 1.4.2　拟采取的措施

对于企业下一步或倾向于采取何种措施应对国际市场的要求，调查显示，在 49 家受访企业中，49% 的企业倾向于选择开展第三方森林认证，45% 的企业倾向选择建立木材供应链管理，35% 的企业选择指定绿色采购政策，16% 的企业选择参与木材合法性验证项目，14% 的企业选择参加非政府组织的倡议，最后有 8% 的企业表示不采取任何应对措施(图 5-7)。由此看来，面对国际市场的有关合法性要求，我国企业更倾向于选择开展第三方的森林认证和选择建立木材供应链管理。森林认证的发展已比较成熟，而木材供应链管理是所有工具的前提和基础。

## 1.5　应对国际市场合法性要求面临的挑战

从研讨会和调研访谈的结果看，企业在满足国际市场合法性要求方面面临很多

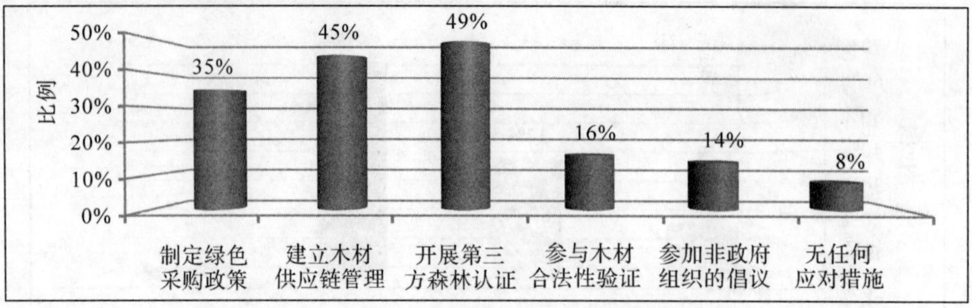


**图 5-7　我国企业应对国际市场有关合法性要求拟采取的措施**

困难与挑战，包括：从政策角度，不了解国际市场的要求、国际市场政策要求不明确，可操作性不强、各国和各州政策执行不一致；从实践角度，企业不知道如何满足国际市场需求、合法性证明材料不明确且收集困难、供应链管理复杂很难追踪、合法性材料市场供给不足等；从能力角度，企业意识薄弱，能力不足，缺乏相关技术的支持；从成本和效益角度，合法来源产品的市场支持不足，成本太高，且增加了合法来源产品与不合法来源产品竞争的不公平性。

而调查显示，67% 的代表认为我国企业应对国际市场有关合法性要求面临供应链复杂，难以实现木材追溯性的问题，51% 的认为成本太高不可行，49% 的代表认为企业不了解国际市场要求，45% 的代表认为存在合法性证据收集困难的问题，17% 的代表认为有太多的方法和工具，无从选择，13% 的代表认为企业应对国际市场有关合法性要求时不清楚如何满足具体的要求（图 5-8）。

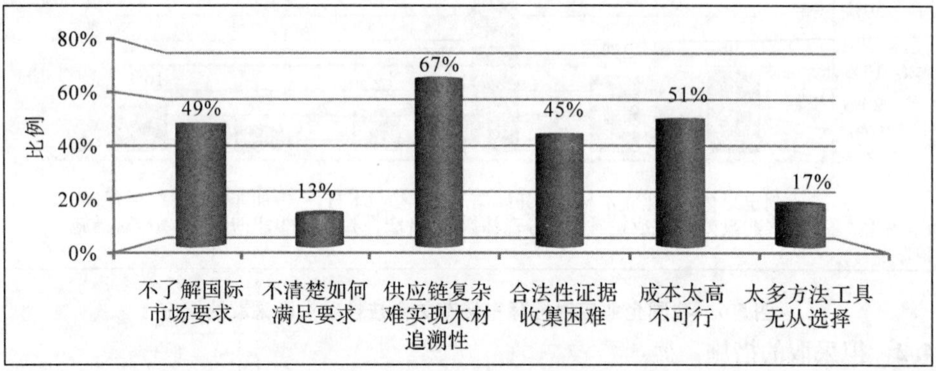


**图 5-8　我国企业应对国际市场有关合法性要求面临的挑战**

## 1.6　政策建议

针对如何帮助企业应对国际合法性市场需求的政策建议，调查显示，72% 的代表建议推动我国国家森林认证体系的国际互认，67% 的代表建议加强企业能力建设，61% 的代表认为需要加强政府合作与对话，57% 的代表认为应当制定本国合法性认证体系，57% 的代表认为应为企业提供相关的技术支持（图 5-9）。由此看来，这些措施对企业都很重要，针对企业应对国际市场的木材合法性需求所面临的困难与挑战，应从政策、技术、管理和能力建设等多方面提供支持。

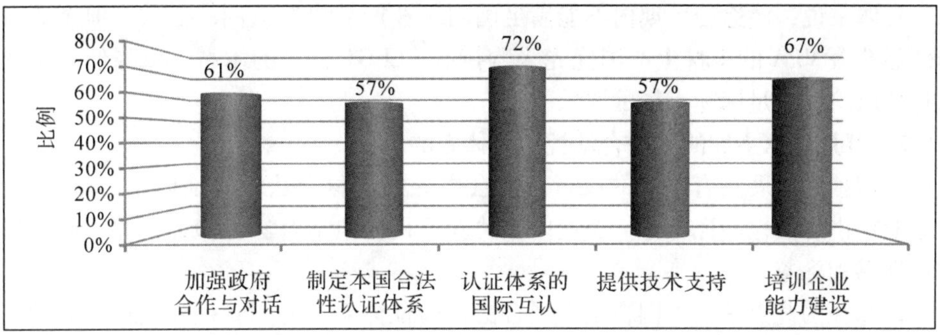


图 5-9　我国企业应对国际市场有关合法性要求的政策建议

# 2　中国林产品出口企业应对非法采伐贸易法规的可选途径

## 2.1　可选途径分析

在企业应对非法采伐和欧盟木材法案所需要开展的风险评估和风险规避程序方面，目前市场上提供了多种可选择的风险评估方法，包括采购和生产带有 FLEGT 标签的木材、开展森林认证、第三方合法性验证、建立自己的风险评估和风险规避程序等，但各种方法均具有一定的优缺点，适用条件也不一样。

### 2.1.1　按欧盟 FLEGT 进程要求，提供持有 FLEGT 标签的木材或木制品

欧盟木材法案规定，持有 FLEGT 和 CITES 许可证被视为满足本法合法性要求的证据，因此持有 FLEGT 和 CITES 许可证的木材或木制品能够证明满足尽职调查要求，并可免于欧盟木材法案的管理要求。这就要求木材生产国按照 FLEGT 的要求，发展国家 TLAS 以及木材追踪和监管链体系，并与欧盟就 VPA 达成协议。目前，虽然欧盟与 4 个国家签署了 VPA 协议，但市场还没有出现持有 FLEGT 标签的木材或木制品。

同样，中国的供应商如果生产持有 FLEGT 标签的产品，这就这意味着中国需按照 FLEGT 进程要求，发展中国木材合法性保障体系(TLAS)，并与欧盟谈判加入 VPA。达成协议后，中国企业开展中国 TLAS 认证，张贴 FLEGT 标签，其产品可持标签进入欧盟市场。

这种途径的优点是：通过国家 TLAS 认证，最权威，政府承担较大责任，企业风险最低；企业操作较为简单，成本较低；政府执法能力改进，合法来源木材供应量提高；受欧盟 FLEGT 和 VPA 进程支持，欧盟认可度最高，不需要提供其它证据或材料。

其不足是：中国木材合法性验证体系仍在发展之中，其满足欧盟 FLEGT 的程度以及加入 VPA 的可行性及风险还存在很大的不确定；中国木材合法性验证体系的完善与发展以及与欧盟的谈判均需要时间，短期内不能满足欧盟木材市场的需求；中国木材合法性验证体系的发展和运营需要人力与资金的支持，按照 VPA 的要求，所有出口到欧盟市场的产品均需开展 TLAS 认证，总体成本较高。

总体来说，此途径短期内不能满足国内企业产品出口欧洲的需求，但企业可从与欧盟签署 VPA 的木材生产国优先采购持有 FLEGT 标签的木材，以降低采购非法木材的风险，满足国际市场的要求

**2.1.2 开展国家主导的木材合法性验证体系的验证**

中国独立发展政府主导的或行业协会主导的木材合法性验证体系，制定标准，为企业提供合法性验证服务。企业向相关验证机构申请合法性验证，并持有木材合法性证书和标签。

该途径的优点是：中国自主发展合法性验证体系，易于管理和调控；通过国家体系木材合法性验证，操作较为简单。

其不足是：中国木材合法性验证体系满足欧盟木材法案的程度尚不确定，其有效性需经过运营商和监督机构评估；中国木材合法性验证体系的完善与发展仍需要一定的时间。

总体来说，此途径满足企业需求还需要一定的时间，其有效性需经过市场的检验。

**2.1.3 开展第三方的森林认证**

目前市场上已经有很多的成熟的森林认证体系，包括国际体系 FSC 和 PEFC 以及各国发展的国家体系。中国也已发展了国家森林认证体系 CFCC，目前正在寻求 PEFC 的认可。森林认证是一种可持续性的认证，其标准包括了环境、社会和经济三个方面的要求，合法性是森林认证标准的最低要求，各森林认证体系也建立了产销监管链追踪与认证体系，原则上通过该认证的产品满足木材合法性的要求。

森林认证和第三方合法性验证是欧盟木材法案提及的有关风险评估和风险缓解程序可选方法，但要求森林认证和第三方验证：①已建立可供第三方使用的、公开体系，该体系至少应包括法案所适用的相关要求；②详细规定由第三开展的不超过 12 个月的定期核查，验证是否符合所适用的法律要求；③包括经第三方验证的措施，在木材和木制品投放市场之前，在供应链的每个环节对合法采伐的木材及木制品进行追踪；④包括经第三方验证的管理措施，确保未知来源的木材和木制品，或未按相关法律采伐的木材和木制品不进入供应链。

目前欧盟木材法案并不直接认可森林认证产品。如果运营商评估 FSC、PEFC 以及其他第三方认证机构足够可信，那么这些认证体系可以作为风险评估和风险规避的工具，但是不能成为合法性的证据，同时也不能因此构成豁免运营商根据欧盟木材法案及欧盟委员会实施条例的要求收集相关信息并且对所有风险规避要素进行评估的责任。因此，通过森林认证并不意味着该产品一定满足欧盟木材法案的要求，其有效性仍需经过运营商和监督机构的评估，不同认证体系认证的产品认可度也不相同。

该途径的优点是：比较成熟，市场上已有经过认证的木材和林产品，可即时实施；加工企业开展 COC 认证，直接采购认证的原料，生产认证产品，易于操作；总体上森林认证的市场认可度较高，可提升企业环保形象。

其不足是：森林认证的可信度仍需经过运营商和监督机构评估；市场存在不同

的森林认证体系，认可度不一；森林认证作为可持续性标准其要求高于合法性，森林经营企业获得森林认证的周期长，难度大；目前市场上所提供的认证木材资源非常有限，不能满足企业对认证原料的需求；认证原材料的价格通常更为昂贵，增加了企业的生产成本；森林认证的产销监管链认证虽然能够对整个供应链进行追溯，但对于认证企业本身很难提供整个供应链的信息。

总体来说，此途径对于满足企业需求提供了一种即时的工具，但也受到认证木材供应不足、原料价格较高、供应链信息不完整和不同认证体系有效性的挑战。

### 2.1.4　开展第三方的木材合法性验证

市场上还有很多认证机构独立发展的合法来源验证和合法性验证，如雨林联盟、SGS 公司、BV 等，其自行制定木材合法性标准，并向企业开展相关服务。这也是一种提供木材来源合法性的工具。企业可向认证机构申请开展合法性验证，并持有认证机构的声明或证书。

目前欧盟木材法案并不直接认可第三方验证的木材或木制品，其有效性仍需经过运营商和监督机构的评估和认可。

此途径的优点是：①可对供应链的合法性进行追踪，提供完整的供应链信息；②企业可即时开展，如企业整个供应链较为清晰简单且易于控制，合法性验证相对森林认证的标准要求较低，准备时间较短；③从供应链整体分析，总体费用低于森林认证。

不足是：①其可信度和有效性仍需经过运营商和监督机构的评估和认可；②很多企业的供应链比较复杂，企业和认证机构开展整条供应链的追踪和审核，并需要供应链所有企业的配合，实际操作难度较大；③认证审核涉及供应链的所有环节，对于申请企业而言，成本较高。

总体来说，此途径对于满足企业需求提供了一种即时的工具，但受到供应链复杂性、审核成本和认可度的挑战。

### 2.1.5　参加非政府组织的倡议

非政府组织已发起一些倡议来制止和打击非法采伐。WWF 创立了 GFTN 组织，其要求会员开展负责任的采购，仅采购合法的或可持续的原料。GFTN 每年对其会员的遵从情况进行审核。世界上很多大的企业或零售商均已加入 GFTN，成为其会员。英国的 TFT 也要求其会员开展负责任的采购，并为其提供培训和审核服务。

其优点是：该途径由非政府组织进行监督，其行动得到欧盟委员会的支持。欧盟 FLEGT 行动计划中明确提出对私营部门参与的支持，并且欧盟委员会和成员国同意支持全球森林贸易网络和热带木材行动计划；受到非政府组织的技术支持，具有较高的市场认可度，可提升企业环保形象。

其不足是：目前其服务仅针对该组织的会员或特定服务对象，应用范围较窄，特别是中小型企业；仍要求开展第三方评估，费用较高；其有效性也需得到运营商和监督机构的认可。

总体来说，该途径为特定组织的会员提供了一种可供选择的工具，但适用范围较窄。

### 2.1.6 建立企业内部木材合法性的尽职调查体系

企业可以按照运营商的要求建立一套自己的尽职调查体系或独立建立一套尽职调查体系，对自己的木材来源进行追溯和风险评估，并建立风险规避措施。如国际知名零售商宜家公司就建立了自己的木材追溯体系和 IWAY 林业标准，对木材来源的合法性和可控性进行审核和监督，排除非法采伐的木材进入供应链。

其优点是：企业可根据欧盟木材法案的要求和企业的实际生产和供应链情况自行发展和控制，便于管理；能提供完整的供应链信息；即时操作，成本较低。

不足是：此途径需要企业具有较强的技术能力和供应链追溯和管理能力；公信力低于第三方评估，有效性需要经过运营商和监督机构的确认。

此途径由企业自行运行，便于管理，也是其它几种途径的基础，各企业均可操作，适用性广，但需要较强的技术能力和供应链管理能力。

### 2.1.7 选用监督机构的尽职调查体系或验证

目前欧盟已批准了 4 家监督机构，这些机构在欧盟范围内为其运营商提供尽职调查体系技术服务及验证。其中 NEPCon 通过中国的合作伙伴，BV 在中国有直接的分支机构，为中国的企业提供相关服务。

此途径的优点是由于监督机构的尽职调查体系及合法性验证直接受到欧盟认可，因此可信度较高，可满足欧盟市场的要求；缺点是目前这些机构受到欧盟的认可，但满足其它市场的需求还存在一定的不确定性，另外其所开发的尽职调查体系也需要经过中国企业实践的检验，要求不统一，目前开展服务的机构也不多。

## 2.2 可选途径比较

根据以上分析可以看出，针对欧盟木材法案和其它合法性法规的要求，市场上提供了多种可供选择的途径与方法，每种方法都有自己的优点和缺点。通过对几种途径的文献研究和定性分析，按低、中、较高和高 4 个层次，根据各种途径所存在的优缺点，对其市场认可度、时效性、成本、操作难度和总体可行性进行比较的结果如表 5-3。

表 5-3 各种途径比较分析

| 方法 | 认可度 | 时效性 | 成 本 | 操作难度 | 目前总体可行性 |
|---|---|---|---|---|---|
| 申请 FLEGT 标签 | 高 | 低 | 中 | 低 | 低 |
| 国家体系合法性验证 | 较高 | 中 | 中 | 中 | 中 |
| 森林认证 | 较高 | 高 | 高 | 高 | 较高 |
| 合法性验证 | 较高 | 高 | 高 | 较高 | 中 |
| NGO 倡议 | 较高 | 较高 | 高 | 中 | 中 |
| 企业内部供应链管理体系 | 中 | 高 | 中 | 中 | 较高 |
| 监督机构的尽职调查体系 | 高 | 高 | 高 | 中 | 较高 |

每种途径的实际认可度和可操作度都需要实际的检验，客户或运营商的具体要求也不一致，每个供应商可根据运营商的要求和现实的条件选择适合的一种或多种

途径。从现实的选择来说，由于 FLEGT 标签的发放尚需要时间，我国的木材合法性验证体系还在发展之中；相对而言，森林认证、合法性验证以及监督机构的尽职调查体系的发展已比较成熟，企业可即时选择，欧盟市场认可度较高，企业易于操作；而企业内部的木材追溯体系和尽职调查体系是开展这些认证或服务的基础，也是欧盟木材法案的基本要求。

# 第六章

# 国产材满足国际市场合法性要求的实证分析

## 1 我国木材采伐、运输及经营管理制度

### 1.1 森林采伐管理制度

中国具有严格而具体的依法凭证采伐林木的管理制度和体系，木材凭证经营加工管理与凭证采伐林木管理、凭证运输木材管理，共同构成了森林采伐源头管理和木材流通环节管理一体化监管体系。

#### 1.1.1 森林限额采伐制度

森林采伐限额管理是保护森林资源的一项重要法律制度和根本性措施。《中华人民共和国森林法》明确规定：中国木材采伐限额和生产控制严格遵循消耗量低于生产量的原则，实施年度采伐限额管理和木材生产计划制度。国家所有的森林和林木以国有林业企业事业单位为单位，集体所有的森林和林木、个人所有的林木以县为单位，制订年森林采伐限额，由省(自治区、直辖市)人民政府林业主管部门汇总、平衡，经本级人民政府审核后报国务院批准，每5年核定一次。森林采伐限额的范围除《中华人民共和国森林法》规定的禁伐森林和林木外，包括所有林种的林分和林木的主伐、抚育采伐、更新采伐和低产林改造等各种采伐所消耗的资源总额。多年的实践表明，采伐限额制度的严格执行为保障我国森林资源的总量增长、质量提高以及合理利用发挥了重要作用。

#### 1.1.2　林木采伐许可制度

凭证采伐林木管理是保证采伐限额得以落实的一项极为重要的措施。我国森林法规定：国有林业企业事业单位进行木材采伐时申请林木或竹材采伐许可证，并严格按照采伐许可证规定的数量进行采伐(第三十二条)。林木凭证采伐制度是指任何采伐林木的单位和个人，必须依法向核发林木采伐许可证的部门申请林木采伐许可证，经批准取得采伐许可证后按照采伐许可证规定的地点、数量、树种、方式和期限等进行采伐，并按规定完成采伐迹地的更新。林木采伐许可证是采伐林木的单位或者个人依照法律规定办理的准许采伐林木的证明文件。通过实行凭证采伐制度，可以有效地控制森林采伐量，提高伐区作业质量，促进采伐迹地的及时更新，促进森林可持续经营和林业健康发展。

#### 1.1.3　采伐验收监督管理

国家和地方林业行政主管部门及乡镇林业站对采伐管理制度的执行负有监督职责。伐区检验验收主要内容是以林木采伐许可证和伐区调查设计资料为依据，按照林区采伐作业质量检查标准及有关技术规程的规定，对采伐区的作业质量进行检查验收，达到合格标准的伐区发给采伐验收合格证明，以此加强森林资源管理和监督。

### 1.2　木材运输管理制度

木材运输管理是依法维护正常的木材运输秩序，防止非法采伐的木材进入流通领域的重要措施。木材运输行政执法，是指林业主管总站对其委托的林业行政执法机构依法对木材运输实行的管理、检查和监督。《森林法》规定：从林区运输木材，必须持有林业主管部门颁发的运输证件；木材运输证自木材起运点到终点全程有效，必须随货同行，货证相符；对未取得运输证运输木材的，或者货证不符的，木材检查站有权制止。由县级以上木材主管部门没收非法运输木材，并对货主可以并处非法运输木材价款30% 以下的罚款。《森林法实施条例》和各省、自治区、直辖市地方性法规，对木材凭证运输作了具体规定。

### 1.3　木材经营加工管理制度

#### 1.3.1　木材经营(加工)许可制度

木材凭证经营加工管理与凭证采伐林木管理、凭证运输木材管理，共同构成了森林采伐源头管理和木材流通环节管理一体化监管体系。木材经营管理指林业主管部门和有关国家机关依据国家的法律、法规和政策，对木材的收购、销售和加工活动的管理。《森林法实施条例》规定：在林区经营加工木材，必须经县级以上人民政府林业主管部门批准。木材经营、加工的原料是要消耗森林资源的，林业主管部门对木材经营加工的审核，主要目的是防止非法采伐的木材进入流通领域。目前，我国大部分地区都实行了木材经营加工许可制度。从事木材经营加工的单位和个人，在到工商部门领取营业执照之前，须到县级以上林业主管部门办理木材经营(加工)许可证。

#### 1.3.2　木材经营(加工)的监督管理

国务院文件要求，各级林业主管部门要加强对以消耗林木资源为主的经营加工单位的原料来源的审核，严禁木材经营加工单位和个人采购没有林木采伐许可证或者其他合法来源证明的木材。林业主管部门应当定期或不定期地对已批准或者核发《木材经营(加工)许可证》的木材经营加工企业进行检查监督。检查其是否存在超许可证经营或加工的项目、内容、范围的行为；木材的来源是否有合法凭证；加工、销售量是否与进材量相符；销售凭证手续是否齐全等。检查结果应登记备案，作为对许可证年检的参考依据。对违反有关规定，收购非法木材、无证销售产品和超出核定范围经营、加工的企业或个人，依法给予行政处理。对木材利用率低、严重浪费资料的木材加工企业，应当限期进行整改。许可证实行年检制度，逾期不年检的，许可证自动失效。许可证实行一厂一证。根据《森林法实施条例》的规定，纳入木材经营管理范围的木材是指原木、锯材、竹材、木片和省、自治区、直辖市规定的其他木材。

## 1.4 中国林业行政执法监督管理制度

中国林业行政执法监督管理体系对依法采伐木材的实施和监督提供了保证。一是管理机构健全，设立了国家、省(自治区、直辖市)、地区(市)、县和乡(镇)5 级林业管理部门。国家林业局组织编制森林采伐限额，经国务院批准后监督执行；监督林木、竹林的凭证采伐与运输。各省林业厅承担组织编制并监督执行全省森林采伐限额，监督检查林木凭证采伐、运输和经营加工。二是行政执法制度规范。中国对木材及木材产品从采伐、运输、加工和进出口贸易各个环节都有健全的法律法规严格控制，并建立了规范林业行政执法行为的相关制度，对于违反相关规定、情节严重的将会被追究刑事责任，包括《林业行政处罚程序规定》、《林业行政执法监督办法》、《林业行政处罚听证规则》等。目前全国统一建立了木材运输证管理系统，福建、广东等部分省份还开通了林政业务应用系统，实现网上办理林木采伐许可证和木材运输证，对木材的采伐、利用和加工实行全面的监管。三是执法监督机构较完善。全国设置了森林公安局，指导林业行政执法工作，督促查处破坏森林资源、国家重点保护野生动物资源的特大案件；各级林业行政部门和公安机关具体负责辖区事务，依法打击有关森林非法活动；同时，各地木材检查站负责检查运输中木材的有关证明，截获非法采伐木材，协助森林公安机关破获重大案件。国家林业局还在 13 个林区省设立了森林资源监督专员办事处，专门监督地方森林资源利用。

县级林业局对本地区木材或竹材三证(采伐许可证、生产许可证、运输许可证)进行随机抽查，各林业站对木材运输证进行随时定点检查；各级林业主管部门和工商行政管理机关对林区和重点产材县木材经营单位和加工企业，结合年检、注册和换照进行整顿时，要求经营范围必须符合国家有关法律、当地资源状况和采伐限额或木材生产“一本账”的规定，合理确定单位数量及其规模，不允许个人倒买和贩运木材。同时，国家林业局组织工作组每年对国有林区实施三总量(采伐量、运输量和销售量)检查，对木材的采伐和森林资源进行监督管理。

这表明，中国具有完善的木材合法采伐、运输和经营的管理和执法制度，为国产材的合法性提供了有力保障，有效降低了非法采伐的风险。

## 2　主要存在的问题与风险

尽管我国法律法规对林木采伐具有严格的规定，并建立了相对完备的森林采伐管理、监督和执法制度，但在实际运行过程中，仍存在一些问题，突出表现在以下几个方面：

(1)*采伐管理方面*。一些地方由于经济利益的驱使，超限额采伐、无序无证采伐还未完全禁止。在执行限额采伐森林制度上，部分林业部门林木采伐管理粗放，不按规定开展伐区调查设计，有的甚至弄虚作假，发放林木采伐许可证不规范，把关不严格，有的甚至只批不审，伐区验收制度形同虚设，导致异地采伐、超量采伐和超规格采伐。

有些省市规定采伐非规划造林地的木材(如农村居民采伐自留地及房前屋后的零星木材)不需要办理采伐证。据《2009 中国林业发展报告》，2008 年全国伐区凭证采伐率、林木采伐许可证发证率、发证合格率平均数分别为 89.9%、83.0%、84.0%，分别比 2006 年度上升了 24.6 、12.4 、0.8 个百分点。这表明，个别地方仍存在滥发采伐许可证、超限额采伐和无证采伐木材的情况。据《2010 中国林业发展报告》，2009 年国家林业局组织对东北、内蒙古重点国有林区 2008 年度林木采伐总量、木材销售和运输总量计划执行情况进行检量。在所检查的 9 个林业局中，均存在超林木采伐许可证批准的采伐量采伐；个别林业局存在无证零星采伐和造林整地小班无证采伐现象；运输证管理不规范，存在无证明加工、无台账管理、超范围经营出售原木等问题。另外，我国各省份对于非规划林地的采伐管理不统一。《国务院批转林业局关于全国“十二五”期间年森林采伐限额审核意见的通知》(国发〔2011〕3 号)规定“非规划林地上的林木，不纳入采伐限额管理，由经营者自主经营、自主采伐，具体管理办法由省级林业主管部门制定。”部分省份如福建省规定非规划造林地不需要办理采伐证，但大部分省份依然需要办理采伐证或实行林木采伐备案制度。

(2)*运输管理方面*。由于木材及其制品运输线长，涉及面广，监管不到位，导致木材运输管理方面的漏洞较多。第一，运输证与采伐许可证办理脱节。有的地方按计划采伐办证，使盗伐滥伐的林木合法化。有的在限额指标内对各乡镇指标进行“调剂”，盗伐林木披上合法外衣外销。还有些不法分子持甲地运输证到乙地收购木材。一些办证点，只要缴费即可办理运输证，不检查实物照转招办。第二，执法受限，监管不力。大部分县市仅对经过林业检查站的木材运输车辆进行木材运输许可证检查，而不经过的只能依托林业站森林派出所路上巡查。由于公路“三乱”治理，不让随便执法，而流动检查站目前的配备不能完全满足要求，交通和高速公路的发展又加大了核查的难度，在木材运输方面存在一定的监管漏洞。第三，检查站变成收费站。一些检查站只要留下“买路钱”就放行，对无证运输以罚代法现象普遍。这些问题的存在导致木材流通秩序混乱，而且助长源头管理失控失效。第四，办理运输证的范围和各省的规定不统一。我国森林法规定：从林区运出木材，必须持有林业主管部门发给的运输证件，国家统一调拨的木材除外。但森林法对林区没有清晰界定，部分县内运输的木材不需要办理木材运输证。另外，《森林法实施条例》第三十四条第三款规定，木材“是指原木、锯材、竹材、木片和省、自治区、直辖市规定的其他木材。”这里对木材的范围作了明确的界定，即除了列举的几类原木、锯材、竹材、木片外，其余的授权给省人大或省政府，有省人大的地方性法规或省政府制定的规章来界定。因此，各省份对需要办理运输证的范围规定不统一，如针对人造板、产成品、枝丫材以及非规划林业用地采伐的木材等各省要求不一致，造成在实际操作过程中的混乱。

(3)木材经营加工管理方面。一些地方政府为发展经济或迫于招商引资压力，不顾森林资源的承受能力，未经审批就上一大批木材加工与经营企业，形成过多过滥的局面。很多县市林业局对木材加工企业的木材来源、经营加工管理缺乏有效的监管。有些加工厂内部没有规范的管理制度，不设原料台账，大量收购无证木材生产出成品或半成品后外销，致使查处工作屡因证据不足而难以深入。另外，还有一些小的锯材厂，由于地处偏僻、设备简单，存在无证经营、未依法缴纳税费的情况。

## 3 我国开展国产材合法性验证和追踪的可行性

应对欧盟和美国对木材合法性的要求，我国企业须提供合法性证明，并实现木材来源的可追溯性。对此，企业可通过开展森林认证来证明国产材的合法性，但总体来说，认证费用高，覆盖面小，认证产品仅占我国林产品的很小部分，在实际应用中也受到很大限制，很难完全满足我国出口市场发展的需要。企业也可以通过第三方、行业协会或政府主导的合法性验证体系来证明其合法性，或者通过提供一系列的证明合法性的文件，来自行证明或验证木材来源合法性。无论采取哪种方式，开展我国木材的合法性验证与跟踪，需要解决如下问题：①哪些文件可以证明木材的合法性？②企业能否收集到这些文件？③这些文件的可信度如何？④企业能否追溯到木材来源，并建立监管体系？根据实地走访和调研，我们发现企业在解决上述问题方面仍存在很多困难。

(1)我国的木材采伐证、木材运输证和加工许可证等“三证”可提供木材来源的合法性证明。一般来说，企业需要提供采伐的法律许可的证据、相应采伐限制的具体说明、有指定采伐区域采伐木材的证据(如不是来自不允许采伐的受保护地区)、采伐率在适合限度范围的证据、木材采购的证据、交纳税费的证据、符合相应的CITES要求的证据、符合木材运输文件的证据。我国的木材采伐证在我国木材采伐限额制度下，规定了木材采伐类型、方式、地点、期限、面积、树种、蓄积、木材产量以及采伐后的更新方式、树种、面积和期限。而木材运输证提供了木材合法运输的证明。在企业办理木材采伐证的同时，需要交纳相应的税费和育林基金。加上企业自身提供的木材加工许可证，总体来说这“三证”可以证明我国木材的“合法”身份，也能满足国际市场的要求。

(2)企业很难收集和提供完整的合法性证明。林木采伐许可证由县(市)区、市林业局林政资源管理部门签发，但在办理木材运输证时，需持原有林木采伐许可证，并由林业管理部门留存。经过加工后再次运输木材，办理木材运输证的，应提交原运输证或者木材交易合法证明。因此，加工企业一般仅持有木材运输证。要查验采伐许可证，需要向当地的林业管理部门或林业企业索取，但受权限与职责限制，一般很难查询到。另外，我国木材运输证的管理各地还存在差异，部分农用材、枝桠材、非规划林业用地的木材采伐不需要办理采伐许可证，很多省份产成品，以及人造板等半成品不需要办理木材运输证，因此企业很难提供有关合法木材采购的完整而有效的证明。因此很难判定某一批次的原材料到底来自什么地方，实现木材来源的可追溯性。这部分可由提供当地乡政府或林业部门的证明来替代；或者针对这部分木材，因国家没有特别的相关政策或要求，涉及非法采伐的风险很低，在实际操作中不需要核查特定的合法性证明。在笔者访问的一家企业中，受下游采购商的要求，需收集木材的合法性证明，但持有有效木材运输证和采伐证的木材仅占其采购木材的 20% ~30% 。

(3)企业需要通过第三方验证或实地验证来提高证明的可信度。我国具有严格的木材采伐和运输管理制度，应是我国木材“合法”身份的最可信的证明。但前面也提到，我国有些地方发放林木采伐许可证不规范，把关不严格，有的甚至只批不审，伐区验收制度形同虚设；运输证与采伐许可证办理脱节，一些办证点，只要缴费即可办理运输证，不检查实物照转照办。这些问题的存在都影响到这些证明的可信度。从国际上说，一般还需要第三方的验证，或企业的实地验证，来提高其可信度。

(4)实现木材原产地追溯难度大，木材追踪体系仍待建立和完善。我国的木材运输证中，详细标明了供货单位、购货单位、木材产地、起止地点、运输的树(材)种品名、规格、数量、材积以及有效期限，为实现木材的可追溯提供了可能。但由于对木材产地理解不一，一般只简单填写木制品的原产地，而不能真实跟踪到木材的原产地。另外，由于产业的高度发达，我国林产品加工企业的供应链非常复杂，很多企业直接从市场采购木材，很难对原产地进行有效区分或鉴别。绝大部分企业都未建立有效的木材追溯体系和区分体系。根据笔者调研的一个人造板生产企业，其供应链涉及 80 多个初加工企业(锯材或锯末场)，100 多个林地所有者，完全实现可追溯性是非常困难的。

# 第七章

# 中国木材合法性验证体系框架构建

## 1 林业认证与验证概述

### 1.1 认证与验证的概念

认证(certification)和验证(verification，也称为认定或核查)都是一种合格评定活动，即证实产品、过程、体系、人员或机构满足有关规定要求的活动。国际上所称的合格评定活动一般包括：第一方(即企业自我组织的合格评定活动)、第二方或第三方的检验、检查、验证等评价活动或认证、注册活动以及其组合。认证指由第三方认证机构证明产品、服务、管理体系符合相关技术规范的强制性要求或者标准的合格评定活动。而验证指通过提供客观证据查验满足规定要求的合格评定活动，可由第一方、第二方和第三方开展。在通常情况下，二者的核心要求、要素和特征基本相同，但相对而言，验证比认证的范围更广，形式更为多样，可以为第一方、第二方或第三方；而认证比较严格、系统和规范，一般为由第三方开展认证审核。

认证最初是为验证一组所需要的特性能否实现而产生的，如技术指标、安全性或产品质量，目前作为一种非常有效的工具，已经广泛应用于整个产业界。森林认证起源于20世纪80年代，随着国际社会对毁林和森林退化的关注度不断提高，森林问题开始出现在国际政策的议事议程之中。与此同时，一些环境类非政府组织希望通过认证这样一个积极的市场化工具来实现对森林的保护。1993年，世界上第一个森林认证体系森林管理委员会体系(FSC)诞生。此后经过不断发展，一系列不同类型的林业认证与验证开始出现，在市场框架还是非市场框架下，认证或验证均可广泛应用。

## 1.2 林业认证与验证的类型

根据强制程度，运作机制，服务内容和面向对象等因素，林业认证与验证可分为不同类型。

### 1.2.1 自愿性和强制性

按照认证实施的要求，认证与验证可以分为自愿性和强制性两种。以市场为导向和自愿性是林业认证体系的特点，它允许林产品企业和零售商能够采购合法的原材料或者来自良好经营的森林的原材料。这种方法得到了一些生产者的支持，认为它能为进入环境意识较高的市场提供更多的机会。同时政府也具有能够使林业认证或验证制度化的能力，使其在某种程度上变为一种强制性手段。其可以采用两种方式进行，一是政府直接发展强制性认证或验证体系，二是通过现有的自愿认证体系的强制要求来实现(国家质量监督检验检疫国家质检总局，2001)。

### 1.2.2 林业可持续性认证、合法性验证和其它认证

从认证与验证服务的内容来看，林业认证包括针对森林可持续经营或负责任经营的森林认证，针对木材来源及整个供应链合法性的木材合法性验证，以及在特定领域的应用，环境服务认证等。

森林认证于20世纪90年代初逐渐兴起，是一种可持续性认证，证明生产的林产品来自于可持续经营或负责任经营的森林，以满足国际环境敏感市场如欧洲和美国对认证林产品的需求。通过对森林经营活动进行独立的评估，森林认证将“绿色消费者”与寻求提高森林经营水平和扩大市场份额以求获得更高收益的森林经营部门联系在一起。森林认证是非政府环保组织促进森林可持续经营的一种市场机制，为消费者证明林产品来自经营良好的森林提供了独立的担保，其独特之处在于它以市场为基础，并依靠贸易和国际市场来运作。经过20多年发展，目前森林认证体系发展已经很成熟，认证产品市场发展迅速。世界上主要有FSC和森林认证认可计划体系(PEFC)两种体系，还有约30多个国家森林认证体系，其中大多数已成为PEFC的会员或得到其批准。我国也发展了国家森林认证体系CFCC，并已开展认证审核。

在国际市场上还存在一些由政府或市场为导向的木材合法性验证体系，其主要目的是满足市场对于合法性木材的需求。世界范围内对非法采伐和相关林产品贸易的广泛关注，促使合法木材的需求越来越大，很多国家还制定了针对木材合法性要求的法律法规，如《欧盟木材法案》、《美国雷斯法案》(修正案)、《澳大利亚禁止非法木材法案》等。木材产品供应链中从事森林资源管理的公司、制造商和贸易商为了向他们的客户提供木材和木材产品来源合法的证明，通常会通过开展木材合法性验证来提供证据。由于发展时间较短，自愿性的合法性验证体系大都由各个国家或各个认证机构独立开展，在标准制定过程、认证认可、产品追踪和标签等方面，不如森林认证那样发展完善。验证体系的管理机构不统一，各个国家或认证机构对于

合法性定义以及如何进行验证都有自己的理解，在实际操作中还存在很大的差异性。

另外，认证或验证也可以用于验证环境服务领域，它指的是按照公认的系列基准(可能与碳汇、水土保持、控制侵蚀、生物多样性等有关)对特定森林区域提供的环境服务进行独立的认证。它可能是以市场、法规或一定的项目为基础，因而它的执行常与以业绩为基础的森林可持续经营的认证联系在一起。这种类型的认证是以绩效为基础的，当认证有助于把这些服务转化为市场商品，它也可以是以市场为导向的，如碳汇的审定或核查。

#### 1.2.3 森林经营和产销监管链

根据认证(验证)机制作用的对象和在产业链上的不同阶段，可分为针对森林经营和针对产业链的产销监管链审核。

森林经营审核主要面向森林的经营者，对原料源头进行了约束，证明其符合了可持续性、合法性或特定环境服务功能、特定森林经营需求的要求。而产销监管链审核主要面对原料的运输者、林业产品的生产加工商以及贸易商，主要对产业链的木材来源和使用进行监管，证明其来自特定要求的森林。

森林认证和木材合法性验证都包括森林经营和产销监管链两个部分，而环境服务认证(验证)主要针对森林提供的特定环境功能。其中森林认证中，林产品供应链上的森林经营企业的森林经营认证和各木材加工贸易企业的产销监管链认证是独立开展的，而木材合法性验证一般是针对认证主体的从森林到产品加工的整个供应链，既包括了森林经营的审核，也包括了产销监管链的审核，当然也可以独立开展。

## 2 林业认证与验证体系

### 2.1 ISO 的要求

在认证领域，国际标准化组织(简称 ISO)是一个非常重要的机构。ISO 是一个非政府组织，由来自 140 多个国家的国家标准化机构组成。其中心秘书处位于瑞士日内瓦，负责机构的总体协调。

自成立以来，ISO 已经颁布了 14300 多套标准，其中的大多数都是十分精确的技术文件。ISO 还制定了许多指南，协助认证体系的建立和发展，主要包括标准的制定和应用、认证机构和认证、认可、声明四个方面(ISO，2013)。ISO 指南的制定以几十年的经验为基础的，它提供了一个总体框架，使得认证体系可以在尽可能广的范围内得到应用。大多数林业认证与验证体系的建立和发展均遵循了 ISO 的指南或标准。

### 2.2 要素

认证或验证作为一种工具提供了独立的验证，已经被广泛应用到很多领域。林业认证或认证体系通常都由标准、认证(验证)和认可三个要素组成。

(1)标准：标准是开展认证评估时必须被满足和遵从的要求，由标准制定机构制定。

(2)认证(验证)：验证标准是否得到满足的过程，通常由认证机构来执行。

(3)认可：认可是确保执行认证的机构是合格的，具有相关的审核能力，能够得到可信的、一致的结果，通常由认可机构来执行。

为了强调每一个要求在认证体系中的重要性，这三者通常是被共同提及的，共同组成了认证体系。在实际运作过程中，标准制定机构和认可机构可以为同一机构，共同作为认证体系的管理机构。另外，管理机构通常还包括了对认证或验证声明以及标签的管理。下面对这几个要素进行分开阐述。

### 2.2.1　标准

#### 2.2.1.1　标准的类型

标准是林业认证(验证)体系的基础，一般情况下，较为适用的标准类型有体系标准和绩效标准。

管理体系或进程标准详细说明了在一个机构内部所必须具备的管理系统，以确保他们所管理的质量、环境甚至是社会表现的一致性。因此，与管理要素相关的管理系统要求必须到位，比管理产出或结果要求更为重要。体系标准适用于所有的部门和行业，尤其是综合性公司，同时，还能够帮助一个机构系统理解自身的表现，保证其持续改进。但是，体系标准并没有明确绩效所要达到的水平，无法提供产品质量保证，因此一般没有产品标签(王虹等，2009)。

绩效标准则描述了所必须达到的绩效水平或结果，但却没有规定实现过程，因此是产品标识的基础。

因此，林业认证(验证)标准的制定，要综合考虑这两种标准类型的特点和自身要求。

#### 2.2.1.2　标准制定的过程

标准的制定过程相对较为复杂，许多林业认定/验证标准制定都需要几年时间才能完成，一般的程序如图 7－1 所示。

#### 2.2.1.3　标准制定的要求

一套标准所规定的内容决定了认证(验证)体系在时间中所要传递的信息，因此在制定标准时，要重点考虑如下要求(涂方祥等，2005)。

(1)标准的制定者。标准通常由标准制定小组或技术委员会来制定，小组成员为从受到标准影响的利益方中遴选出的专家。他们的任务是为标准制定提供最佳的信息和知识。专家范围越广泛，所有相关信息进入标准制定过程中的可能性就越大。

(2)标准的制定和咨询程序。工作组的工作方式会影响标准的最终内容，因此一套清晰的文件化操作规则是非常重要的，可以用它来组织会议的召开和记录、材料的公式、问题和争议以及标准的决策等议题。

(3)对标准进行决策。决策过程对确定标准的内容尤为重要。它可以由一个单独的利益方完成，也可以在多方达成共识的基础上进行。对于林业认证(验证)标准，现在人们已经开始意识到多利益方的重要性，达到这个目标有多种方式，目前普遍采用的是通过投票和达成共识。

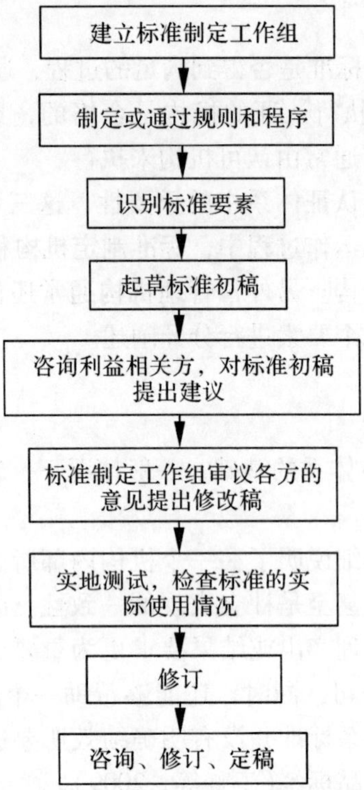


图 7-1　林业认证与验证标准制定的过程

### 2.2.2　认证与验证

#### 2.2.2.1　认证与验证机构

认证或验证机构大多数为商业公司，还有一些为大型国际组织或非营利性组织。

#### 2.2.2.2　认证或验证过程

一般林业认证或验证过程的主要步骤，包括认证申请、预审、弥补差距、主审、报告和认证决定、监督审核几个部分(王虹等，2009)。

(1)认证申请。对于所有自愿性认证，申请认证(验证)的机构需要向认证机构提出申请。

(2)预审。认证机构一般对认证申请者做一个简单的初步考察，为主评估做出规划、同时确保申请者了解了认证要求，并明确认证申请者与标准的差距，但预审不是一个必需的过程。

(3)改进经营管理，弥补差距。申请者根据认证标准或预评估的结果，对目前企业运行与认证或验证标准之间存在的差距进行改进。

(4)主审。主审主要是为了确定申请者是否符合标准的要求。它通常由审核组实施。审核组通过文件评审、实地考察和利益方咨询来收集客观证据，以证明是否符合标准要求。当发现不符合之处时，要提出纠正要求以使申请者完全符合标准。

(5)报告和认证决议。审核组根据审核结果起草审核报告，报告包括审核的结果和对认证结论提出的建议。根据报告，认证机构做出认证决定。

(6)监督审核。对认证实施进行监督，以确保申请者的经营管理与标准的一致性。监督审核一般为一年一次。认证有效期一般为5年，5年以后进行再认证。

### 2.2.3　认可

认可实质上是对认证机构的认证，以确保认证机构有足够的能力，符合体系的所有要求。认可通常被认为是可信认证的必要组成部分，如果没有认可机制，任何机构都能自称为认证机构来颁发证书。

认可包括三个要素，分别为认可机构的要求、认证机构规则和可信性（中国国务院，2003；王虹等，2009）。

（1）认可机构要求。包括认可机构内部的管理指南以及包括对认证机构业绩的持续监督认可流程。

（2）认证机构规则。认可机构必须就认证机构内部组织以及认证过程做出全面要求。当认可范围中包含了特别复杂的活动时，这就尤为重要。

（3）可信性。由于认可的目的是保证认证的可信度，认可机构自身的可信性就非常重要。认可机构可以通过履行认可机构的规则和为认证机构指定全面的规定来获得可信性，也可能通过与其他机构的合作、建立适当的投诉机制和使自身的活动透明化来提高自身的可信度。

## 2.3　管理和运行

林业认证与验证体系的管理方面，体系的管理者和管理结构是十分重要的，因为它对体系的技术方面、体系所要达到的目的以及不同的利益相关者对体系的理解等方面都会产生影响。

从全球来看，一般认证体系的所有权和管理总体架构是通过不同的机构对体系要素的控制来实现的，包括标准、认证、认可和声明等要素。在标准方面，大多数国际标准的制定和维护是根据ISO的标准制定要求和指南开展的；在认证或验证实施方面，多数是由专门的商业公司或认证机构开展；在认可方面，多数ISO标准的认可是基于ISO提供的指南，由国家认可机构来完成和维护；在认证的声明控制方面，总体来看也是基于ISO提供的指南，它是国家认可机构认可过程的一部分。

此种模式在管理和所有权上较为清晰，同时标准制定机构、认可机构和执行认证评估的认证机构的职责完全分开，避免了利益冲突，又确保了认证审核的质量和一致性。

大多数的林业认证与验证体系都建立了专门的管理和维护机构，如森林管理委员会（FSC）体系、森林认证认可计划体系（PEFC）、可持续林业倡议（SFI）和印度尼西亚生态标签研究所（LEI）等森林认证体系，以及印度尼西亚、马来西亚、喀麦隆等国的木材合法性验证体系。

# 3　现有木材合法性验证体系的比较

木材合法性验证发展历史较短，从目前发展状况而言，政府主导的合法性验证体系、行业协会主导的第二方合法性验证、非政府组织的合法性验证或倡议和市场引导的第三方合法性验证体系这四种体系各有优势，又互为补充。

### 3.1 强制性程度不同

在这四种体系中，政府主导的合法性验证体系最具有强制性，特别是在 FLEGT 框架下的木材合法性验证体系或出口产品许可制度，要求一定范围的产品必须满足体系的要求，一旦不符合要求，产品将不能进入特定市场。其次是协会主导的第二方合法性验证，其对企业会员进行约束，要求统一开展合法性验证，满足特定市场的需求。在协会内部要求会员强制性实施。非政府组织合法性倡议和市场引导的第三方合法性验证体系是自愿性的，这种验证体系是基于市场的要求，对相关企业和产品开展验证服务。如果不能通过验证，企业将失去客户和市场份额。虽然这种验证体系带有自愿性，但市场这只看不见的手对企业带来一种隐形压力。非政府组织的合法性验证或倡议带有项目性质。虽然非政府组织在执行这些项目的时候，注重与政府或行业协会的合作，但实际过程中，能给相关企业带来的行政或市场压力很小，主要是为企业提升企业形象，减轻来自环保组织的压力。其主要针对的是国际上比较大型的零售商或加工企业。对于中小型企业来说，其强制性最弱。

### 3.2 市场接受程度不同

由于四种体系的强制性不同，市场接受程度也各有不同。相较之下，政府主导的合法性验证体系是为了促进企业满足国家或国际相关法律法规要求而实施的，因此市场接受度最高。其中与欧盟签署合作伙伴关系(VPA)协议的木材生产国出口木材时，经合法性验证后可签发被欧盟市场认可的 FLEGT 标签，市场认可度高。一经实施，能迅速启动和推行。而行业协会主导的第二方合法性验证、市场引导的第三方合法性验证体系和非政府组织的合法性验证或倡议有效性各不相同，需要经过特定市场如欧盟运营商的评估，经过市场的检验后才能确定。目前，欧盟框架下 NEPCon 的合法源验证和 BV 的 OBL 验证已得到了欧盟的认可，成为运营商开展欧盟木材法案尽职调查体系的监督机构，市场认可度较高。

### 3.3 公信力不同

政府主导的合法性验证体系，特别是 FLEGT 框架下的木材合法性验证体系，具有较完备的法律或规章制度来支撑整个体系，且能保证开展验证的人员的基本素质和能力。基于以上因素，特定市场对该体系的认可度较高。验证结果由于有了政府信誉保障，也具有公信力和保证。行业协会主导的第二方合法性验证虽有一定的强制性，有行业协会的信誉保证，在协会内部具有较高的公信力，但是在行业之外，还需要市场的检验。而市场引导的第三方合法性验证体系和非政府组织的合法性验证或倡议相对而言具有地区性和全球性的特点，其制定的验证标准和导则对很多国家而言，并不具有通用的特点。具体推行和实施期间，可能会发生各地标准不一的现象。此外，很多验证机构实质上商业性的公司，盈利需求较强，加之人员素质也有一定差异性，公信力不足。各种体系的公信力最终取决于市场的接受程度。

### 3.4　灵活性不同

由于政府制定一个体系，包括所有体系文件和规章制度，是一个长期的行为，需要通过较长时间的准备和反复征求各方意见才能形成。因此，政府主导的合法性验证体系具有相当高的稳定性，但同时也具有灵活性较差这个缺点，不能较快反应合法性验证领域中所出现的新问题、新情况。而行业协会主导的第二方合法性验证、市场引导的第三方合法性验证体系和非政府组织的合法性验证或倡议却能随时根据新情况做出相应的修改，灵活性较高。在这一点上，后者可以在一定程度弥补前者在灵活性方面的不足。

## 4　木材合法性验证标准

### 4.1　标准的主要内容

木材合法性验证主要是验证木材合法来源以及在流通过程中的合法性，首先保证木材的采伐是符合当地法律法规的，并且在贸易流通环节也符合所在国家或地区的相关规定，同时满足相关国际公约或标准的要求。各标准的标准有所差异，但通常包括以下基本要求：

#### 4.1.1　具有合法的采伐权利

森林经营单位根据所在国法律法规要求，拥有土地所有权和经营权；取得政府颁发的经营许可证；制定和提交森林经营和采伐作业规划并经由相关部门的审批；经由正当手续批准的采伐许可证或具有特许权或类似文件的采伐。以上这些权利都是根据具有司法权机构颁布的法律法规授予的。

#### 4.1.2　依法采伐木材

森林经营单位遵守国家和地方所有有关森林资源经营和采伐的法律要求，按照合法权利在其林地采伐木材；在采伐过程中，遵守木材采伐法规，并满足有关保护地和保护树种、环保要求、合法雇佣员工、保障员工健康和安全方面的国家法律法规。

#### 4.1.3　依法缴纳林业税费

森林经营单位在采伐木材时，按规定缴纳税费，包括支付林地使用费，林农、采伐工人的作业费用，支付基地更新或再造林、生态恢复、森林管护的费用，增值税和其他销售税，所得税和利润税等。

#### 4.1.4　保护第三方的权利

保护依赖森林为生的当地社区和居民使用森林的习惯权利；在森林经营和采伐过程中，取得当地社区的知情权和同意权；保护原住民采集和使用非木质林产品的权利。

#### 4.1.5　依法开展木材贸易和运输

在贸易和运输过程中，在所有相关单据中列明原料树种、产品数量和产品质量分类；在法律允许的范围内，开展贸易和运输；遵守法律法规要求，不开展离岸交易和转让定价，规避出口税和关税的支付；满足海关对进出口的要求和规定；满足CITES公约的要求。

## 4.2 标准的主要类型

木材和木制产品的合法性验证是针对于不同森林或生产企业而展开，或者是对一个完整的供应链进行评估。对加工企业进行验证时，要求企业现有的木材供应必须经过验证，即在其验证报告中能将从另外一个企业购买的木材追溯到源头。在对一个具有完整供应链的企业进行验证时，供应链中一个实体获得的原材料的完整性取决于一个不断向上游追溯直至原料源头的产销监管链。对供应链合法性及验证的范围的判定和验证是评估过程的关键内容。从总体来划分，木材合法性验证标准包括合法来源验证、合法性验证以及以尽职调查体系为基础的合法性验证(以下简称尽职调查体系合法性验证)。

### 4.2.1 合法来源验证

合法来源验证要求木材来源具有合法性，即木材来源应具有强制性的审批书、许可证和标准实施国的审核框架所要求的各种文件来证明木材是经合法采伐的。目前大多数第三方的合法性验证都包括木材合法来源的验证，包括RA、SGS、BV等。

雨林联盟(SW)建立推行的合法来源认证(VLO)验证评估和验证木质林产品或非木质林产品的生产者是否按照适用法律法规具备合法采伐权，并利用整个产销监管链验证来评估和验证供应链上的所有环节是否满足合法性的要求。SW按照四个原则开展合法来源验证，即①森林经营单位的合法采伐权，包括森林权属，树种是否为可采树种等；②)必要的规划审批文件，包括经营方案、采伐计划、社会和环境评估等；③向相关政府机构缴纳了所有规定的税费和其他收费项目；④)产销监管链体系。在具体审核中，应当现场核查获得采伐许可证的森林来源地，审查获得批准的经营方案和许可证，所需税费、特许权使用费和/或采伐费用的缴纳情况，以及产销监管链体系的维持(Rainforest Alliance，2010)。但VLO并没有评估全部法律的遵守情况，如有关环境、社会和贸易方面的法律要求。

VLO适用于木材生产供应链上的林产品生产商、贸易商和供应商。根据这4个原则对森林经营企业(FMEs)进行评估审核。除了供应链上的森林原产地和公司要接受评估之外，采购、生产、处理和/或销售来自VLO验证森林资源的林产品也必须备有记录，建立可控的产销监管链控制体系，以便追溯到森林原产地的VLO材料。

目前，考虑到有关木材合法性贸易法规的要求及对供应链的完全合法性审核的需要，合法来源验证标准大多已被合法性标准所替代。如RA已不开展VLO的验证审核。

### 4.2.2 合法性验证

合法性验证是对合法来源验证的扩展。不但要求木材来源是合法的，而且木材采伐、加工生产和运输应遵守各类相关法律，如环境保护、野生生物、水土保护、采伐规程和体系、劳动者健康与安全及社会公平等相关法律。

雨林联盟(SW)制定了合法性验证(VLC)的通用标准，用于评估和验证木质林产品或非木质林产品的生产者是否按照所有适用的法律法规具备合法采伐权，并评估和验证供应链上所有环节是否应用了可控体系来记录和控制整个产销监管链。SW 的 VLC 验证标准共有 9 个原则，即①森林的合法采伐权；②经营方案与经营活动的审批；③缴纳税费；④合法注册、运输和贸易；⑤遵守采伐规程；⑥遵守环境保护规程；⑦遵守社会义务规程；⑧对未经许可行为的控制；⑨CoC 原则(Rainforest Alliance, 2011)。

在审核评估中，应当现场核查：森林资源具有采伐许可证；获得批准的经营方案和许可证；缴纳了相关税费、特许权使用费和/或采伐费；遵守贸易、运输和注册登记的要求；遵守与环境保护、野生生物和土壤保护相关的法律；遵守采伐规程、工人健康和安全以及公平对待社区；执行严格的产销监管链。

**4.2.3　尽职调查体系合法性验证**

随着美国雷斯法案和欧盟木材法案的出台，尽职调查成为林产品生产、加工、销售和贸易企业的法律要求。为了满足法案的要求，FSC、PEFC 等将尽职调查的要求加入其 CoC 要求中。而另外一些机构则根据法案的要求，制定了以尽职调查体系为基础的合法性验证标准。NEPCon 的 LegalSource 便是在这种背景下出台的标准。

LegalSource 标准按照《欧盟木材法案》的要求，以木材来源的合法性尽职调查为标准的核心，同时根据木材生产的特点，设立了 9 个原则：即①承诺合法采购；②责任和能力；③证明文件；④已具尽职调查体系的监控能力；⑤尽职调查覆盖范围和合法来源验证；⑥供应链和原材料信息；⑦风险评估；⑧风险规避；⑨声明。

为支持以上 9 个原则的核查，LegalSource 标准还从森林经营、供应链和 CoC 三个层面提出了具体的木材合法性验证要求。在森林经营层面，LegalSource 标准对合法采伐权、依法缴纳税费、依法采伐木材、尊重第三方权益、合法运输与贸易这五个方面提出了合法性要求。在供应链层面，要求供应链上的企业具有合法经营权、供应链上的运输与贸易合法。在 CoC 要求层面，要求企业遵守 CoC 总要求并遵守采购与收货、产品加工、成品的运输与贸易等方面的要求。

LegalSource 标准侧重于接受验证的企业是否按照法律要求建立了尽职调查体系，根据相关原则和标准收集到足够的信息，在信息的基础上进行风险评估。如经评估，发现木材来源有合法性风险，企业还应落实风险规避措施，根据所制定的森林经营、供应链以及 COC 标准进行内部或外部审核，减少或完全避免采购、生产、加工非法木材的风险。通过这三个方面，形成一个验证环，确保森林是经过合法采伐，且在供应链和产品生产过程中没有混入其他未经验证的来源。

## 4.3　标准的比较

全球有多种木材合法性验证体系，且验证标准各有不同，另有侧重。

**4.3.1　范围不同**

合法来源标准，合法性标准和尽职调查合法性标准(以 LegalSource 为例)具有一致目标，即验证木材来源的合法性，但却在验证范围上不一样。

合法来源标准更侧重于木材采伐的合法性，要求有合法的森林经营权，并依法经营，依法纳税。合法性标准在合法来源标准的基础上更进一步，对森林采伐规程、环境和社会法律法规的遵守、运输和贸易方面提出了要求，验证范围更为全面。

尽职调查体系标准在木材生产、供应和加工生产整个环节提出的合法性要求与其它合法性标准类似，但它首先设立了尽职调查标准，要求企业建立针对木材来源合法性的尽职调查体系，并规定了低风险来源的标准，如经过 FSC 认证或雨林联盟合法性验证的木材可视为低风险的木材。

### 4.3.2 审核方式不同

合法来源和合法性标准要求对企业的整个供应链的合法性开展评估，包括验证范围内所有的森林经营企业、加工企业和贸易企业。这些企业无论使用非法采伐的木材的风险高低，均需经过认证机构或验证机构的验证与评估。

尽职调查体系合法性标准要求企业建立尽职调查体系，对其生产、采购、加工产品的原料来源及在运输和贸易环节混入非法来源或其他未经验证来源的木材的风险进行评估。如果木材原料来源合法，且在供应链和产销监管链上简单清晰，可不用进一步开展风险规避行动。如果存在风险，在确定风险的性质和范围后，应采取风险规避措施，必要时应针对具有风险的森林经营单位或加工企业开展合法性审核。因此，其审核更具灵活性，只有在判定有风险时，才需对供应链上的相关企业进行验证或评估。

### 4.3.3 满足法律要求的程度不同

美国雷斯法案和欧盟木材法案均要求企业建立尽职调查体系，保证所采购和使用的木材不但有合法来源，而且在运输和贸易过程中没有混入非法采伐的木材。在这个体系下，企业要收集树种、采伐地、供应链等原料信息，还得开展风险评估，并根据评估结果进行风险规避。从合法来源验证，合法性验证和尽职调查体系验证来看，很显然，除 FLEGT 标签下的合法性验证外，以市场为基础的合法来源认证和合法性验证是一种风险规避的措施，并不能完全满足法案的要求，需要经过运营商和监督机构的评估确认。而尽职调查体系标准以尽职调查体系为核心，要求企业建立尽职调查，收集原料信息，进行风险评估，采取风险规避措施，完全能满足法案的要求。在实际运作过程中，这两种标准可以相互结合应用，如 LegalSource 标准将已开展雨林联盟 VLC 审核的企业视为低风险。

# 5 中国木材合法性验证体系的路径选择

## 5.1 应建立政府主导的第三方木材合法性验证体系

如前文所述，在以政府主导、协会主导、非政府组织主导以及市场主导的木材合法性验证体系中，以政府主导的第三方合法性验证体系具有强制程度高、公信力强、市场接受度高等优点，在实际运行中，能以政府信誉保证整个验证体系，保证在全国有效地推行和实施，不但可以规范国内木材和木制品市场行为，还能有效地满足国际上对木材合法性的要求，这对我国林产品国际贸易的发展具有较强的促进作用。因此，中国木材合法性验证体系应选择以政府主导的第三方合法性验证体系。

木材合法性验证体系的建立体现了一种国家意志。要推行这样一种国家意志，相应的配套措施必须在国家主导下制定实施。如在现阶段中，供应链上的合法证据较难取得，但如果建立了政府主导的第三方合法性验证体系，政府必将在这一方面完善相关制度，帮助企业获得合法性证据。从这一点而言，政府主导的验证体系比其他基于市场行为的验证体系具有更大的优势。

中国木材合法性验证体系也需要由相关政府部门的指导和推动建立。国家林业局是林业主管部门，负责林业国际谈判，亦参加了打击非法采伐、欧盟 FLEGT 和 VPA 等相关事务的国际谈判和磋商，对打击非法采伐的整个国际形势和发展趋势有一个明晰而准确的判断。因此，在木材合法性验证体系建立的前期准备和推广活动中，国家林业局应主导确定合法性验证体系的原则和标准，负责整个体系的制定和机构机制的建立，组织相关力量推动标准体系的实施等。但是，由于合法性验证不是一个部门能完成的，需要工商、海关、外交相关部门的参与，才能在真正意义上推行和实施合法性验证，遏制非法木材流入中国市场，从而真正达到打击非法采伐的目标。因此，一旦中国木材合法性验证体系建立起来，就必须将相关部门纳入体系中，形成联合工作机制，保证体系的正常运行和实施。而其它利益方的参与，如非政府组织、协会、企业、媒体、科研机构等的参与对于保证中国体系的权威性与可信度同样非常重要。

由于政府的性质，不可能成为合法性验证的实施机构，因此通过认可制度委托第三方机构开展验证服务就显得十分必要。在此过程中，如何对验证机构进行认可和管理，如何规范验证人员的行为，保证验证体系的公信力，是体系建立需要重视的一个方面。

我国正在开展以协会为主体的木材合法性验证试点，其主要针对的是协会会员。下一步将以协会为主提升为以政府主导，协会和市场共同参与的木材合法性验证体系，为中国的企业开展服务。

## 5.2　应建立自愿性的木材合法性验证体系

自愿性与强制性的木材合法性验证体系各有优点。建立政府主导的合法性验证体系并不意味这个体系是强制性的，一般木材生产国在 FLEGT 框架下发展木材合法性验证体系，为保证木材及木制品的出口，是强制性的；而木材产品的市场即消费国大都开展自愿性的木材合法性验证。从当前合法性验证的发展趋势和市场进展来看，我国的木材合法性验证体系应当是自愿性的。这是因为：①目前市场上的验证体系和工具很多，其市场接受度也各有不同，企业可根据其产品目标市场的要求，自行选择适用验证体系和工具，最大可能地满足目标市场的要求。目前，鉴于中国木材合法性验证体系在海外市场的影响力，应给予企业更多的选择权，强制要求企业通过中国木材合法性验证体系，只能加重企业的负担，可能迫使企业进行双重验证。②当前并不是所有中国林产品企业都向欧美等木材合法性敏感市场出口产品，有些企业产品销往其他未对合法性做出要求的国家和地区。在目前，这些企业可根据其产品销售地的情况自行选择是否通过合法性验证。建立自愿性的、由政府主导的合法性验证体系，将会减轻企业的负担。在未来时机成熟时，也可由自愿性向强制性标准转化。

### 5.3 应建立以尽职调查体系为基础的木材合法性验证标准

目前，国际上有两种合法性标准，一种是完全合法性标准，另一种以尽职调查体系为基础的合法性标准。完全合法性标准需要对企业的整个供应链的合法性进行核查，主要适用于风险来源比较高的木材生产国。对企业而言，要求更高，需要供应链所有企业的支持与配合。而林产品的消费国则采用以尽职调查体系为基础的木材合法性标准，它强调的是企业应知晓其木材来源的合法性并采取一定措施规避非法木材的采购和使用。对企业而言，是一个较为容易达到的目标，并在实践中容易实施。中国的进口材部分来源于高风险的国家，部分来自于低风险的国家以及国产材。比较这两种合法性标准，鉴于中国木材产品供应链的复杂性以及来源的多元化，中国合法性验证体系应建立以尽职调查体系为基础的合法性标准，相对成本较低，易于操作和审核，并能为企业所接受。

此外，尽职调查是欧美等发展国家相关法律的基本要求，要在这些市场上销售中国林产品，必须满足这个要求。中国合法性验证体系应建立以尽职调查体系为基础的合法性标准，以完全满足欧美相关法律要求，帮助中国企业保持和扩大在这些国家的市场份额。从现实情况而言，尽职调查体系合法性标准是可行的。

### 5.4 应兼顾体系发展的要素、国际市场的需求和我国的实际情况

首先，为确保可信度，中国木材合法性验证体系应符合国际通用的体系发展的要素与要求，包括标准制定、认证审核和认可管理等。其次，中国体系应紧贴中国林产工业的现实情况，按照中国法律法规体系去把握合法性验证标准的尺度，强调中国政府的态度，保护中国林产品企业的利益。另外，由于中国木材合法性验证体系的主要驱动力是国际市场，尤其是发达国家市场的要求和目标市场的法律法规要求。因此，在建立体系时，要参考相关国家的市场要求，有针对性地制定相关验证标准，以满足国际市场针对木材合法性的要求，并据此拓展我国林产品的出口市场。此外，一些国家已制定了合法性验证体系，而且有一批国外认证机构建立了以市场为基础的验证体系，并得到了市场的检验和认可。因此，中国木材合法性验证体系可参考国际上相关的验证准则，取其精华。

## 6 中国木材合法性验证体系框架的构建

### 6.1 发展目标

中国木材合法性验证体系的建立与发展应契合当今世界打击非法采伐、加强木

材合法性验证活动的潮流。建立与实施木材合法性验证体系，应有利于规范我国林产品的生产，推动林产品国际贸易，扩大我国林产品市场份额，对全球打击非法采伐做出应有的贡献。其发展应实现以下四个目标。

### 6.1.1　打击非法采伐，提升中国国际形象

中国是林产品加工大国，也是原木和锯材等初级林产品的消费大国。中国的木材进口国多为第三世界国家，很多国家受到非法采伐的质疑。在国际社会努力打击非法采伐，保护地球资源，提高人民福祉的同时，如果我国不采取任何措施，这将导致国际社会对中国的质疑和抨击，损害我国大国形象。在这种情况下，我国应响应国际社会的呼吁，顺应发展潮流，建立木材合法性验证体系，对进口木材的合法性提出严格要求，与世界各国政府联合行动，杜绝木材非法采伐，保护依赖森林而生的人们的生计，进而提高我国在国际社会的形象。

### 6.1.2　满足国际市场对中国木材及木制品的合法性要求，有效拓展林产品国际市场

建立木材合法性验证体系的初始驱动力在于国际市场对合法木材的需求及发达国家相关法律法规的要求使得非法木材无法进入欧美发达国家的市场。中国是一个林产品加工大国，由于国内资源不足，需要大量进口木材进行加工，并出口到发达国家的市场。在这一过程中，中国的木材进口备受质疑，林产品出口也遇到不少阻碍和麻烦，遭遇到发达国家的绿色壁垒，使得中国林产品出口到国外市场遇到前所未有的困难。中国木材合法性验证体系应帮助政府和林产品企业解决这个问题，从技术层面上应对林产品绿色壁垒，有效地保持和拓展国际市场。中国木材合法性验证体系的实施和发展应以满足国际市场对合法性木材的法律要求为目标，否则，就失去了体系存在的必要性。

### 6.1.3　推动可持续林业发展

合法性指要满足所在国的相关法律要求，相对于可持续性而言，还停留在初级阶段。即使如此，合法性并不是合法性验证的终极目标。目前市场上大部分合法性验证体系都对可持续性提出了要求，即通过合法性验证的企业应在一定时期内通过森林认证，满足可持续林业发展的要求。中国木材合法性验证体系在发展过程中，也要在满足合法性的基础上对可持续性提出要求，以最终达到推动可持续林业发展的目标。

### 6.1.4　推动我国林业法制化发展进程

我国林业发展水平低，森林施政水平亟待提高。木材合法性验证体系在实施过程中，需要各类合法性证据，而我国在目前还不能完全满足证据搜集的要求。要完全满足合法性验证体系要求，还需要对林业发展进行法制化管理，在木材运输等方面提高管理水平和能力。中国木材合法性验证体系的发展应有效地推动我国林业法制化发展进程。

## 6.2　构建原则

要保证中国木材合法性验证体系健康有序的发展，应遵循下列体系发展的原则。

### 6.2.1　独立性

中国木材合法性验证体系是一个政府引导的第三方验证体系，而且体系管理机

构也是由政府主管部门组成，在一定程度上体现着政府的意志，这很容易造成体系依附于政府的意志和权力进行运作。这与验证的市场发展性质是相违背的。在发展过程上，中国木材合法性验证体系必须保持自身的独立性，主要体现在资金管理的独立性、体系运作的独立性、验证审核的独立性、证书和标识管理的独立性等方面，不能受到政府意志的掌控。只有这样，才能保证验证审核的公平性和公信力。

### 6.2.2 自愿性

中国木材合法性验证体系定位于一种市场化行为，具有自愿性性质，即不能强迫企业使用该体系进行验证。企业能自由地选择是否通过验证，也能自由地选择市场上可用的验证体系进行验证。中国木材合法性验证体系不得利用国家权力强制要求企业通过该体系验证。

### 6.2.3 合法性

中国木材合法性验证体系的建立和运作应满足中国相关法律法规的要求。验证机构的批准也应满足法律要求，必须满足相关部门的认可批准、在工商部门注册、得到中国木材合法性验证体系的授权这三个基本要求。验证审核员的审核活动也在我国法律规定范围内开展。通过验证的企业在宣传声明时，也应遵守法律要求。也就是说，整个体系的运作必须规范，不得与现行法律法规相冲突。

### 6.2.4 技术统一性

中国木材合法性验证体系在技术上应具有统一性。验证标准要有通用性，最大限度满足各类木材来源的验证审核需要，标准的符合性也应一致，不能因木材来源不同也搞差别化对待。在开展验证活动时，要满足验证程序的统一要求，每次验证审核都严格按照程序要求开展。这样才能保证验证结果的公平性，同时保证体系的公信力。

### 6.2.5 透明性

中国木材合法性验证的标准和程序、验证结果、整个体系管理应具有透明性。所有验证工具应向公众开放，让公众随时了解验证体系的要求，验证标准的修改，管理的变化等情况。企业在需要时可按照体系制定的各种工具提高合法性管理，推动企业对合法性的认识和实际操作能力，进而在大环境上帮助中国满足国际市场对合法性的要求。

### 6.2.6 多方参与性

中国木材合法性验证体系应是一个多方参与的体系，在体系制定期间，需要政府相关部门的推动和相关协会的组织；在体系实施期间，需要协会的努力、森林经营单位及加工企业的参加、公众和 NGO 组织的监督。在各个阶段，需要各方形成一股合力，提高体系的透明性和可持续性，提升国内、国际的影响力和接受度，便于更广泛更深入地开展合法性验证工作，满足合法性验证体系建立的目标。

## 6.3 体系框架

### 6.3.1 管理架构

根据国际通用要求和我国实际情况，建议中国木材合法验证体系的管理机构可分为三级(图7-2)。

(1)中国木材合法性验证工作指导委员会。成立由林业局、海关、商务部、外交部和财政部相关司局代表组成的中国木材合法性验证工作指导委员会，负责指导中国木材合法性验证体系的发展与咨询。

(2)中国木材合法性验证工作领导小组及秘书处。成立由国家林业局领导牵头，各司局共同参与的中国木材合法性验证工作领导小组，作为中国木材合法性验证体系的管理机构，秘书处设于国家林业局计财司外经处。具体职责是与国家认监委等相关部门协调相关工作，发布验证标准、导则和指南等文件，授权管理验证机构，核发验证证书，管理验证企业各类相关信息等。另外，还设立技术小组、仲裁委员会、标签管理委员会和试点工作委员会等平行机构。技术小组邀请相关专家组成，主要职责制定验证标准、导则和指南等文件；仲裁委员会是由国家林业局计财司相关部门、相关协会等组织组成，负责处理验证相关的申诉、举报和纠纷等事务；标签管理委员会负责管理标示和标志的使用；试点工作委员会负责标准、导则和指南的测试和修改，试点项目的评估等工作。

(3)中国木材合法性验证利益方咨询委员会。邀请各NGO组织、协会、相关政府部门、企业就木材合法性验证的相关问题和工作进行商议，共同促进中国木材合法性验证体系的发展。

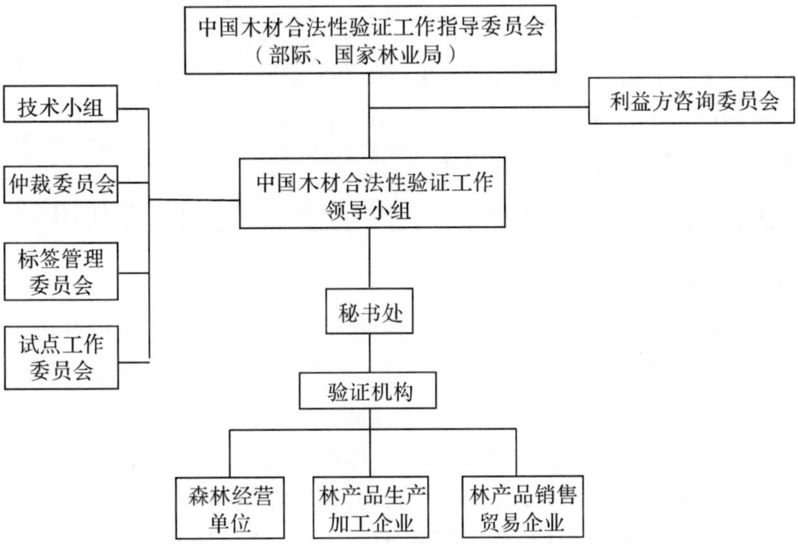


**图7-2　中国合法性验证体系框架**

在条件不成熟时，也可直接成立中国木材合法性验证体系管理委员会，由国家林业局主管部门计财司签头，其它政府部门及利益方共同参与，作为中国体系的管理机构。秘书处设于计财司外经处，由国家林业局林产品国际贸易研究中心提供技术支持。

### 6.3.2　验证标准

中国木材合法性验证标准涵盖整个供应链，对森林经营、木材生产加工、木材运输和产品出口的合法性要求均应做出规定。可以根据申请人的需求，对供应链上的任何一家森林经营单位、生产企业、销售企业、进出口贸易公司进行合法性验证。

中国木材合法性验证标准的框架可参照尽职调查体系合法性标准，主要由尽职调查体系、森林经营合法性、林产品生产加工企业合法性及产销链监管要求这四部分组成(表7-1)。尽职调查体系主要根据欧美发达国家的法律要求，建立起一套获取信息、风险评估和风险规避的体系，帮助企业对其采购和使用的木材来源的风险性有清楚的认识，并有效进行规避，是中国木材合法性验证标准的主体。为了有效评估尽职调查体系，合法性验证标准附录中还针对森林经营、供应链和产销监管链制定了具体的标准要求。森林经营合法性指森林经营企业应按照中国法律法规的要求具有合法的森林权属，并依据法律开展营林、采伐、运输等活动。林产品生产加工企业合法性指林产品加工企业具有合法开展经营活动的资质，在采购和生产中只使用合法木材，并在生产过程没有混入非验证或不明来源的木材。产销链监管要求指在木材(包括原料、半成品和成品)的生产和运输过程中没有混入非验证或不明来源的木材。在具体验证审核中，可根据受审核方的类型进行选择，如审核下游家具厂时，可选择按照供应链和产销监管链标准要求进行审核，而不必对来源森林的经营进行审核。当然，如必要时，也可以针对三个环节同时审核。

**表7-1 中国木材合法性验证指标体系框架**

| 标准框架 | 标准主要内容 |
|---|---|
| 尽职调查体系 | 承诺合法采购；职责与权力；证明文件；尽职调查体系的执行监测；尽职调查体系的范围和合法源验证；供应链和材料信息；风险评估；风险规避；声明 |
| 森林经营合法性 | 林地权属；合法注册；依法缴纳税费；合法采伐；环境保护；工人和社区的权利 |
| 供应链合法性 | 合法注册；运输的合法性；贸易的合法性 |
| 产销监管链 | 管理体系；原料的购买；原料的接收和储存；加工；销售；木材合法性声明 |

### 6.3.3 验证审核

验证审核由经中国木材合法性验证管理委员会授权的验证机构开展。验证机构根据合法性验证标准和程序对森林经营单位、林产品生产加工企业、销售和贸易企业等进行验证。其程序主要包括以下7个方面：

(1)合法性验证申请。森林经营单位、林产品生产加工、销售及贸易等企业可以作为申请人，向验证机构提出验证申请，并提交申请材料。

(2)验证申请受理。验证机构收到申请后，在规定时间内完成筛查，决定是否接受申请。

(3)验证审核。合法性验证审核采用文件审核、现地审核和利益方访谈三种方式，审查森林经营单位或供应链上的企业是否建立了相关的管理体系，对木材合法性作了要求并实施有效制度加以保障；是否在实际经营中遵守相关法律法规的要求；是否在生产中实施了相关的制度等。在审核时，确定不符合项，要求企业进行限时整改。

(4)审核报告。编写审核报告，根据标准和审核发现提出严重或轻微不符合项。在最终报告出来之前，交由森林经营单位或生产企业征求意见。

(5)验证决定。验证机构对审核报告和相关证据进行复审，如无意见，做出验证决定。并向通过验证的单位颁发验证证书。并允许在产品外使用验证标识。

验证机构发现获证单位在合法性方面存在着重大情况变化或过错，有权暂停、撤销和注销证书。在获证单位更正并提出申请之后，可恢复和变更证书。

(6)监督审核。每年开展一次监督审核，并在有重大情况发生时，启动监督审核。

(7)再验证。获证单位在验证证书到期之前，提出再验证申请。

#### 6.3.4　验证机构认可

任何机构按照中国木材合法性验证体系开展合法性验证，必须先取得中国木材合法性管理机构的认可。要取得认可，验证机构必须具备以下条件：

①在工商部门注册；

②经秘书处批准；

③具备开展验证的能力，并有相应的验证人员，保证验证工作的顺利开展；

④接受中国木材合性验证的标准和导则，开展合法性验证；

⑤是独立的第三方机构。

验证机构须向中国合法性验证管理机构提出认可申请，并提交相关申请材料。管理机构对材料进行评审，审查申请机构是否具有开展合法性验证的能力，是否具有可靠性和独立性。评审通过后，管理委员会与申请机构签订合同，授权机构在规定范围内开展验证活动。

验证机构应独立公正地开展合法性验证，并根据要求向中国合法性验证管理机构上报验证方面的信息，获证单位的信息及其变化。验证机构如违反许可条件及相关要求，中国木材合法性验证体系有权终止许可。

## 7　中国木材合法性验证标准的制定

### 7.1　标准制定的原则

中国木材合法性验证标准的制定应遵守下列基本原则：

#### 7.1.1　合法性原则

中国木材合法性验证标准的制定应严格遵守我国相关的法律法规，遵从国家有关标准制定的文件规定，符合主管部门关于验证的要求。标准制定和发布的程序也应满足各级部门的相关要求。标准制定和发布的合法性将保证整个标准体系的可信度和公信力。

#### 7.1.2　系统性原则

中国木材合法性验证标准的制定要充分反映木材来源合法性和木材生产流通环节的监管要求，为未来的技术发展提供框架。各项标准是相互关联、相互协调和相互补充的，共同构成合法性验证的有机整体。

#### 7.1.3　科学性原则

中国木材合法性验证标准中各项指标要反映合法性验证的属性，作为评价指标，必须从质和量两方面都可以确定合法性验证的属性。要反映国际和国内公认的合法验证先进技术和思想，借鉴国外先进标准的经验。同时也应提高合法性标准的导向性。

### 7.1.4 可行性原则

中国木材合法性验证标准的制定要符合中国国情和林情，具有可操作性。每项指标能在实践中检测，易于验证和记录，又具有一定的灵活性。同时，验证成本效益应控制好，使之能够被林产品供应链上各企业单位和验证机构所接受和使用。

### 7.1.5 渐进性原则

中国木材合法性验证标准都不是不变的和最终的，而是一个渐进的相对的动态过程。在一个特定时间段内，通常不可能达到完全满意的合法性水平，因此应在实践中逐步提高和完善。木材合法性验证并不是对标准的硬性衡量和执行，而是通过验证最终促进可持续经营和发展。

## 7.2 标准制定的程序

中国木材合法性验证标准的制定应满足一定的程序要求。

### 7.2.1 成立中国木材合法性验证标准制定专家组

(1)由主管部门、了解林产品供应链合法性情况的专家及国家验证认证方面的专家组成，明确工作程序，为标准制定作好物质方面的准备。

(2)确立中国木材合法性验证标准的原则，根据原则成立各专家组，召开专家组第一次会议，讨论标准制定的程序和技术要求，明确分工。

### 7.2.2 起草中国木材合法性验证标准

(1)各专家组按照原则要求收集和整理相关资料，包括评估其他国家现行的木材合法性标准；查阅整理国家相关法律法规；分类整理不同非政府组织和社会团体制定实施的木材合法性验证标准。

(2)根据收集的资料，专家组根据每项原则要求讨论原则应包含的标准和指标，明确中国木材合法性的要求，讨论各种可能出现的问题。参照各类相关标准起草中国合法性验证标准。在标准起草过程中，应保证标准的灵活性、适用性和可行性。

(3)经过内部讨论和修改，完成标准的第一稿。

### 7.2.3 征求意见

标准的第一稿完成后，由中国木材合法性验证标准制定委员会组织咨询工作，邀请国家林业主管部门、森林经营单位、林产品生产加工企业、林产品销售和出口贸易企业、认证验证相关专家、验证认证机构及从业人员审读标准，听取他们的意见和建议。

### 7.2.4 标准修改

根据各方意见和建议，对标准进行修改；形成中国木材合法性验证标准的第二稿。

### 7.2.5 标准测试

在标准提交国家标准化管理委员会批准前，必须针对木材合法性验证标准开展试点测试。测试的最佳人选应该是有经验的林业审核员，再加上 1 ~2 个来自其它部门的观察员。

### 7.2.6　标准再次修改

根据标准测试的结果，对标准再次进行修改，形成中国木材合法性验证标准的上报稿。

### 7.2.7　标准批准

(1)对中国木材合法性验证标准进行公示。

(2)将中国木材合法性验证标准上报给木材合法性验证管理机构进行批准，必要时报请作为行业标准或国家标准发布。

(3)标准在规定时间开始生效。

## 7.3　标准框架体系及主要内容

中国木材合法性验证标准框架体系应包括体系文件和技术规范性文件两个部分，其主要内容见表 7-2。

表 7-2　中国木材合法性验证标准框架体系

| 类别 | 拟制定标准名称 | 标准规范对象和主要内容 |
|---|---|---|
| 体系文件 | 中国木材合法性验证实施规则 | 对木材合法性验证体系各个方面做出规定 |
| | 中国木材合法性验证标识管理办法 | 验证标识的使用管理，包括授权使用、标识使用条件和方式等 |
| | 中国木材合法性验证争议解决机制 | 规定争议和纠纷的解决办法 |
| | 中国木材合法性验证机构管理办法 | 规定验证机构的认可管理 |
| 技术规范类文件 | 中国木材合法性验证指标体系 | 对合法木材的概念、内涵与外延、适用范围、术语与定义、原则、验证标准和主要指标等进行规定和说明。 |
| | 中国木材合法性验证审核导则 | 审核员审核的指导 |
| | 中国木材合法性验证操作指南 | 对验证机构开展合法性认证的指导 |

# 第八章

# 结论与对策建议

## 1 结论

中国政府打击非法采伐的态度明确、立场坚定、措施有力，建立了比较完善的法规及制度，出台了一些针对性强的政策，采取了相应的行动策略，取得了明显成效，并受到国际社会的普遍称赞和认可。但是近年我国迅速成为世界木材产品生产、消费和贸易大国，也遭遇到国际舆论的许多误会与指责。目前欧盟、美国、澳大利亚等国家出台了针对非法采伐的木材条例，要求对投放至该地区或该国市场的木材来源开展有关合法性的尽职调查，并提供合法性证明，这对我国以外贸加工型为主的国际林产品贸易产生了重要影响。针对非法采伐与相关贸易法案，我国需要在林业执法、行业协助、企业规范、科研支持、国际合作以及资源培育等各方面共同努力，特别是要尽快建立中国木材合法性验证体系，以促进森林可持续经营和维护林产品国际市场正常秩序，帮助我国林产品出口企业满足国际市场的需求。

## 2 对策建议

在国际打击非法采伐和相关贸易的大背景下，中国作为一个负责任的发展中大国，已采取了一系列行之有效的措施。中国未来在推动林产品可持续贸易和打击非法采伐方面的构想是：正确处理经济发展与生态保护之间的关系是保护森林资源，遏制木材非法采伐和相关贸易活动的根本。应对非法采伐的原则是遵循发展的原则，在发展经济和保护生态环境之间寻找平衡点，综合分析研究非法采伐的成因、后果（张艳红，2012）。

而国际上有关合法林产品的国际市场需求已对我国企业产生了重大影响与压力。随着欧盟木材法案及其它相关贸易法规逐步实施，越来越多的木材及木制品进口商，已要求木材出口商在木材出口时出具合法来源证明，这对我国的林产品的国际贸易形成巨大压力和挑战。面对这一趋势，中国政府相关部门、行业协会和林产品出口企业应该未雨绸缪，及时调整木材贸易战略，多管齐下，积极应对相关挑战，特别是帮助我国林产品出口企业满足国际市场的需求。由此，提出如下政策建议。

## 2.1　强化国家政策的宏观调控与管理

### 2.1.1　完善合法木材采伐、运输和加工管理制度，实现国产材合法来源的可追溯性和可实证性

从目前主要的非法采伐相关贸易法规来看，均需要开展木材来源的追溯，并提供合法性证明。我国国产材采伐、运输和加工均具有严格的管理与监督制度，并取得了较为良好的执行效果，为实现我国国产材合法来源可追溯性和可实证性打下了良好的基础。虽然有些地方还存在非法采伐现象以及执法不严的情况，总体来说非法采伐木材和来源不清的木材所占比例和风险较低。但从实践看，我国国产材在满足国际市场合法性要求方面仍存在一定的困难，如企业很难收集到合法性证明，很难实现原产地追溯等，建议进一步完善我国的木材采伐、运输和管理制度。

（1）木材的合法采伐。我国大部分木材都纳入到木材采伐证的管理范围，但非规划造林地或非林业用地的木材采伐、活立木枝丫材的采伐也是我国木材的重要来源，但目前各省对这部分木材的要求不一致，有的省份规定这部分木材不受木材采伐证的限制，而另一些省份则需要办理木材采伐证。因此，需要进一步明确“木材采伐证”的办理范围，并对不需办理采伐证的其它“合法木材”的采伐和“合法性”证明作出规范或指导，如规定乡镇林业工作站或当地村委会的证明可作为非林业用地材的合法性证明。

（2）木材的运输管理。目前我国各省木材运输证的应用范围（如原木、人造板、竹材、半成品、枝丫材、组件乃至木制成品），以及木材及木制品运输的县内、省内和跨省运输的规定不完全一致，木材运输证的原产地和产地填写不规范，难以实现木材的可追溯性。应在此基础上建立全国统一管理的、简单易行的木材运输管理制度，要求木材及其制成品显示产品材料的来源、树种及合法性，为提供木材的合法性和可追溯性打下基础。

（3）优化我国森林资源管理和木材运输管理信息服务平台，提高木材合法性管理水平。我国已开发了全国统一的木材运输证管理系统，为实现全国范围的木材监管打下了良好的基础，但也存在与森林资源管理脱节、办证效率低下、缺乏统计分析和信息反馈功能等不足之处。建议应在现有系统的基础上，一是开发电子办证系统和平台，要使各森林资源管理基层单位，如乡林业工作站、资源站、森防站的有

资格人员能在本地直接在线申请与办理，杜绝暗箱操作和行政寻租，并节约办理时间，降低差旅成本，提高工作效率；二是参考福建等省的经验，实现森林资源管理系统和木材采伐运输管理系统的统一，建立省、市、县三级森林资源管理部门不同权限的验证、查询、监控、统计分析和信息反馈。尤其重要的是在办证系统的开发中，必须具备逻辑检查功能。以木材运输证为例，每开出一张木材运输证，必须具备前置相应的采伐许可证(编号)、采伐作业设计文件及其批文(号)、采伐限额和年度木材生产计划指标批文(号)。这样才能做到环环相扣，不会脱节，从而确保避免各种行政行为的漏洞、偏离和问题；三是运用电子政务信息网络平台，对外开放采伐证和运输证的实时查询和追溯功能，以便核实采伐证和运输证的真实性。

### 2.1.2 加强木材采伐运输和加工管理，确保国产材合法性

我国建立了完善的执法监督机构。全国设置了森林公安局、各级林业行政部门和公安机关，依法打击有关森林非法活动；同时，各地木材检查站负责检查运输中木材的有关证明，截获非法采伐木材，协助森林公安机关破获重大案件。但从实践看，也存在一些问题，在采伐方面存在超限额采伐、林木采伐许可证发放不规范，无序无证采伐的现象；在运输管理方面，运输证管理不规范，与采伐许可证办理脱节，因交通道路的发达，传统的木材检查站不能满足新时期对木材监管的要求等问题；在加工管理方面，对企业监管不力，很多加工厂内部没有规范的管理制度，不设原料台账，大量收购无证木材等。

我国应健全森林法治，完善合法木材采购、运输和加工管理制度，加强林业管理，确保我国木材及木材产品生产的合法性。对森林资源限额采伐一定要严格，要控制森林采伐数量、过度浪费与消耗，各部门要严守职责，控制好各环节的审批工作；加大运输证的管理力度，加强流动检查站建设，创新管理模式；规范对木材加工企业监管机制。各木材加工企业购进原材料和产品销售要按规定建立台账，做到专人管理，各职能部门将不定期对加工企业进行核查。收购台账必须详细记载木材来源、采伐许可证号码、收购日期等。未按要求建立台账的，加工成品不予办理出口手续，加工许可证不予年审；强化木材加工经营许可证管理。凡取得木材加工经营许可证资格的企业，必须严格按照国家法规和相关管理办法的有关规定，不得擅自改变经营加工名称、地点、范围及加工方式。

### 2.1.3 建立我国木材合法性验证体系，提高我国林产品合法性的可信度

如何验证合法和非法木材是解决非法采伐及相关贸易问题的关键，要做好木材合法性评估和验证工作，积极推进木材来源证明、木材跟踪和供给链管理。我国具有严格的木材采伐和运输管理制度，应是我国木材“合法”身份的最可信的证明。但从国际上说，林产品的合法性还需要第三方的验证，或企业的实地验证，来提高其可信度，因此我国还应根据国际的要求，发展我国的木材合法性验证体系，提高我国林产品合法性的可信度。

我国已提出建立我国木材合法性验证体系框架：一是建立以政府为主导的木材合法性认证体系。由于我国木材运输证的办理需要提供木材采伐证和其它合法性证明，原则上“一证”即可证明木材的合法性。因此，可考虑完善目前的木材运输证管

理体系，将进口材的合法性证明纳入到我国木材运输管理制度，补充有关木材及其制成品的材料来源、树种及合法性(如采伐许可证(编号)等信息，实现可追溯性，将其直接作为中国木材及木制品的合法性证明，成本低，可操作性强。必要时，建立专门针对出口木材及木制品运输证的管理制度和办理要求(如木材来源、树种等信息以及合法性证明)，注明该批木材或木制品的合法性，并授权具有资质或省级以上的林业管理部门审核发放；二是建立以市场为主导的第三方合法性认证体系，提高可信度。包括根据国际市场要求，建立适合中国国情林情且能够有效应对国际木材合法性要求的木材合法性评估标准，木材来源合法性的认证程序和办法；建立木材合法性管理及许可证发放机构，直接或认可相关的验证机构开展验证审核，发放木材合法性证书，提高我国合法木材的可信度。企业可以在自愿的基础上开展合法性验证，在条件成熟时，也可作为我国外贸型木材加工企业的强制要求。

### 2.1.4　出台有关木材合法性贸易政策或法规，加强木材合法性贸易管理

林业政策是国家政策的重要组成部分，是政府在林业方面的施政目标，主要根据森林资源状况、国民经济发展状况及林产品国际需求来制定，并随国内外形势的变化而进行调整。欧盟及成员国热衷可再生能源计划，鼓励绿色建筑项目、生态创新项目；制订应对气候变化的政府行动，推广森林碳经营计划；重视企业社会责任，平衡企业与环境的关系；实施 FLEGT 及木材条例强调木材来源的合法性，促进森林可持续经营和多功能林业发展。从林产品贸易来看，推行合法或可持续的林产品贸易政策已成为国际林产品贸易发展的潮流与趋势。

欧盟木材法案、美国雷斯法案修正案以及澳大利亚禁止非法木材法案等针对非法采伐所获木材的贸易法规的出台，对包括本国市场在内的国际林产品贸易形成了很大冲击，从某种程度上也体现了这些国家制止非法采伐，推行绿色国际林产品贸易的努力。我国是林产品生产、消费和贸易大国，国际贸易额巨大，每年进口大量木材和出口较多木材加工产品；但木材来源复杂，难以保证进口木材的合法性，其中部分被认为是“非法木材”，而受到国际社会的批评和指责，导致进口木材加工产品出口时遭遇到国际贸易摩擦的风险加大。从国际发展的大环境和负责任大国的角度出发，我国也应考虑制定类似于这些法案的具有约束力的合法林产品贸易法规或不具约束力的贸易指南，对我国生产或销售的林产品的木材来源作出要求或规范，适时开展相关执法，使我国在林产品对外贸易中发挥主动权。

从短期看，此法规或指南将对我国林产品企业的生产形成一定的障碍或困难，但从长期来看，可以树立我国负责任林业大国的形象；加强我国林业法规的实施，推动我国森林的保护和经营，提高我国企业合法经营的意识，增强国际市场竞争力，更好地适应国际林产品贸易环境的变化与要求。

### 2.1.5　完善合法或可持续性林产品的鼓励政策，发展绿色林产品贸易市场

公共采购政策一直是合法或可持续认证林产品需求的重要驱动力和主要激励机制。八国峰会的领导人已达成共识，他们将仅采购来自合法或可持续经营的森林的林产品。在欧盟，公共采购的价值高达 70 亿欧元，占欧盟 GDP 的 11%。

2003 年我国颁布实施《政府采购法》，对一些公共产品实行公开投标和公共采购

政策，为将合法或认证林产品纳入政府公共采购优先领域打下了基础。目前有关节能认证和信息安全产品的CCC认证属强制性政府采购认证，而对环境标志认证产品则实施优先采购政策。环境保护部日前又启动了低碳产品认证。森林认证产品属于低碳环保类产品，但目前合法或森林认证产品还未被纳入我国政府采购标准和清单范围之内。我国应借鉴国际经验，积极将合法或认证林产品纳入到公共采购政策标准中，推动认证林产品在公共采购中的应用(徐斌，2011)。另外，应将优先采购政策切实落实到位。

## 2.2 加强行业引导和企业自身能力建设

### 2.2.1 充分发挥行业协会的行业引导作用，积极应对国际市场新政策

行业协会作为行业内企业界的代表，应充分发挥行业规范、行业自律、行业监管职能，引导企业做好准备。首先，做好主要木材生产国森林经营合法性的监测工作，及时搜集分析木材合法性来源的信息，为企业获取合法木材提供技术支持和指导。其次，为国内企业及时发布国际非法采伐相关贸易法规的最新进展，在过渡期间提供相关知识培训，提高企业对相关法案的认知和应对能力。再次，做好法律援助等配套服务。木材条例实施后，相关贸易纠纷可能涌现。为此，中国林业产业联合会、林产工业协会应针对木材条例，预先拟定应诉工作方针政策和措施，指导企业熟悉相关法规、诉讼程序，做好应诉准备工作，调动企业应诉积极性，提高应诉成功率。

### 2.2.2 加强企业自身木材供应链管理和能力建设，满足国际市场新要求

根据国际市场需求，我国企业也应积极应对，加强自身能力建设，了解相关贸易法规的要求，制定林产品采购政策，建立木材来源追踪体系与尽职调查体系，加强木材供应链管理，并根据国际市场的具体要求，选择必要的应对工具，如开展合法性验证、森林认证或参加NGO的倡议等。企业内部的木材来源追溯体系和尽职调查体系通常包括如下几个部分：木材采购计划、产销监管链体系、木材原产地监控系统、内部审计程序及报告反馈机制，确定木材来源的原产地，收集合法性证明，并对合法木材和非法木材加以区分和鉴别。从内部监管来说，采购部要对木材供应商进行筛选和管理，确保木材来源的追溯性和满足采购政策的要求；仓管部从仓库负责材料的接收、仓储、发运等环节，确保木材来源的追溯性；制造部可通过木料卡等手段，确保生产木材的合法性和安全性。

### 2.2.3 企业要加强“内功”的修炼，促进可持续发展

中国企业境外森林资源开发行为和林产品贸易行为要符合所在国的规定，中国政府有必要编制企业境外森林资源开发和林产品国际贸易规范指南，对企业境外森林资源开发和林产品国际贸易进行指导，使企业的资源开发行为和贸易行为能促进资源出口国的森林可持续经营和当地人民的脱贫致富，避免对森林的破坏。当遇到产品认证等贸易壁垒时，企业要采取措施积极应对，出口企业要在继续扩大对欧美出口的同时，及时调整出口产品结构和开拓新兴市场，避免过分依赖欧美市场。同时要积极推行“绿色”理念，增加产品的附加值，在林业企业文化中融入环境保护理

念，从而使林业产业形成“绿色核心竞争力”，以消除欧美等发达国家的“绿色壁垒”，最终促进林产品行业的可持续发展。

## 2.3　强化科研的决策和技术支持

### 2.3.1　继续开展国际贸易政策研究，提供决策和技术支持

针对国际市场所出现的绿色林产品贸易趋势，以及一些国家出台的其它贸易壁垒措施，科研机构应积极开展研究，为国家出台相关政策和应对措施提供决策和技术支持。一是继续跟踪有关合法木材的国际林产品贸易政策发展动态，把握最新政策及影响，及时传递给政府部门和有关各方；二是在欧盟已与部分国家开展 VPA 谈判，并将 FLEGT 标签的木材视为可以进入欧盟市场的合法木材的背景下，应开展 VPA 案例剖析、挖掘国际经验和启示，研究中国合法性验证体系加入 VPA 的优缺点、存在的风险及可行性；三是为发展中国家木材合法性验证体系提供技术支持，包括体系的设计、标准和相关规则的制定等；四是提供国家级森林资源与木材采伐运输管理信息平台更新和维护技术支持；五是继续做好相关贸易法规和贸易壁垒的应对策略研究，及时提出有建设性的政策建议，探讨与欧盟及其它贸易伙伴交流合作时满足其提出的一些合理性要求的谈判口径及具体预案，为政策调整和贸易谈判提供决策支持与重要参考。

### 2.3.2　加强供应链管理和追踪技术开发，为企业提供技术和咨询服务

针对企业目前在满足国际市场合法性要求中所出现的难点，科研单位应加强企业供应链管理和追踪技术研发，提出简单易行的、可操作的技术指南，包括针对各种应对工具和措施的技术体系；在分析各国木材生产、运输和加工管理相关法律法规的基础上，提出各国木材合法采购指南，并为企业提供技术和咨询服务，帮助企业满足国际市场的要求。

## 2.4　深化相关领域的国际交流与合作

### 2.4.1　积极参加多边合作与交流，阐明中国政府的立场与行动

中国是国际林产品贸易的重要驱动者和全球产业链的主要参与者，应积极同其他国家和地区开展多边、双边广泛合作，共同开展木材合法性研究与实践，提升林产品贸易大国的形象和调节能力，保证所交易的林产品是来源合法的产品。在联合国森林论坛、FLEG 以及中国所加入的政府协议框架下，与森林资源出口国、政府间国际机构和非政府环保组织建立对话机制，定期就森林贸易中存在的非法采伐等问题进行磋商，坚决打击木材非法采伐与贸易，维护林产品国际市场正常秩序，促进全球经济健康发展，树立我国良好的政治形象。一是与主要贸易伙伴加强在林业管理、非法采伐及林产品贸易方面的双边合作，协调海关获悉彼此所掌握的木材进出口信息，交流公共采购政策、林业政策法规等方面的经验。二是积极宣扬我国在打击非法采伐方面的政策和措施，提升我国林产品贸易大国的形象。

### 2.4.2　加强与木材生产国的联系与合作，确保进口木材的合法性

与我国主要的木材资源出口国，如俄罗斯、马来西亚、加蓬、巴布亚新几内亚

等，加强联系与合作，了解该国木材生产和运输管理的法律法规要求，确定该国合法木材所需的证明，建立国际木材合法性证明互认制度或制定进口国合法木材采购指南。通过这一体系，使每一批进口的木材都附有资源国的木材来源合法性证明，降低我国企业使用非法采伐的木材的风险。

### 2.4.3 开展与林产品出口主要贸易国的谈判，提高我国政策和措施的认可度

针对主要贸易国出台的有关木材合法性的贸易法规，我国应通过签署双边合作备忘录或现有的双边合作机制，积极开展谈判，消除该国贸易政策中的不合理因素，提高我国政策和措施的认可度，为中国木材贸易的正常发展创造更加有利的国际环境。

一是通过现有的合作机制，与主要的贸易国如欧盟、美国、澳大利亚、日本就打击非法采伐开展合作，了解相关贸易法规的操作细节，对该国贸易法规的不合理部分提出质疑和要求，就具体措施进行磋商，避免和减少林产品出口中的贸易壁垒和摩擦，并通过合作项目等形式落实达成的协议。

二是解读我国木材生产、运输和加工管理的相关制度，力证我国国产木材非法采伐的低风险，尽量减轻企业开展木材来源风险评估和风险规避措施的难度，使我国生产的木材和木制品被国际市场所认可。早在1998年中国就实施了较为严格的森林可持续经营政策，某些政策措施实施的力度强于发达国家，尤其体现在天然林禁伐和木材采伐限额等方面。目前，中国将木材作为战略储备资源，大规模构建速生丰产用材林基地，降低木材供给的对外依存度。因此，我国可以考虑就国内速生丰产林木材管理问题与欧盟加强磋商，如果能达成协议，就等于为国内速生材进入欧洲市场获得了一份永久性的合法来源证明。还有一些供应链复杂、很难实现完全追溯、利用速生材生产的人造板类产品原料，也可与欧盟等国进行磋商，直接作为低风险原料在产品上使用。

三是就我国发展的森林认证体系和自己的木材合法性技术标准或合格评定程序与世界各主要贸易伙伴达成互认机制，使得我国的森林认证体系和木材合法性验证体系为主要贸易国所接受，与该国的木材合法性贸易法规达成技术的一致性，形成真正意义上的多边合作互信体系。

### 2.4.4 各国林业部门建立国际木材合法性联合认定体系

政府是各项国家政策的制定者和执行者，应该充分发挥各国政府打击木材非法采伐与贸易的重要作用。首先“非法”和“合法”的界定必须有“法”依，必须由相关的所有国家制定出完善的法律，明确哪些森林不能采伐，哪些行为属于非法采伐，哪些木材产品属于非法林产品。只有这样，依靠法律才能从根本上打击对森林的非法采伐。其次鉴于当前森林认证的标准体系存在一定的争议，且普遍推行具有很大的难度，同时要实现国内外森林认证标准的互认还有很长的道路，建议由政府主导建设国家木材合法性认定体系，才能具有权威性和可操作性。考虑到短时间建立所有国家的联合认定体系存在一定困难，可以选择我国主要木材进口国和林产品出口国建立联合认定体系，逐步推广。中国政府可以同供应国签署有关林业问题的贸易协议等措施，鼓励购买商进口合法并可持续经营的木材，加工企业使用合法和来自

良好经营的森林木材。这将有利于树立中国负责任的规范林产品贸易的大国形象，也将有利于促进林产品供应国的合法采伐和森林的良好经营，有利于稳定中国和世界的木材市场，促进森林的可持续经营。

### 2.4.5　促进木材生产国和供给国森林可持续经营和执法能力

非法采伐主要发生在木材生产阶段，是导致森林资源浪费和破坏的直接行为，木材生产国的森林可持续经营和执法能力尚存在一定缺陷。一是帮助对东盟及非洲、大洋洲一些木材生产国提供人员培训，加强这些国家森林资源管理者的素质和管理水平，协助他们建立完整的森林资源档案，评估本国的森林非法采伐状况和程度。二是协助依赖森林为生的社区居民脱贫，保证居民使用和买卖林产品的权利得到尊重，尤其是贫困人口应享有从其森林资源中获利的机会。三是积极参与双边和多边合作，通过与木材出口国交换进出口数据和产品单证，建立木材追踪系统和其他有效方法，杜绝非法木材出口，禁止伪造出口文件和打击木材走私犯罪。

木材进口国和消费国是国际林产品市场的重要驱动者和全球产业链的主要参与者，首先政府有必要对林产品进口商、零售商和消费者进行广泛宣传，并采取必要措施避免非法的、对社会有害的且不可持续发展的林产品贸易；其次是制定和实施绿色采购政策、鼓励进口合法木材，确保加工企业使用合法和可持续经营的森林资源，保证所交易的林产品是来源合法的产品；第三是积极推进木材监管体系建设，加强与木材出口国在林业管理、非法采伐及林产品贸易方面的双边合作，协调海关木材进出口信息。

## 2.5　加强国内森林资源的培育与木材行业的调整

近年我国迅速成为世界木材产品生产、消费和贸易大国，也遭遇到国际舆论界对中国进口非法采伐木材的许多误会与指责。目前我国进口材的市场依存度已达到50%左右。从长远来看，我国应大力培育我国的森林资源，加强森林执法与管理，提高森林质量和森林生产力，加大我国国产材的供应和比例，才能从根本上解决我国的木材供应不足和国际上的压力，保障我国的生态安全。

中国面临的国际非法采伐压力不仅来自外部，也有自身的原因，其中最突出的是木材产业自身低层次发展模式的影响。随着经济贸易全球化，林产品生产贸易体系也充分地全球化，由于各国所处的地位和发挥的作用均不同，逐步成了东南亚、俄罗斯等国为原料供给国，中国为中间加工厂，北美和欧洲为进口消费国的世界林产品生产与贸易格局。中国木材产业的发展总体上表现为两头在外的加工贸易模式。从长远看，这种贸易模式不利于中国木材产业竞争力的形成。首先，加工贸易使中国木材产品出口企业只能获得微薄的加工费用，大部分产业利益都流向最终产品消费国家(主要是欧美等发达国家)；其次，贴牌式生产活动是中国木材加工贸易的重要特征，中国木材产品很难形成自主品牌，不仅在贸易利益的分配上处于不利地位，而且在经营主权上也要受制于人。从战略上讲，长期依赖加工贸易，会使中国木材产业陷入价值链的低层次连续，阻碍中国木材产业竞争力的形成和产业自主能力的形成；再次，加工贸易模式很容易让木材产品的最终消费者，把本应自身承担的国际非法采伐责任转嫁给中间加工生产者，也就是转嫁到中国木材生产者身上，从而形成木材产品的部分最终消费者在享受加工环节创造的福利的同时，反过来却指责加工生产者助长非法采伐的悖理现象。因此，改变中国木材产业低层次的发展模式，优化木材产业结构，提高木材产品附加价值，实现自主品牌建设，则是中国从产业自身视角摆脱国际非法采伐指责压力的一个战略性的选择。

# 参考文献


Australian Government. 2011. http://www. daff. gov. au/forestry/international/illegal-logging.

Bureau Veritas China. 2013. 体系认证服务. [2013-03-22]. http://www. bureauveritas. cn/wps/wcm/connect/bv_cn/local/home/about-us/our-business/certification.

Charles E, Palmer. 2004. The extent and causes of illegal logging: an analysis of a major cause of tropical deforestation in Indonesia, Economics Department University College London ISSN.

Chatham House. 2012. COMMUNITIES, LIVELIHOODS & LOST REVENUE http://illegal-logging. info/approach. php? a_id =55.

Christopher Carden etc. 2012. FLEGT, VPA, EUTR and their possible impact on the Bolivian timber Sector.

DAFF. 2013. International Developments in Trade in Legal Timber(booklet).

DAFF. 2011. Regulation Impact Statement: Australian Government policy on illegally logged timber.

Duncan Brack. 2010. Controlling Illegal Logging: Consumer-Country Measures, Chatham House.

Duncan Brack, Katharina Umpfenbach. 2009. Deforestation and climate change: Not for Felling, Chatham House.

EFI. 2011. Support study for development of the non-legislative acts provided for in the Regulation of the European Parliament and of the Council laying down the obligations of operators who place timber and timber products on the market.

EU. 2012. COMMISSION IMPLEMENTING REGULATION ((EU))No 607/2012 of 6 July 2012 on the detailed rules concerning the due diligence system and the frequency and nature of the checks on monitoring organisations as provided for in Regulation ((EU)) No 995/2010 of the European Parliament and of the Council laying down the obligations of operators who place timber and timber products on the market.

EU. 2010. REGULATION ((EU)) No 995/2010 OF THE EUROPEAN PARLIAMENT AND OF THE COUNCIL of 20 October 2010: laying down the obligations of operators who place timber and timber products on the market.

European Commission. 2007. FLEGT breifing note: Legality assurance system: Requirement for verification.

FAO. 2011. State of the World's Forests. FAO Forestry Food and Agriculture Organization of the United Nations Rome,.

FLEGT 亚洲项目. 2011. FLEGT 简介.

FLEGT 亚洲项目. 2011. VPA 简介.

FLEGT 亚洲项目. 欧盟木材法案将于 2013 年 3 月 3 日起执行. 2011.

FSC. Facts and Figures December 2012 [EB/OL]. ((2012-11-15)). [2012-12-18]. http://ic.fsc.org/facts-figures.19.htm

George White, Darius Sarshar. 2006. 负责任的林产品采购 世界自然资金会全球森林贸易网.

GFTN. 2012. http://gftn.panda.org/.

IKEA. 2008. IWAY 林业标准.

Illegal Logging Prohibition Act 2012(No. 166),2012.

Illegal Logging Prohibition Amendment Regulation, 2013(No. 1). Select Legislative Instrument No. 88.

Illegal Logging Prohibition Bill, 2011.

ISO. 2013. What is conformity assessment. [2013-03-20]. http://www.iso.org/iso/home/about/iso_members.html

IUCN, Forest Trend. 2009. 森林执法、施政与贸易简报及相关材料汇编.

IUCN. 2012. 制止非法采伐及相关贸易活动[EB/OL]. ((2008-03-05)). [2012-07-25]. http://cmsdata.iucn.org/downloads/ch_1_7.pdf

Luca Tacconi, Marco Boscolo, Duncan Brack. 2003. National and International Policies to Control Illegal Forest Activities. A report prepared for the Ministry of Foreign Affairs of the government of Japan.

NEPCon. 2013a. The LegalSourceTM Due Diligence System. [2013-08-11]. http://www.nepcon.net/5174/English/Certification/Timber_legality_services/Due_diligence_system/

NEPCon. 2013b. The LegalSource Standard. [2013-08-11]. http://www.nepcon.net/5341/English/Certification/Timber_legality_services/The_LegalSource_Standard/

Paul Toyne, Cliona O'Brien, Rod Nelson. 2002. 八国集团和中国的木材采购之路.

PEFC. 2012. PEFC COUNCIL INFORMATION REGISTER: Statistical figures on PEFC certification [EB/OL]. [2012-12-18]. http://pefcregs.info/statistics.asp

RA. 2012. http://www. ra. org/forestry/verification/legal.

RainforestAlliance. 2010. SmartWood Generic Standard for Verification of Legal Origin (VLO)(Version 3). [2011-01-15]. http://www. rainforest-alliance. org/forestry/documents/vlo_standard. pdf

Rainforest Alliance. 2011. Rainforest Alliance Standard for Verification of Legal Compliance (VLC) in People's Republic of China. [2011-12-10]. http://www. rainforest-alliance. org/sites/default/files/uploads/3/VER－26_RA_Standard_for_Verification_of_Legal_Compliance__VLC_%20in%20CHINA%2022JUL11. pdf

Russell A. Mittermeier, Christoph Schwitzer, Anthony B, etc. 2010. Primates in Peril: The World's 25 Most Endangered Primates 2012 － 2014 ,IUCN

Sam Lawson, Larry MacFaul. 2010. Illegal Logging and Related Trade, Indicators of the Global Response, Chatham House

Saskia Ozinga, Nathalie Faure, Tom Lomax, Feja Lesniewska and Indra van Gisbergen. 2011. VPA Update November 2011, EU Forest Watch November 2011

SCS Global Service. 2013. Responsible forestry certificates. [2013-03-22]. http://www. scsglobalservices. com/responsible-forestry-certificates#timber-legality

SGS. 2013. Timber traceability and legality. [2013-03-22]. http://www. sgs. com/en/Public-Sector/Monitoring-Services/Timber-Traceability-and-Legality. aspx

Stephen Mitchell. 2012. Australian Illegal Logging Prohibition Legislation. Timber Development Association.

Technologies for Wood Tracking － Verifying and Monitoring the Chain of Custody and Legal Compliance in the Timber Industry, Environment and Social Development East Asia and Pacific Region Discussion Paper, World Bank, Washington DC.

TFT. 2013. About our projects: How TFT changes product stories. [2013-03-22]. http://www. tft-forests. org/pages/? p＝6040

Timber Trade Federation. 2010. Background to the RPP. London: Timber Trade Federation Responsible Purchasing Policy Document 4.

Timber Trade Federation. 2010. UK Timber Trade Federation's Responsible Purchasing Policy.

TTF. 2010. Responsible Purchasing Policy (RPP). [2013-11-21]. http://www. ttf. co. uk/Environment/Responsible_Purchasing_Policy. aspx

World Bank. 2002. The Challenges of World Bank Involvement in Forests: An Evaluation of Indonesia's Forests and World Bank Assistance, World Bank

WWF. 2013. Practical information. [2013-04-20]. http://gftn. panda. org/practical_info/

陈绍志,周馥华,李剑泉等.2012. 欧盟自愿伙伴关系协议(VPA)进程案例分析[J]. 林业经济,(7):78～84.

陈勇, 林忆芯, 宿海颖等. 2012. 中国木材合法性认定体系研究[M]. 北京:中国林业出版社.

陈勇,宿海颖等.2011. 非法采伐与林产品贸易.2010 世界林业热点问题. 北京:科学出版社.

陈勇等 . 2011. 中国木材合法性认定体系 . 中英合作项目项目报告 .
付建全,田禾 . 2011. 打击木材非法采伐及相关贸易国际合作——中国在行动[J]. 中国林业产业,(11):64 - 64.
国家林业局 . 2011. 2011 年中国林业发展报告[M]. 北京:中国林业出版社 .
国家林业局 . 2012. 中国政府保护全球森林资源打击非法采伐立场坚定[EB/OL]. ((2007-06-05)) . [2012-07-25] . http://www.gov.cn/wszb/zhibo76/content_636631.htm
国家质量监督检验检疫国家质检总局 . 2001. 强制性产品认证管理规定 . [2013-03-12] http://www.cnca.gov.cn/cnca/rdht/qzxcprz/flfg/193003.shtml
国家质量监督检验检疫总局 . 2011. 认证机构管理办法 . [2013-03-12] . http://www.aqsiq.gov.cn/xxgk_13386/jlgg_12538/zjl/2011/201210/t20121015_235117.htm
湖南省浏阳市大围山镇人民政府 . 2012. 关于加强森林资源管理的若干规定[EB/OL] . (2010-4-26) . [2012-08-26] . http://www.liuyang.gov.cn/detail.php? id = 00616223/2011 - 0016
李剑泉,侯建筠,陈勇等 . 2010. 雷斯法修正案实施后中国企业的应对策略[J]. 世界林业研究,23(3):77 ~ 80.
李剑泉,陆文明,李智勇等 . 2007a. 打击木材非法采伐的森林执法管理与贸易国际进程[J]. 世界林业研究,20(6):67 ~ 71.
李剑泉,陆文明,李智勇等 . 2007b. 中国木材资源利用管理政策体系[J]. 林业科技,32(5):67 ~ 70.
李剑泉,陆文明,李智勇等 . 2008. 中国森林执法管理与贸易的国家进程[J]. 北京林业大学学报((社科)),7(1):32 ~ 37.
李剑泉,周馥华,陈绍志等 . 2011. FLEGT 进程对多功能林业发展的影响及启示[J]. 林业经济,(9):91 ~ 96.
李剑泉,周馥华,陈绍志等 . 2011. FLEGT 进程对多功能林业发展的影响及启示[J]. 林业经济,(9):91 ~ 96.
林凤鸣,罗信坚 . 2009. 2008 年我国主要林产品贸易分析 - 出口篇[J]. 中国人造板,(9).
涂方祥,管仲连. 2005. FSC 国际森林认证操作指南[M]. 北京:化学工业出版社 .
王虹等译 . 2009. 森林认证手册(第二版)/(美)纽斯邦姆(Nussbaum R. ),(芬)赛缪拉(Simula M. )著 . 北京:中国林业出版社 .
王志高 . 2013. 森林资源监督管理工作手册 . 北京:中国林业出版社 .
徐斌 . 2012. 森林认证对森林可持续经营的影响研究 . 林业经济:(2): 28 ~ 32.
徐斌 . 2011. 政府在森林认证中的作用探讨 . 世界林业研究,24(6): 1 ~ 5.
印中华,李剑泉,田禾等 . 2011. 欧盟木材法案对林产品国际贸易的影响及中国应对策略[J]. 农业现代化研究,(5): 537 ~ 541.
印中华,李剑泉,田禾等 . 2011. 欧盟木材法案对林产品国际贸易的影响及中国应对策略[J]. 农业现代化研究,(5): 537 ~ 541.
曾寅初, 曾伟, 秦光远 . 2012. 木材合法性贸易要求对我国木业企业的影响 . 林业经济[J],(5): 39 - 43.
张力 . 2012. 林业法规与执法实务 . 北京:中国林业出版社 .

张艳红.2012. 中国政府打击国际木材非法采伐与贸易相关政策[EB/OL].((2009-09-17)).[2012-07-25]. http://www. cfcn. cn/cmc2/download/1-1Zhang%20Yanhong-Chi. pdf
张中田,罗信坚等.2012. 中国主要林产品进出口贸易分析[J]. 林业经济,(8).
中国国务院.2003. 中华人民共和国认证认可条例(第390号).[2013-03-11]. http://law. lawtime. cn/d646882651976. html

# 附　　录

# 附录1

# 美国雷斯法案修正案

## 1.1 雷斯法案修正案条文

《美国法典》第16卷第3371至3378节：雷斯法案2008年5月22日通过修订。

**第一条［《美国法典》第16卷第3371节］定义**

根据本法案立法目的：

(a)“鱼或野生动物”是指任何野生动物，不管是活着还是死的，包含但是不限于任何野生哺乳类、鸟类、爬行类、两栖类、鱼类、软体类、甲壳类、节肢类、腔肠类和其他无脊椎动物，不管是否有能力呼吸、孵化或者生产，同时也包括任何切部、产品、卵或者相应孳息。

(b)“进口”是指着陆、携带、引进美国管辖的任何地方，不管这些着陆、携带、引进等行为是否符合美国海关法的进口。

(c)“印第安部落法”是指印第安部落或者联合部落——仅仅限于美国法典第18卷第1151节所界定的印第安地区——的所有规章或者行为规范。

(d)“法律”、“公约”、“规章”和“印第安法”是指有关规范取得、拥有、进口、出口、运输或者出售鱼类、野生动物和植物的法律、公约、规章和印第安部落法。

(e)“人”包括自然人、合伙、协会、公司、信托，或者联邦政府、各州或者其相应的政治机构里的任何官员、雇员、机构、部门或者任何组成成分，或者其它受到美国法律管辖的实体。

(f)植物：

(1)一般而言，“植物”或者“植物群落”包括植物界所有野生组成部分，包括根茎、种子、切部和相应制品，包括所有不管是天然起源还是人工起源的林木。

(2)例外。“植物”或者“植物群落”概念不包括：

(A)普通培育林(除了林木)和农作物(包括根茎、种子、切部，或者产品本身)；

(B)不包括用于实验室或田间研究的基因种质资源的科学标本；

(C)移植或者更新的植物。

(3)不适用例外的情况。(2)段中(A)、(B)两段不适用，如果涉及的植物被列入：

(A)《濒危野生动植物种国际贸易公约》(CITES)的名录；

(B)《濒危物种法》所规定的濒危或者受到威胁的物种(1973年(《美国法典》第16卷第153节起)；或者

(C)依据任何一州法律属于受保护且濒临灭绝的本土物种。

(g)禁止的野生动物物种是指狮子、老虎、美洲豹、猎豹、美国虎、美洲狮的活体，或上述物种杂交所得的活体。

(h)“部长”是指，除了本法案所注明之外，根据《机构重组方案(84 Stat. 2090)》1970第4条确定其职责的内务部部长或者商务部部长，以及在涉及植物进出口时，也指农业部部长。

(i)“州”是指各州、哥伦比亚特区、波特黎哥、维京岛、关岛、北马里亚纳群岛、美属萨摩亚，以及属于美国的所有其他领土、邦联、占据的地方。

(j)取得和取得行为：

(1)取得。是指捕猎、捕杀，或采集，针对植物而言，还包括收割、采摘、采伐、搬运等。

(2)取得行为。是指“取得”鱼类、野生动物或者植物的所有行为。

(k)“运输”是指所有方式的搬运、传带、携带或者航运，或者为了搬运、传带、携带或者航运为目的的交付或者接收。

**第二条［《美国法典》第16卷第3372节］禁止的行为**

(a)标识之外的违法犯罪行为

任何人实施下列行为均为违法犯罪：

(1)进口、出口、运输、销售、接收、获得或者出售任何鱼类、野生动物或者植物，而之前这些鱼类、野生动物或者植物的取得、持有、运输、出售违反了美国法律、规章、公约或者违反任何印第安部落法。

(2)在州际或者涉外商务中进口、出口、运输、销售、接收、获得或者出售：

(A)任何鱼类或者野生动物，而之前这些鱼类、野生动物或者植物的取得、持有、运输、出售违反了美国法律、规章或者违反任何外国法；

(B)任何植物，其取得、持有、运输、出售违反美国各州法律或者规章，或者任何外国法，这些法律是保护植物或者规范下列行为的：

(I)盗窃植物；

(II)从公园、森林保护区或其他官方保护区取得植物；

(III)从官方指定地区取得植物；

(IV)没有获得官方许可或者与官方许可相背而取得植物。

(i)取得、持有、运输，或出售植物活动没有按照美国各州法律规章或者外国法缴付税费等；

(ii)取得、持有、运输，或出售植物活动违反了美国各州或者其它国家关于出口或者转运植物的法律。

(C)任何禁止的野生动物种类(根据本节(e)款)

(3)美国有权管辖的陆地和海洋物种管辖范围里(《美国法典》第18卷第7节)：

(A)获得任何鱼类或者野生动物，而之前这些鱼类、野生动物或者植物的取得、持有、运输、出售违反了美国各州法律、规章或者违反任何外国法或者印第安部落法；

(B)占有植物，其取得、持有、运输、出售违反美国各州法律或者规章，或者任何外国法，这些法律是保护植物或者规范下列行为的：

(I)盗窃植物；

(II)从公园、森林保护区或其他官方保护区取得(taking)植物；

(III)从官方指定地区取得植物；

(IV)没有获得官方许可或者与官方许可相背而取得植物。

(i)取得、持有、运输、出售，没有按照美国各州法律规章或者外国法，缴付税费等；

(ii)取得、持有、运输、出售，违反美国各州法律规章或者外国法关于出口或者转运植物的法律。

(4)试图实施(1)至(3)所界定的行为

(b)标识犯罪

任何人在州际贸易中，进口、出口或者运输装载鱼类或者野生动物的集装箱或者包装，均属犯罪行为，除非这些集装箱或者包装事先已经按照本法案第33767(a)节中的第(2)款的规定明确了标识、加贴了商标或标签。

(c)出售或者购买引导、装备或其它服务，无效执照和许可证

(1)出售。任何人如果为了牟利或其他目的，即为了非法取得、获得、接收、运输或者持有鱼类或者野生动物，而实施下列行为，则将视为违反本法案出售鱼类或者野生动物：

(A)提供或试图提供引导、装备或其它服务；或者

(B)捕猎或者捕捞执照或者许可证。

(2)购买。任何人如果为了牟利或其他目的，即为了非法取得、获得、接收、运输或者持有鱼类或者野生动物，而实施下列行为，则将视为违反本法案收购鱼类

或者野生动物：

(A)提供或试图提供引导、装备或其它服务；

(B)捕猎或者捕捞执照或者许可证。

(d)虚假标识行为

任何人只要制造或递交有关鱼类、野生动物或者植物的虚假记录、报告或者标签，或者任何虚假确认证明，或者预备实施下列行为，将属于违法犯罪行为：

(1)已经或计划从国外进口、出口、运输、销售、购买，或接收的鱼类、野生生物或植物。

(2)在州际或对外贸易中运输的鱼类、野生生物、植物。

(e)禁止野生物种违反犯罪的例外

(1)一般而言，本节(a)2(C)不适用于第(2)段中描述的"个人"进行进口、出口、运输、销售、接收、获得，或购买违禁野生生物种中的动物，这些违禁野生生物种在第(3)段中给予规定。

(2)"个人"的界定。在本段中所说的"个人"是指：

(A)获得动植物检疫局或者相关物种管理部门的许可、登记注册或检查；

(B)州学院、大学或者机构，或者获得州许可的野生动物收容者或者兽医；

(C)被认可的照顾禁止野生物种的野生动物收容所，而且属于：

(i)根据26卷第501(a)条，第501(c)(3)和第170(b)(1)(A)(vi)条描述的免税公司；

(ii)不从事本卷第3371(g)条列出动物的商业贸易，包括上述动物的后代、部分及副产品；

(iii)不繁殖本卷第3371(g)条列出的动物；

(iv)不允许公众与动物直接接触；或

(D)监管动物，纯粹是为了将其尽快运送给本条所描述的个人。

(3)法规。2003年12月19日之后的180天内，部长应与动植物卫生检验局局长一起颁布描述第(2)条中"个人"的法规。

(4)州的权力。本条中的规定并不能优先于或取代州主管部门管理本州内野生生物物种。

(5)拨款授权。2004~2008年，经授权每个财政年度拨款300万美元执行本节中(a)(2)(C)规定。

(f)植物报关

(1)进口申报。除本小节第(3)条规定外，自本款公布之日起180天内有效，任何人未在进口时提交包括下列信息的申报进口植物属于违法行为。

(A)进口植物的学名(包括植物的属和种)。

(B)对以下几项描述：

(i)进口货值；

(ii)进口植物数量，包括计量单位。

(C)植物来源国家。

(2)相关植物产品的申报。在部长根据第(6)条制定具体法规之日前，相关植物制品的申报应：

(A)在有超过一种的植物物种被用于生产进口植物产品，以及不知道何种植物被用于生产有关植物产品的情况下，申报应包括可能用于生产植物产品的所有植物物种名称；

(B)在被用于生产进口植物产品的植物物种来自一个以上国家，以及用于生产植物产品的植物来源国未知的情况下，申报应包括植物所有可能来源国名称；

(C)在纸张或纸板植物产品包括再生植物产品的情况下，申报应包括再生成分的平均百分比，以及非再生植物成分的信息，而不管再生成分所应用的植物种类和来源国。

(3)例外条款。第(1)条和第(2)条不适用于作为包装材料用以包装、保护或承载其他产品的植物，除非包装材料本身为进口产品。

(4)审核。本条规定执行后2年内，部长应审核第(1)与第(2)条要求的实施情况，以及第(3)条“排除”的效果。在审核过程中，部长应发布公告，并征求公众意见。

(5)报告。部长在结束第(4)条规定的检查后180日内，应向相应的国会委员会提交一份报告，包括以下内容：

(A)评估：

(i)在协助本条规定实施中，第(1)条与第(2)条规定的各种信息的有效性；

(ii)到报告日期为止，将第(1)条与第(2)条描述的要求与其他适用的进口法规合并的可能性；

(B)推荐部长认为能够帮助识别违反本条规定进口到美国的植物的法律；

(C)对第(a)小节及本小节作用的分析：

(i)合法植物进口的成本；

(ii)非法采伐与贸易的范围与途径；

(6)法规的颁布。部长完成第(4)条中规定的检查后180日内，可颁布法规：

(A)限定第(2)条对具体植物产品要求的适用；

(B)按照部长决定，根据检查情况，对第(2)条的要求进行必要的修改；

(C)如果作为检查的结果，限制范围已经批准，则限制第(3)条中“排除”的范围。

**第三条 [《美国法典》第 16 卷第 3373 节] 处罚与制裁**

(a)民事处罚

(1)任何人从事本章规定的禁止行为(除本卷第 3372 节中(b),(d)及(f)三小节),且被赋予了“应有的注意”责任的时候,应了解鱼类或野生生物或植物的取得、占有、运输或销售违反了法律或违反间接法律、条约或规定,任何人故意违反本章第 3372(d)或(f)条,由部长酌情对各项违法处以最高 10000 美元的民事处罚:如违法行为涉及市场价值不超过 350 美元的鱼类或野生生物或植物,或只涉及违反法律、条约或美国法规、印第安部落法、国外法律以及州法规取得或占有的鱼类或野生生物或植物的运输、取得或接收,处罚不应超过上述法律、条约或法规的最高处罚金额,即 10000 美元,或更低。

(2)除第(1)款规定外,任何违反 3372 节中(b)或(f)款的个人应由部长酌情处以不超过 250 美元的罚款。

(3)为达到第(1)及第(2)款规定的目的,提到本章任一规定或本章任一条款应包括为执行上述规定或章节颁布的任何规定。

(4)除被控违法的个人得到通知或有机会召开关于违法的听证会,根据本条款不得进行民事处罚评估。每次违法应为独立的违法行为,违法的地理区域不仅包括在首先发现违法行为的区域,并且包括取得或占有上述鱼类或野生生物或植物的行为可能发生的任何区域。

(5)根据本条款酌情处以的民事处罚可由部长进行豁免或减轻。

(6)在根据第(1)段和第(2)段规定确定处罚金额时,部长应考虑违法行为的性质、情况、程度及严重性,就违法者而言,要考虑过失程度、支付能力以及司法要求的其他事项。

(b)听证

在评估民事处罚过程中,应根据《美国法典》第 5 卷第 554 节召开听证会。行政法官会为出席者签发传票、证人证词,以及相关论文、书籍或文件的出版,并主持宣誓。应给召集的证人支付与美国法庭证人相同的费用及路费。如拒不服从或拒绝遵照根据本款签发的传票或签发给任何人的传票,在发现上述个人,或其居住或从事交易的区法院根据美国要求或向上述个人发布通知后,有权签发命令,要求上述个人出席并在行政法官面前提供证词,或出席并在行政法官面前提交有关文件,或要求其进行上述两项工作,不服从上述法庭命令可由该法庭以藐视法庭罪对其进行处罚。

(c)民事处罚复议

在判决做出之日起 30 日内,被判处民事处罚的任何人可根据本段向适当的美国地区法院提起复议,同时复议申请将以挂号邮件送达部长、检察长及适当的美国检察官。根据《美国法典》第 28 卷 2112 节,部长应及时将有关违法犯罪行为的发现或者相关处罚的做出等证据资料记录提交给法院。在终审而且不可上诉的判决做出之后,或者适当的地区法院已经得出了部长赞同的最终判决后,任何人拒不支付罚款的,部长将要求检察长向适当的美国区法院提出民事强制执行,该法院有权采取听证或者决定是否执行。听证时，法院有权对此违反犯罪行为及相关民事处罚进行复议审查。

(d)刑事处罚

(1)以下个人——

(A)故意违反本章规定进口或出口任何鱼类或野生生物或植物(除本卷第3372节(b)、(d)及(f)小节外)。

(B)故意从事涉及鱼类或野生生物或植物市场价值超过350美元的销售与采购，或提供上述物种销售与采购，或企图销售或购买上述物种，违反本章规定(除本卷第3372节(b)、(d)及(f)小节外)的行为并且明知鱼类或野生生物或植物的取得、占有、运输或销售直接或间接地违反了法律、条约或规定，应被处以20000美元以下罚款，或处以五年以下监禁，或上述两项处罚。每次违法行为应为独立违法，违法所属的区域范围不仅包括违法行为最先出现的区域，还包括被告取得或占有上述鱼类或野生生物或植物的区域。

(2)任何人故意从事本章禁止的任何行为(除本卷第3372节(b)、(d)及(f)小节外)，且在履行"应有的注意"情况下，应了解鱼类或野生生物或植物的取得、占有、运输或销售违反了法律或违反间接法律、条约或规定，应被处以10000美元以下罚款或一年以下监禁，或上述两项处罚。

每次违法行为应为独立违法，违法所属的区域范围不仅包括违法行为最先出现的区域，还包括被告可能取得或占有上述鱼类或野生生物或植物的所有区域。

(3)故意违反本卷第3372节(d)或(f)小节规定的个人：

(A)如违法涉及以下行为，则上述个人应被处以《美国法典》第18卷规定的罚款或5年以下监禁，或处以上述两项处罚：

(i)鱼类或野生生物或植物的进口或出口；

(ii)销售或购买、提供销售或购买，或委托销售或购买市场价值超过350美元的鱼类或野生生物或植物。

(B)如违法行为不涉及(A)段描述的行为，应根据《美国法典》第18卷处以罚款或1年以下监禁，或上述两项处罚。

(e)撤销许可

部长还可以中止、变更或取消签发给违反本章规定或颁布的任何法规、构成刑事违法的个人的联邦打猎或捕鱼执照、许可或官方印鉴，或授权个人进出口鱼类或野生生物或植物的执照或许可(除根据《马格努森·史蒂芬斯渔业保护和管理法案》办法的许可或执照外[《美国法典》第16卷第1801节起])，或经营进口野生生物或植物检疫站或援救中心的执照或许可。依据本条规定，部长不负责与变更、中止或撤销任何执照、许可、官方印鉴，或协议相关的补偿、退款或损失款的支付。

**第四条 [《美国法典》第16卷第3374节] 没收**

(a)通则

(1)所有违反本卷第3372节规定(除本卷第3372(b)条外)以及根据本法案颁布

任何法规进口、出口、运输、销售、接收、获得或购买的鱼类或野生生物或植物均应由美国政府没收，同时要求进行民事处罚评估或本卷第3373节中规定的刑事诉讼。

(2)判决为重罪的违反本章活动中用于协助进口、出口、运输、销售、接收、获得或购买鱼类或野生生物或植物的船只、车辆、飞机及其他设备，如果

(A)上述船只、车辆、飞机或设备的所有者在指控的非法活动中同意使用上述设备，或属上述非法行为有利害关系的个人，或应该了解上述船只、车辆、飞机或设备将用于违反本法案的犯罪活动。并且

(B)违法活动涉及鱼类或野生生物或植物的买卖、买卖供应或买卖意图。

则上述设备应由美国政府没收。

(b)《海关法》的适用所有相关因违反《海关法》的财产查封、没收及征用，上述财产的处理或因上述财产的出售引起的诉讼，以及上述没收处罚的免除或减轻等问题的法律规定，在上述法律规定适用且不与本法案矛盾的范围内，均适用于引发的查封与没收或声称根据本法案规定引发的查封与没收；除为了遵守本法案，《海关法》授予或强加给财政部任何官员或员工的权力、权利及职责也由部长或部长指定的个人行使或完成的情况外：搜查或查封授权应根据《联邦刑事诉讼程序法规》第41条规定授予。

(c)提存费用

根据本卷第3373节规定被认定违法或需执行民事处罚的个人应负担因违法查封的鱼类或野生生物或植物在仓储、保管及维护过程中产生的成本费用。

(d)民事没收

本节中的民事没收应遵守《美国法典》第18卷第46章规定。

**第五条 [《美国法典》第16卷第3375节] 执法**

(a)通则

本章规定及据此颁布的法规应由部长、交通部长或财政部长实施执行。

部长可以协议方式，有偿或无偿调用其他联邦机构或州机构或印第安部落的人员、服务及设施执行实施本法案。

(b)职权

根据本节(a)款授权执行实施本章的个人可携带武器；在实施本法案时，可依据检察长签发的指南，对违反美国法律行为发生时在场的个人，或犯有美国法律规定的重罪的个人，如有充分的理由相信即将被逮捕的个人已经或者正在从事严重犯罪活动，无需取得逮捕证即可对其执行逮捕；可根据检察长签发的指南，有无授权均可进行搜查及查封。

违反本章的重罪如并非在上述个人在场时发生或并非上述个人所为，并且犯罪行为仅涉及违反美国州法律或法规取得或占有的鱼类或野生生物或植物运输、获得、接收、购买或出售，逮捕需要经过授权方可进行。

如执法人员有充分的理由相信即将被逮捕的个人正在参与或从事违法活动，则

可不经授权执行逮捕；执法人员可执行并提供根据《联邦刑事诉讼程序法规》第41条签发的传票、逮捕证、搜查证，或为执行本章由具有权限的官员或法院签发的民事或刑事诉讼程序授权。获得上述授权的个人可与财政部长合作执行检查扣押，并在运输工具或包装箱从美国以外的任意地点或海关海域到达美国或美国海关海域时，如上述运输工具或包装箱作为出口目的使用，则在其离开美国或美国海关海域之前，对船只、车辆、飞机或其他交通工具或任何包装、板条箱或其他包装箱进行检查，包括其包装内内容物。上述执法人员还有权检查并要求提交鱼类或野生生物原产地、出生或再出口国家要求的许可证及文件。查封的鱼类、野生生物、植物、财产或物品在民事或刑事诉讼程序处理过程中应由部长授权的个人，或根据本章第3374节执行鱼类、野生生物、植物、财产或物品没收行动的机构保存；除非，部长代为保管上述鱼类、野生生物、植物、财产或物品，允许所有人或收货人向部长提交符合其要求的合同或其他担保的情况外。

(c)地区法院管辖权

美国的联邦地方法院，包括《美国法典》第28卷第460节列举的法院，有权处理本章引发的各种情况。《美国法典》第18卷及第28卷的犯罪地点规定适用于违反本章的任何行为。美国联邦地方法院的法官以及美国地方官员可在权限范围内，可在宣布或证明有可能的诱因后，签发授权或其他执行本法案及据此颁布的法规必需程序。

(d)奖励及相关发生费用

自1983财政年度开始，部长或财政部长应从收到的罚金、罚款或因违反本法案或据此颁布的法规没收的财产中，支付：

(1)对提供信息、从而对违反本法律或据此颁布法规的违法行为实施了逮捕、刑事宣判、民事处罚评估或财产没收的个人给予的奖励。奖励的金额应由部长或财政部长决定。美国或各州或当地政府提供信息或在履行职责中提供服务的官员或雇员有资格取得本条规定的款项；

(2)在指控违反本章关于鱼类、野生生物或植物的民事或刑事诉讼处理过程中临时照管鱼类、野生生物或植物产生的合理及必要费用。

**第六条[《美国法典》第16卷第3376节] 管理**

(a)规章

(1)在与财政部长协商后，部长有权颁布执行本法案第3372(f)、3373及3374节中规定的必要的法规(第(2)段规定的除外)

(2)内政部长及商务部长应一起颁布具体的法规执行本卷第3372(b)中关于鱼类或野生生物集装箱或包装标识及标签规定。法规应符合现有的商务惯例。

(b)协议授权

自1983财政年度开始，在拨款法案预先规定的范围及金额范围内，部长可与任何联邦或州立机构、印第安部落、公有或私营机构或个人为执行本章，签署合同、租约、合作协议或从事其他活动。

(c)植物定义例外条款的解释

为了执行此法案，在与相应的机构协商后，农业部部长和内政部部长应共同颁布法规定义在第(f)(2)(A)中所使用的术语。

**第七条[《美国法典》第16卷第3377节] 豁免**

(a)根据马格努森·史蒂芬斯渔业保育管理法所规定的活动本卷第3(a)节第(1)段规定不适用于根据马格努森·史蒂芬斯渔业保护和管理法(《美国法典》第16卷第1801节起)生效的渔业管理计划规定的活动。

(b)金枪鱼公约法规定的活动、公海捕捞高度迁徙物种本卷第3372(a)节第(1)、(2)(A)及(3)(A)段规定不适用于：

(1)1950年《金枪鱼公约法》(《美国法典》第16卷第951－961节)或1975年《大西洋金枪鱼公约法》(《美国法典》第16卷第971 - 971(h)节)规定的活动；

(2)在公海(第3节第(13)段定义范围)进行的高度迁徙物种(1976年马格努森·史蒂芬斯渔业保护和管理法第3条第(14)段定义的物种)捕捞活动，如上述物种的捕捞违反了国外法律，且美国法律不认可其他国家在上述物种的权限范围。

(c)通过印第安村落，具有合法目的州际鱼类、野生生物，植物的航运或转运如向可合法占有鱼类或野生生物或植物的州运输上述物种，则本卷第3372(a)节第(2)段规定不适用于《美国法典》第18卷第1151节规定之经过印第安村落或可合法猎取鱼类或野生生物或植物的州进行的州际航运或转运。

**第八条[《美国法典》第16卷第3378节] 竞合条款**

(a)对各州权力的影响

本法案并不阻碍各州或印第安部落指定或实施与本法案规定不相一致的法律或法规。

(b)废止

下列法律规定被废止：

(1)1926年5月20日颁布的法案(《黑巴斯法案》、《美国法典》第16卷第851－856节)。

(2)《美国法典》本卷667e，第18卷第43及44节(《雷斯法案》规定)。

(3)《美国法典》第18卷第3054及3112节。

(c)免责条款

本法案的任何条款均不构成：

(1)对联邦法律规定的废止、取代或变更，第(b)条说明的法律除外；

(2)根据条约、法令或针对任何印第安部落、团体或社区的行政命令批准、保留或制定之权利、特权或豁免权的废止、取代或变更；

(3)管理州或印第安部落在印第安保留地范围内人类活动权力的扩大或减少。

(d)差旅和运输费用

内政部长有权从机构拨款中支付新指定的美国鱼类与野生生物管理局特别人员

差旅费用，以及1977年1月1日后指定的所有特别人员从住所到第一值班站点，在第5卷第5724节规定范围内的日用品及私人物品运输费用。

(e)内政部拨款预算提案

部长应将用于执行本卷及法规的资金作为内政部向国会提交的拨款预算提案中具体的拨款项目。

## 1.2 植物产品或包含植物材料的产品申报要求执行进程表*

| 第二期<br>2009年4月1日 | 第三期<br>2009年10月1日 | 第四期<br>2010年4月1日 |
|---|---|---|
| 协调关税表章节：<br>**第44章标题**(木及木制品)<br>4401—(薪柴)<br>4403—(原木)<br>4404—(箍木；木桩)<br>4406—(铁道或电车枕木)<br>4407—(锯材)<br>4408—(单板)<br>4409—(制成连续形状的木材)<br>4417—(工具、工具手柄、扫帚手柄)<br>4418—(建筑用木工制品) | 协调关税表章节：<br>**第44章标题**(木及木制品)<br>4402—木炭<br>4412—胶合板、饰面，除44129906和44129957以外<br>4414—木制框架<br>4419—木制餐具和厨房用具<br>4420—木刻、木匣、木雕<br>**与第二期的货品同时执行** | 协调关税表章节：<br>**第44章标题**(木及木制品)<br>4421—其他木制品<br>**第66章标题**(雨伞、手杖、马鞭)<br>6602—手杖、鞭子、马鞭<br>**第82章标题**(贱金属工具、器具)<br>8201—手工工具<br>**第92章标题**(乐器)<br>9201—钢琴<br>9202—其他弦乐器<br>**第93章标题**(武器和弹药)<br>9302—转轮手枪和自动手枪<br>93051020—转轮手枪及自动手枪的零件和附件<br>**第94章标题**(家具等)<br>940169—木框架坐具<br>**第95章标题**(玩具、游戏品、运动用品)<br>950420—台球用品及附件<br>**第97章标题**(艺术品)<br>9703—雕塑<br>与第二期和第三期的货品同时执行 |

注：申报要求于2008年12月15日正式生效。所提交的申报表必须准确无误地填写；假报可能引起执法诉讼。不提交申报表不会引起诉讼，在上表规定的时间前不会导致货品因为缺少申报表被拒绝清关入境。

## 1.3 植物及植物产品申报专用代码

### 《雷斯法案》植物和植物产品申报专用代码

联邦纪事公告发布之后，收集到的评论意见针对如何准确有效地填写PPQ505表(即植物和植物产品申报表)方面提出了一些问题。目前，这些问题主要分为三大类：①可能使用简写来代替一般贸易中的种类分组；②在确定复合材料、再生材料、重复使用材料或翻新材料的种属方面可能存在着困难；③很难确定《雷斯法案》(修正案)通过之前生产的植物产品的种属。

为了解决这些问题，动植物卫生检验署(APHIS)编制了一份专用代码表(详见下表)。后文对每条专用代码进行了解释。

| Issue<br>(问题) | Genus Code<br>(属代码) | Species Code<br>(种代码) |
|---|---|---|
| Species grouping(树种组)[1] | | |
| SPF | Special(特殊) | SPF |
| Composite, Recycled, or Reused Plant Materials(复合、再生或重复使用的植物材料)[2] | | |
| MDF(中密度纤维板) | Special(特殊) | MDF(中密度纤维板) |
| Particle board(刨花板) | Special(特殊) | Particle board(刨花板) |
| Paper/Paper board(纸/纸板) | Special(特殊) | Paper(纸) |
| Recycled(再生材料) | Special(特殊) | Recycled(再生) |
| Reused(重复使用材料) | Special(特殊) | Reused(重复使用) |
| Reclaimed(回收材料) | Special(特殊) | Recycled(再生) |
| Other Special Cases(其他特殊情况)[3] | | |
| Manufactured Prior to May 22, 2008 – Sourcing of Pre – Amendment Materials Untraceable Despite Due Diligence(2008年5月22日前生产的——通过尽职调查仍不能追溯修正案之前生产的产品的材料来源) | Special(特殊) | PreAmendment(修正案通过前) |
| No Plant Material Present(未包含植物材料) | Special(特殊) | None(无) |

许多申报条目要求提供采伐国。如果遇到这类要求，就必须提供采伐国的信息。如果不知道申报产品的采伐国，就必须列出该植物材料使用链上的所有国家(详情见16 U. S. C. §3372(f)(2)(B))。然而，如果超过10个国家，就可以使用"**"这个专用代码。

在PPQ505表中正确使用种类分组代码就意味着满足了《雷斯法案》中关于申报植物种属的要求。当然，在使用种类分组代码来确定植物种属的同时，申报表必须包含雷斯法案要求的其它所有信息。

假若在PPQ505表中按照雷斯法案的要求正确使用上表列出的专用代码(即根据该指导手册忠实、准确和恰当地填写PPQ505表)，即使不能按照雷斯法案所规定的提供植物种属或采伐国，动植物卫生检验署也不会针对提交的PPQ505表提起诉讼或采取任何其他执法诉讼，同时该指导手册仍有效力。

**1. 树种组**

《雷斯法案》(修正案)明确规定，在进口申报单上必须注明进口植物材料的种属(16 U. S. C. § 3372(f)(1)(A))。并进一步要求，如果进口产品中包含不同种类的植物，或产品包含的植物种类不明，在报关单中必须列出每一种可能用于植物产品生产的植物种类(16 U. S. C. § 3372(f)(2)(A))。

动植物卫生检验署了解到，有些产品在一般贸易中只使用简写来表示某一批植物种类。针对动植物卫生检验署发布的联邦纪事公告的评论意见建议，动植物卫生检验署应编制一份简称表，用简称代替专门术语，以满足在每张 PPQ505 表中提供植物种属详细信息这个要求。用简称代替具体的植物种类，将更有效地满足申报要求。

迄今为止，动植物卫生检验署只确定了一个种类分组，即 SPF(云杉、松材和冷杉)。SPF 是一种普通等级的板材，采用云杉、松材和冷杉作原材料按不同比例生产而成。进口 SPF 是采用不同木材种类生产的产品，要确定每一进口批次产品的具体材种不但相当困难，而且成本高昂，耗时太长。SPF 的材种分组包括：

- 太平洋冷杉
- 香脂冷杉
- 白杉
- 大冷杉
- 高山冷杉
- 挪威冷杉
- 落叶松
- 美国西部落叶松
- 英格曼云杉
- 白云杉
- 黑云杉
- 红云杉
- 北美短叶松
- 小干松

进口 SPF 板材时，进口商可以将属类申报为特殊，将种类申报为 SPF。按此方法申报，则表示具体材种虽不明，但 SPF 这个种类分组则代表了产品可能包含的所有材种。然而，如果进口板材的材种与上述材种分组不相符，在申报中不能用 SPF 这个分组来确定进口植物或植物产品的种属。

动植物卫生检验署欢迎相关方面提供信息，以创建其它类似种类分组。

**2. 复合、再生、重复使用或回收材料**

自 2009 年 10 月 1 日起，动植物卫生检验署开始针对协调关税表中的某些货品执行申报要求；在这些货品中，有些产品全部或部分地采用复合材料(如中密度板、刨花板或纸板)、再生材料、重复使用材料和翻新材料(包括浮木)生产而成。这些产品的进口商在雷斯法案申报表中提供其进口产品中的所有植物材料的种属和采伐国确切信息方面面临着很多困难。如果这些材料的进口商通过尽职调查仍不能确定材料的种属和采伐国，就必须适当使用上文所规定的专用代码。通过使用这种专用代码，进口商表明即使实施了尽职调查，他们仍不能确定这些材料的种属和采伐国。如果产品不是全部由复合、再生、重复使用和回收材料生产而成，进口商必须说明产品的其他组成部分的种属和采伐国情况。

**3. 其他特殊情况**

A. 2008 年 5 月 22 日之前生产的产品

在较少见的情况下，当前处于申报执行中的货品可能全部地或部分地在《雷斯法案》(修正案)生效之前生产的。在《雷斯法案》(修正案)生效之前，制造商不用追溯原材料的来源或种类。事后要追溯这些原材料的来源就显得不大可能。进口商在进口 2008 年 5 月 22 日之前生产的货品时，如果不能通过尽职调查来确定货品中的植物材料的种属和采伐国，就必须适当使用上文规定的代码。通过专用代码的使用，进口商表明他们不能通过尽职调查来确定这些材料的种属和采伐国。如果货品并不是全部在2008年5月22日之前生产的，进口商必须注明该货品在2008年5月22日之后生产的组成部分的种属和采伐国。

B. 未包含植物材料

正如动植物卫生检验署在2009年9月2日的联邦纪事公告中所述，雷斯法案不要求进口商对不含植物材料的进口货品进行植物和植物产品申报，即使进口货品属于协调关税表所涵盖的且开始要求执行申报的商品。例如，协调关税表第82章中包括金属榔头和木柄榔头，只需要对木柄榔头进行申报。尽管我们出台了指导手册，我们得知，一些报关员仍要求进口商在进口协调关税表所涵盖的且开始要求执行申报的货品时必须提交雷斯法案申报表，即使这些货品并没包含植物材料。由于根本没有必要对不包含植物材料的货品进行申报，面对报关员的要求时，进口商可向报关出示该指导手册。然而，如果由于某些不可预见的原因，报关员仍要求进口商针对不包含植物材料的货品提交申报表，进口商可使用动植物卫生检验署提供的专用代码。这种情况并不普遍，只能在需要时使用。

## 1.4 《雷斯法案》常见问题解答

**1. 什么是美国《雷斯法案》?**

2008年5月22日，美国《雷斯法案》(修正案)正式生效。这部禁止非法来源植物及其制成品(林产品)贸易的新法律，是对一部具有百年历史，以首个表示支持该法案的美国国会记议员雷斯来命名的《雷斯法案》修订而成的。美国《雷斯法案》只是2007年美国粮食、保护和能源法案(俗称"美国农业法案")的一部分，一直以来是美国相关机构打击野生动物犯罪最有力的工具之一。现新的美国《雷斯法案》(修正案)延伸至植物及其制品(林产品)贸易，它认可、支持其他国家在管理本国自然资源中做出的努力，并对企业交易来自合法渠道的植物及植物制品(林产品)提供强有力的激励。

美国《雷斯法案》修订前，有关植物的条款规定很窄，仅限于美国本土植物并列入CITES或美国州法律的物种。《雷斯法案》修订案后，扩充了针对植物的执法条款，包括树木、进口、运输、销售、接收、获取或购买违反其他国家法律获得的植物为非法，扩展了植物的界定包括来自天然林与人工林的林木以及由木材及其他植物制成的产品。

**2. 美国《雷斯法案》(修正案)是如何产生的?**

多年来，专家们就指出，缺少关于"植物"的内容是《雷斯法案》一个明显的不足。与此同时，有相当的证据表明，非法采伐及相关贸易对当地珍贵的生态系统以及发展中国家的生态破坏性影响不断增加。作为世界上最大的木制品消费市场，美国自身采取措施打击来源非法木材和植物制品进口的必要性，修改《雷斯法案》成为解决这一问题的有效措施，2007年来自俄勒冈州的国会议员 Earl Blumenauer 和参议院议员 Ron Wyden 向国会提出修改《雷斯法案》的提议，得到美国环境保护组织、工业部门和劳工群体的支持。

**3. 美国《雷斯法案》(修正案)植物条款什么时候开始生效?**

2008 年 5 月 22 日,美国《雷斯法案》(修正案)植物条款正式生效。美国进口商被要求将于 2008 年 12 月 15 日提供申报信息。

**4. 美国《雷斯法案》(修正案)在打击非法木材采伐方面的做法?**

为了解决非法木材采伐以及贸易,美国《雷斯法案》(修正案)采取以下三项措施:

①禁止非法来源于美国各州或其他国家的植物及林产品,如家具、纸、锯材的贸易;

②要求进口商报告构成其进口林产品木材的来源地、种属名称(拉丁名);

③建立起违反该法案的处罚制度,包括没收货物和船只、罚款以及监禁。

**5. 美国进口商必须申报哪些信息?**

(1)美国《雷斯法案》(修正案)要求进口商在每次船运进口植物或林产品时都要提供基本申报。这些申报的目的是增加木材和林产品交易透明度,以便美国政府更好地执行这部法律。申报必须包括以下内容:植物种类的拉丁名;采伐的国家;数量和尺寸;进口货值。

(2)如果进口商不知道所采购运输的林产品材料的原产国或植物名称,美国《雷斯法案》(修正案)允许申报每一种植物可能的名称、可能的产地。

**6. 申报制度适用于所有林产品吗?**

不是。对于可回收纤维制成的纸制品、包装材料如纸板或草垫,不需要申报可回收材料的种类名称及来源地。

**7. 违返美国《雷斯法案》(修正案)案例:**

(1)一家加利福尼亚公司从 X 国进口了一船木地板,而制作木地板的木材在 Y 国采伐时没有遵守 Y 国相关法律。

(2)一家出口商故意标低一批运往美国货物的价值,以避免高额关税。

(3)一家造纸公司使用了非法采伐木材生产的纸浆并将制成的纸制品出口到美国。

(4)一家单板进口商没有正确识别其进口产品所使用材料的原产国。

**8. 美国《雷斯法案》(修正案)对于非法贸易和不当申报规定了哪些处罚措施?**

包括民事行政处罚、没收交易产品、刑事处罚或监禁。违反《雷斯法案》还可能引起涉及走私或洗钱的指控。《雷斯法案》目前可适用于范围广泛的进口木制品与物种,远远超过 CITES 列出的物种。

# 附录2

# 欧盟 FLEGT 及欧盟木材法案

## 2.1 欧盟木材法案正文

### 欧洲议会和委员会第995/2010号(欧盟)法案[①]

2010年10月20日赋予将木材和木制品投放市场的运营商义务

**欧洲议会和欧盟理事会:**

考虑到《欧盟职能条约》，特别是其中的第192(1)条;

考虑到欧盟委员会的提案;

考虑到欧洲经济和社会委员会的意见;

经过征求区域委员会的意见;

按照正常的立法程序采取行动。

**鉴于:**

(1)森林具有各种环境、经济和社会效益，包括提供木材和非木制林产品，保护生物多样性、生态系统功能和气候体系等对人类至关重要的环境服务。

(2)由于全球范围内对木材和木制品需求的持续增长，加上一些木材生产国林

① 免责声明：本法案中文翻译版由EU FLEGT亚洲区域项目完成，只供信息发布使用，非官方版本。只有本法案的欧洲21国语言官方版具有法律效力。

业存在体制和管理缺陷，非法采伐和相关贸易已经成为人们日益关注的问题。

(3)非法采伐是世界各国关注的非常普遍的一个问题。因为非法采伐加快森林采伐和森林退化的进程，造成全球约20%的$CO_2$排放，对生物多样性构成威胁，破坏可持续森林经营和发展以及守法运营商的商业生存能力。非法采伐还导致沙漠化和土壤侵蚀，加剧极端气候和洪涝灾害。另外，非法采伐具有社会、政治和经济影响，破坏有效施政进程，威胁当地森林社区的生计，导致武装冲突。依据本法打击非法采伐，有望以一种具有成本效益的方式为欧盟减缓气候变化工作做出贡献，应视为实施《联合国气候变化框架公约》后对欧盟行动和承诺的补充。

(4)欧洲议会和欧盟理事会于2002年7月22日制定的1600/2002/EC决议(确立了第六个社区环境行动项目)明确将把认真审议以下两个行动的可能性作为工作重点，即：采取措施积极预防和打击非法木材贸易，继续积极参与实施关于森林问题的全球性和区域性决议和协议。

(5)2003年5月21日欧盟委员会在给欧洲议会和欧盟理事会名为森林执法、施政和贸易(FLEGT)——欧盟行动计划提案的函件中，提出了在联合国共同努力实现可持续森林经营的背景下支持打击非法采伐问题和相关贸易国际行动的一揽子措施。

(6)欧洲议会和欧盟理事会接纳了此函件并认可了欧盟为解决非法采伐全球行动做出贡献的必要性。

(7)遵照沟通信函的目标，即：保证只有按照生产国国内法规生产的木制品进入欧盟，欧盟一直在和木材生产国(合作伙伴国)磋商《自愿合作伙伴关系协议》(FLEGT VPAs)，协议依法约束双方履行许可制度的义务，管理FLEGT VPAs中规定的木材和木制品贸易。

(8)考虑到问题的严重性和紧迫性，积极支持打击非法采伐和相关贸易的行动，补充和强化FLEGT VPA，并增强森林保护、减缓气候变化以及保护生物多样性相关政策之间的协同作用是十分必要的。

(9)已经和欧盟签订了FLEGT VPA及其准则的国家所作出的努力，特别是在合法木材界定方面所作出的努力应该得到认可，并且应该给予即将签订FLEGT VPA的国家更多的鼓励。同时还应该考虑到，在FLEGT许可证体系中，只有依据相关法规采伐的木材及其制成的产品才能出口到欧盟。因此，2005年12月欧共体就进口木材FLEGT许可证项目立项颁布的第2173/2005号(EC)条例附件II和附件III中列出的木制品所使用的木材，以及来自此法案附件I中列出的合作伙伴国家的木材，在木制品符合此法案和实施规定的前提下，应视为合法采伐木材。

(10)应考虑以下事实：CITES对缔约国提出要求，CITES中列出的物种只有在依据出口国国内法规进行采伐时才能授予CITES出口许可。因此，1996年12月就通过治理贸易保护野生动植物种颁布的第338/97号欧盟理事会条例附件A、B或C列出的物种木材，在遵守此法案及其实施规定的前提下，应视为合法采伐的木材。

(11)考虑到应鼓励使用回收木材和木制品，且将这些产品纳入本法案范围会给运营商带来过重的负担，已经结束了使用寿命、不回收就会作为废物处理的二手木材或木制品不应在法案范围内。

(12)作为本法案的措施之一，非法采伐的木材或含有上述木材的木制品第一次投放内部市场应被禁止。考虑到非法采伐潜在因素和影响的复杂性，应采取如针对运营商行为的具体措施。

(13)在《FLEGT行动计划》的框架下，欧盟委员会及其成员国会支持并进行各国非法采伐程度和性质方面的调查和研究，并公布上述信息，同时还会支持编写为运营商提供关于木材生产国相关法规信息的实用指南。

(14)在没有国际认可定义的情况下，木材采伐国的法律、法规以及该国签署并实施的相关国际公约应作为非法采伐定义的基础。

(15)在第一次被投放内部市场前后，木制品都经过了很多道程序。为了避免造成任何不必要的行政负担，只有首次将木材和木制品投放内部市场的运营商需实施尽职调查体系，同时供应链上的贸易商需要提供其供方和买方的基本信息，从而保证木材和木制品的可追溯性。

(16)在系统方法的基础上，将木材和木制品首次投放内部市场的运营商应采取适当的步骤确保不将非法采伐的木材和含有上述木材的木制品投放到市场上。为了这个目的，运营商应采取一系列措施和程序进行尽职调查，将非法采伐木材和上述木材制成的木制品进入内部市场的风险最小化。

(17)尽职调查体系包括三个风险管理因素：信息获取、风险评估和风险规避。尽职调查体系应能提供首次投放内部市场木材和木制品来源及供应商的信息，其中包括适用法规的遵守情况、采伐国、树种和数量等相关信息，并且在适用情况下提供国内下级采伐地信息。在这些信息的基础上，运营商应进行风险评估。对于监测到的风险运营商应以与其等级相符的方式进行风险规避，从而预防非法采伐木材和含有上述木材的木制品进入内部市场。

(18)为了避免任何不必要的行政负担，不应要求已经在使用符合条例规定的体系或程序的运营商建立新的体系。

(19)为了认可林业中良好的实践行为，包含合法性验证的认证或第三方验证体系可用于风险评估环节。

(20)木材行业对于欧盟经济具有重要意义。代表运营商的组织在这个行业中扮演着重要的角色，因为他们在很大程度上代表后者的利益，并且和各种利益相关方进行互动。这些组织有分析相关立法、帮助成员遵纪守法的专业知识和能力，但它们不会利用自身的技能去垄断市场。为了协调本法案的实施，为良好实践行为的推广做出贡献，认可那些已经开发了满足法案规定的尽职调查体系的组织是正确的。监督机构的认可和认可撤销应以公平、透明的方式进行。应公开上述得到认可的组织名单，便于运营商任用经认可的监督机构。

(21)主管部门应定期对监督机构进行检查，以验证其是否有效履行了本法案规定的义务。此外，主管部门在得到相关信息(包括来自第三方有根据的担心)时要努力进行调查。

(22)主管部门应监督运营商是否有效履行了法案规定的义务。为了这个目的，主管部门应进行官方检查，适当时按照计划进行，检查可能包括对运营商办公地点的检查和现场审核，必要时应要求运营商采取补救行动。此外，主管部门应在得到相关信息时进行检查，信息包括来自第三方、经过证实的关注问题。

(23)主管部门应保留检查记录，相关信息公开应按照欧洲议会和欧盟理事会2003年1月28日关于公众获取环境信息1第2003/4/EC的指令进行。

(24)考虑到非法采伐和相关贸易问题的国际化特点，主管部门应互相合作，并和第三国行政主管机构以及欧盟委员会合作。

(25)为了培养将木材或木制品投放内部市场的运营商遵守本法案要求的能力，考虑到中小型企业的情况，成员国必要时可在欧盟委员会协助下，向运营商提供技术和其它方面的支持，并促进信息交流。上面提到的协助不能免除运营商实施尽职调查的义务。

(26)贸易商和监督机构不应采取任何可能妨碍本法案目标达成的措施。

(27)成员国应确保任何违反本《法案》规定的行为(包括运营商、贸易商和监督机构)，都会被处以有效的、适当的和劝诫性惩罚。成员国法规可规定，在违反非法采伐木材或含有上述木材的木制品进入内部市场的禁令得到了有效的、适当的和劝诫性惩罚后，这些木材和木制品不一定被销毁，而是为了公众利益目的进行处理或使用。

(28)欧盟委员有权利依据《欧盟运行条约》(TFEU)第290条采取对监督机构认可以及撤销其认可的行为；同时，欧盟委员会有权对法案现有的风险评估标准以及木材和木制品名单进行补充。尤其重要的一点是：欧盟委员会在准备过程中应进行适当(包括专家级的)磋商。

(29)为了确保实施条件一致，欧盟委员会应被授予正式批准关于主管部门对监督机构进行检查的频率和性质方面，以及尽职调查体系方面的详细规章(除深入风险评估标准外)的权利。按照《欧盟职能条约》第291条，成员国对欧盟委员会行使其执行权力进行监督的规定和大致原则应在按照一般立法程序采纳一项条例之前制定完成。在新条例被采纳之前，欧盟理事会于1999年6月28日制定的关于欧盟委员会行使实施权利程序的第1999/468/EC号2决议继续适用。

(30)应给予运营商和主管部门一个合理的期限，开展为达到本法案要求的准备工作。

(31)鉴于本法案打击非法采伐和相关贸易宗旨以及打击对象的规模，仅靠成员国自身不可能取得胜利，最好在欧盟层面完成。欧盟可根据《欧盟条约》第5条规定的辅助原则采取措施。根据本条款规定的比例原则，本条约不会为了达到目的超过必要的程度。

已经采纳了本法案：

**第1条　主旨**

本法案规定了将木材和木制品首次投放内部市场的运营商的义务，以及贸易商的义务。

**第2条 定义**

本法案适用以下定义：

(a)木材和木制品指附件中列出的产品，除含有已经结束使用寿命、不回收就会作为废品(依据欧洲议会和欧盟理事会2008年11月19日第2008/98/EC号指令第3(1)条 关于废品1定义)处理的木材或木制品的复制品或其原件；

(b)投放市场指在商业活动过程中，无论是否收取费用，无论采用何种销售技巧，以任何方式首次将木材或木制品投放内部市场(用于销售或使用)的供应行为。同时还包括1997年5月20日欧洲议会和欧盟理事会第97/7/EC号关于远程销售合同2消费者保护指令中规定的通过远程沟通提供的供应行为。用已经投放市场的木材或木制品生产的木制品供应内部市场不属于投放市场。

(c)运营商指将木材或木制品投放市场的任何自然人或法人。

(d)贸易商指在商业活动过程中，在内部市场上出售或购买已经投放市场的木材或木制品的任何自然人或法人。

(e)采伐国指木材或木制品中所含木材的采伐国家或领土。

(f)合法采伐指依据采伐国适用法规进行的采伐。

(g)非法采伐指违反采伐国适用法规进行的采伐。

(h)适用法规指采伐国执行的、涵盖以下方面的法规：

-在依法公布的边界内采伐木材的权利；

-为取得采伐权和木材支付的款项，包括木材采伐相关的税款；

-木材采伐，包括和木材采伐直接相关的森林经营和生物多样性保护的环境和森林法规；

-关于受木材采伐影响的使用权和保有权的第三方合法权利；

-迄今为止林业部门涉及的贸易和海关法律。

**第3条**

FLEGT和CITES规定的木材和木制品情况包含在第2173/2005号(EC)条例附件II和III中所列出的木制品中来自其附件I中所列出的合作伙伴国，且符合上述条例及其实施条款规定的木材应视为符合本法案规定的合法采伐木材。

第338/97号(EC)条例附件A、B或C中所列出的、符合上述条例及其实施条款规定的树种木材应视为符合本法案规定的合法采伐木材。

**第4条 运营商义务**

1. 将非法采伐木材或含有上述木材的木制品投放市场的行为应被禁止。

2. 运营商在将木材或木制品投放市场时应进行尽职调查。为此，运营商应按照第6条中的规定采用一套程序和措施，以下称为尽职调查体系。

3. 运营商应维护并定期评估其使用的尽职调查体系，运营商使用第8条中提到的监督机构制定的尽职调查体系的情况除外。符合本《法案》要求的现有国内法制体系下的监督和自愿性产销监管链体系可作为尽职调查体系的基础。

**第5条 可追溯性义务**

贸易商应能够在整条供应链上识别：

(a)供应木材和木制品的运营商或贸易商。

(b)在适用的情况下，提供木材和木制品的贸易商。贸易商应将上述信息保留至少5年，并在合格的主管机构要求时提供。

**第6条　尽职调查体系**

1. 第4(2)条提到的尽职调查体系应包括以下元素：

(a)获取下列关于运营商将木材或木制品投放市场信息的措施和程序。

①产品描述，包括产品名称和种类，以及树种的常用名称，如适用，还包括树种学名；

②采伐国，如适用，包括：

(i)木材采伐地；

(ii)采伐区域；

③数量(以体积、重量或单位数量表示)；

④(向运营商供货的)供货商的名称和地址；

⑤木材和木制品供应对象——贸易商的名称和地址；

⑥表明木材和木制品符合适用法规的文件或其它信息。

(b)让运营商得以分析和评估非法采伐木材或上述木材制成的木制品投放市场风险的评估程序。

上述程序应考虑第(a)条中信息以及相关的风险评估标准，包括：

①遵守适用法规的保证，包括认证或其它涉及证明遵守适用法规的第三方验证体系；

②具体树种非法采伐的广泛性；

③在采伐国与/或国内木材采伐地区非法采伐行为的广泛性，包括武装冲突的广泛性；

④联合国安全理事会或欧盟理事会对木材进出口的制裁；

⑤木材和木制品供应链的复杂性。

(c)除在第(b)条中提到的风险评估程序中确定的风险能够忽略的情况外，风险规避程序，即一整套能将风险合理最小化的措施和程序，包括必要的附加信息、文件，和/或第三方验证。

2. 除在本条第1(b)段第2句中提到的深入风险评估标准外，为确保第1段中的规定得以实施，应依据第18(b)条规定的管理程序采纳具体规则。规则应在2012年6月3日前采纳。

3. 考虑到市场的发展以及在实施法案过程中，特别是通过第13条中提到的信息交流和第20(3)条中提到的报告中获得的经验，欧盟委员会可依据TFEU第290条采取授权行动，通过制定深入风险评估标准补充本条第1(b)段第2句的内容，以确保尽职调查体系的有效性。

关于本段提到的授权行动，第15、16和17条规定的程序适用。

**第7条　主管机构**

1. 各成员国应指定一个或多个主管机构负责本法案的应用。

成员国应在2011年6月3日前通知欧盟委员会主管机构的名称和地址。成员国应通知欧盟委员会该主管机构名称和地址的变更情况。

2. 欧盟委员会应公布主管机构名单，包括在互联网上。该名单应定期更新。

**第8条 监督机构**

1. 监督机构应：

(a)依据第6条规定维护并定期评估尽职调查体系，并向运营商授予使用权；

(b)验证运营商是否正确使用尽职调查体系；

(c)在运营商不能正确使用尽职调查体系时采取适当行动，包括在运营商出现重大失误或重复失误时通知主管机构。

2. 如符合下列要求，机构可申请作为监督机构的认可：

(a)具有法人资格并且在欧盟内依法成立；

(b)具有行使本条第1段规定职能的专业知识和能力；

(c)保证在行使职能过程中不存在任何利益冲突。

3. 在征求相关成员国的意见后，欧盟委员会可以认可符合第2段要求的申请机构成为监督机构。认可监督机构的决议应由欧盟委员会通知所有成员国的主管机构。

4. 主管机构应定期检查，予以验证在其管辖范围内运营的监督机构持续行使本条第1段中规定的职能，并遵守第2段规定的要求。成员国主管机构在得到相关信息(包括经证实的第三方关注的问题)，或发现了运营商在实施监督机构建立的尽职调查体系方面存在的缺陷时，应进行检查。依据第2003/4/EC指令，应公布检查报告。

5. 如主管机构认定监督机构既没有履行本条第1段规定的职能，也没有遵守第2段规定的要求，应马上通知欧盟委员会，不得延误。

6. 在已经确认监督机构没有履行本条第1段规定的职能，以及第2段中的规定时，特别是建立在第5段信息的基础上，欧盟委员会应撤销对监督机构的认可。在撤销认可前，委员会应通知相关成员国。欧盟委员会应通知各成全国主管机构关于撤销对监督机构认可的决定。

7. 为了补充关于监督机构资格认可和撤销程序的规则，如经验表明有重新增补的必要，委员会可依据TFEU第290条规定，采取授权行动，同时保证认可和撤销以公平、透明的方式进行。对于本段提到的授权行动，第15、16和17条中规定的程序适用。上述行动应在2012年3月3日前被采纳。

8. 第4段中提到的为了确保监督机构监督的有效性以及该段落规定实施的统一性而对检查频率和性质等做出详细规定的规章应依据第18(2)条中提到的管理程序进行采纳。规章应在2012年6月3日前被采纳。

**第9条 监督机构名单**

欧盟委员会应在欧盟官方期刊C系列中公布监督机构名单，并在其网站上公布。名单应定期更新。

**第10条 运营商检查**

1. 主管机构应进行检查，以验证运营商是否遵守了第4条和第6条要求。

2. 应按照以风险为基础的定期审阅计划进行本条第1段中提到的检查。另外，成员国主管机构在得到与运营商遵守本法案相关情况的信息后应进行检查，这些信息包括建立在经证实的第三方担忧基础上的信息。

3. 本条第1段中提到的检查应尤其包括：

(a)检查尽职调查体系，包括风险评估和风险缓解程序；

(b)检查能够证明尽职调查体系和程序正常运行的文件和记录；

(c)现场检查，包括实地审核。

4. 运营商应提供促进本条第1段中提到的检查所必需的各种协助，尤其是进入办公场所和文件或记录提交方面。

5. 在进行本条第1段提到的检查时，如发现缺陷，合格主管部门应在不影响第19条规定实施的基础上通知运营商应采取的补救行动。另外，根据发现的缺陷性质，成员国可立即采取临时措施，包括以下内容：

(a)查封木材和木制品；

(b)禁止木材和木制品营销活动。

**第11条　检查记录**

1. 主管机构应保留第10(1)条提到的检查记录，特别是检查的性质和结果，以及根据第10(5)条签发的补救行动通知。检查记录应保留至少五年。

2. 第1段提到的信息应依据第2003/4/EC号指令公开。

**第12条　合作**

1. 主管机构应互相合作，和第三国行政管理机构以及欧盟委员会合作以确保遵守本条例。

2. 主管机构应与其它成员国主管机构及欧盟委员会交流第8(4)条和10(1)条提到的检查中发现的严重缺陷信息，以及依据第19条规定判处的惩罚类别信息。

**第13条　技术援助、指导和信息交流**

1. 在不损害第4(2)条中关于运营商须行使尽职调查义务规定的前提下，考虑到中小型企业的状况，成员国在适当的时候应在欧盟委员会协助下，向运营商提供技术和其它援助，从而有助于其遵守本法案的规定，特别是第6条关于尽职调查体系实施的要求。

2. 成员国应在欧盟委员会协助下，促进非法采伐相关信息的交流和传播，特别是协助运营商按第6(1)(b)条中的要求进行风险评估，以及关于实施本法案最佳行为的信息。

3. 提供援助应避免影响主管机构行使其职责，并应保持其执行本法案的独立性。

**第14条　附件修订**

一方面考虑到在实施本法案过程中取得的经验，特别是通过第20(3)和20(4)条提到的报告，第13条提到的信息交流中获得的经验，另一方面考虑到木材及木制品的技术特点、最终用户和生产过程，欧盟委员会可依据TFEU第290条规定通过修订和补充附件中木材和木制品清单采取授权行动。上述行动不应对运营商造成过重的负担。关于本条提到的授权行动，第15、16和17条规定的程序适用。

**第15条　授权的行使**

1. 欧盟委员会应被授予采取第6(3)条、8(7)条和14条中提到的授权行动的权利，有效期为2010年12月2日起7年。欧盟委员会应在本法案生效后3年期结束前的最后3个月内，拟定一份关于授权的报告。除非欧洲议会或理事会依据第16条废除上述权利，授权自动延长相同的时间。

2. 一旦采取授权行动，欧盟委员会应同时通知欧洲议会和欧盟理事会。

3. 采取授权行动的权利应按照第16和17条规定的条件授予欧盟委员会。

**第16条　授权的废止**

1. 欧洲议会和欧盟理事会可随时撤销第6(3)、8(7)和14条提到的授权。

2. 任何机构开始考虑撤销授权的内部程序时应尽量在做出最终决定前的一个合适的时间段通知其他机构和欧盟委员会，说明可能会被撤销的授权以及撤销原因。

3. 撤销决议应终止决议中具体说明的授权。决议应立即生效或在规定的稍晚时间生效。授权的撤销不影响已经生效的其它授权行动的有效性。决议应在《欧盟公报》上公布。

**第17条　授权行动的否决**

1. 欧洲议会或欧盟理事会可在通知之日起2个月时间内对授权行动提出反对意见。在欧洲议会或欧盟理事会的倡议下，这个时限延长了2个月。

2. 如果在上述时限结束，欧洲议会或欧盟理事会都没有对授权行动提出反对意见，授权行动将在《欧盟公报》上公布，在上述日期生效。如欧洲议会和欧盟理事会告知欧盟委员会不打算提出反对意见，授权行动可在《欧盟公报》上公布，并在上述时限结束前生效。

3. 如欧洲议会或欧盟理事会反对一项授权行动，则该行动不得生效。反对机构应陈述反对该授权行动的理由。

**第18条　委员会**

1. 欧盟委员会应得到依据第2173/2005号条例(EC)第11条建立的森林执法、施政与贸易(FLEGT)委员会的协助。

2. 参考本段内容时第1999/468/EC号决议第5条和第7条应适用，同时注意第8条。第1999/468/EC号决议第5(6)条中提到的时段应为三个月。

**第19条　处罚**

1. 成员国应制定适用于违反本法案条款的处罚准则，并采取一切必要措施确保处罚得以实施。

2. 做出的处罚必须有效、适当，并且具有劝诫性，可包括以下内容：

(a)与违法行为所造成的环境破坏、相关木材或木制品价值、税收损失和经济损失相称的罚款；计算处罚等级时应确保处罚能够有效剥夺责任人严重违规获取的经济效益，且不损害其合法执业权利；对重复违规的处罚应逐渐加重；

(b)查封相关的木材和木制品；

(c)立即吊销贸易授权。

3. 成员国应及时将后期对法案规定的修订通知欧盟委员会。

**第20条　报告**

1. 成员国应在2013年3月3日后每2年的4月30日向欧盟委员会提交先前2年中本法案应用情况的报告。

2. 在这些报告的基础上，欧盟委员会应每2年拟定提交欧洲议会和欧盟理事会的报告。在撰写报告的过程中，欧盟委员会应提及依据第2173/2005号(EC)条例采纳的FLEGT VPA签署和执行方面取得的进展，以及其在减少内部市场上非法采伐木材和木制品所作的贡献。

3. 到2015年12月3日前和之后每6年，欧盟委员会应在本法案适用报告和取得经验的基础上，检查本法案的职能和效力，包括在防止非法采伐木材或含有上述木材的木制品投放市场方面的职能和效力。欧盟委员会应特别考虑对中小型企业的行政后果和产品覆盖。必要时报告可附加适当的立法提案。

4. 本条第3段提到的第一份报告应包括当前欧盟在《综合术语》第49章中所列产品方面的经济和贸易状况评估，应特别考虑相关行业的竞争力，以便考虑其纳入目前条例附件产品清单的可能性。

在本条第一段中提到的报告还应包括对第4(1)条中关于非法采伐木材和含有上诉木材的木制品投放市场的禁令，以及第6条中规定的尽职调查体系的效力评估。

**第21条　生效与适用**

本法案应在欧盟官方期刊公布后第20天生效。

法案自2013年3月3日起适用，第6(2)条、7(1)条、8(7)条和8(8)条自2010年12月2日起适用。本法案对所有成员国具有约束力，并直接适用于所有成员国。

2010年10月20日于斯特拉斯堡完成

欧洲议会主席　J. Buzek

欧盟理事会主席 O. CHASTEL

## 2.2　欧盟木材法案实施细则

### 欧盟委员会第607/2012号(欧盟)实施条例细则[①]

2012年7月6日针对欧洲会议和欧盟理事会第995/2010号条例赋予将木材和木制品投放市场的运营商的义务，本条例规定了有关“尽职调查”体系和监督机构进行检查的频率和性质的细则(EEA相关文本)。

---

① 免责声明：本法案中文翻译版由国家林业局林产品国际贸易研究中心应对非法采伐策略研究项目完成，只供信息发布使用，非官方版本。只有本法案的欧洲21国语言官方版具有法律效力。

欧盟委员会：
考虑到《欧盟职能条约》；
考虑到欧洲会议和欧盟理事会2010年10月20日发布的第995/2010号条例赋予将木材和木制品投放市场的运营商的义务，特别是其中的第6(2)条和8(8)条；

鉴于：

(1)欧盟第995/2010号条例要求运营商使用一套程序和措施(以下称“尽职调查”体系)，以减小运营商将来自非法采伐的木材和木制品投放至欧盟内部市场的风险；

(2)有必要澄清所需提供的所有树种的学名，所采伐木材的亚国家区域和采伐许可的具体信息；

(3)有必要详细说明主管机构对于监督组织所需开展检查的频率和性质；

(4)保护在本条例范围内处理个人资料的个体，尤其是所获取个人资料的处理应符合下列条例要求，包括1995年10月24日欧洲会议和欧盟委员会发布的第95/46/EC号条例有关个人数据处理和这些数据的自由传递中的个体保护和2000年12月8日欧洲会议和欧盟委员会法案第45/2001(欧盟)号条例中有关通过社会团体和机构处理个人数据及自由传递过程中的个体保护；

(5)本条例中提到的措施同森林执法、施政与贸易(FLEGT)委员会的意见相一致，已经采纳了本条例：

**第一条 主旨**

本条例规定了关于“尽职调查”体系和监督机构进行检查的频率和性质的细则。

**第二条 “尽职调查”体系的应用**

1. 运营商应在12个月的期限内对每个供货商所提供的各类木材和木制品应用“尽职调查”体系，提供所采伐的树种、木材来源国或在可行情况下的亚国家区域，以及未发生变化的采伐许可权。

2. 第一段不能免除运营商的下列责任：根据欧盟第995/2010号条例的条款6(1)(a)的规定，维持一套措施和程序，提供投放市场的每批木材和木制品的信息。

**第三条 有关运营商供货的信息**

1. 在欧盟第995/2010号条例的条款(6)(1)(a)中所提出的有关运营商供应木材和木制品信息应按照下文第2、3和4节的要求提供。

2. 在欧盟第995/2010号条例的条款(6)(1)(a)中的第一条中所提出的所有树种的学名，应在现有树种通用名解释不清时提供。

3. 在欧盟第995/2010号条例的条款6(1)(a)中的第二条所提出的有关亚国家地区木材采伐地的信息，应在亚国家地区间存在不同的非法采伐风险时提供。

4. 在欧盟第995/2010号条例的条款6(1)(a)中的第二条所提到的有关采伐许可的信息，应在一个国家或亚国家地区的采伐许可存在不同的采伐风险时提供。本节的目的是，在特定区域涉及木材采伐权的安排都应考虑到采伐的许可。

**第四条 风险评估和风险规避**

在欧盟第995/2010号条例的条款6(1)(b)中的第一条和条款6(1)(c)提出的认证或其它第三方验证体系，应考虑满足以下标准的风险评估和风险规避的程序：

(a)已建立可供第三方使用的公开的体系，此体系至少应包括所有适用法案的相关要求；

(b)详细说明由第三方开展的不超过12个月的定期适当核查，包括实地考察，以验证是否符合所适用的法律；

(c)包括了经第三方验证的措施，在木材和木制品投放市场之前，在供应链的每个环节对合法采伐的木材及其木制品进行追踪；

(d)包括了经第三方验证的管理措施，确保未知来源的木材和木制品，或不符合相关法律要求采伐的木材和木制品不进入供应链。

**第五条 运营商保留的记录**

1. 现有欧盟第995/2010号条例的条款(6)(1)(a)提出的有关运营商的供应信息，以及所应用的风险规避程序，都应通过适时的记录进行留档，该文档应保留五年以供主管机构的检查。

2. 运营商在应用其尽职调查体系时，应说明其收集的信息如何按照欧995/2010号条例的条款(6)(1)(b)中所提出的风险标准进行核查，如何做出风险规避措施的决定以及运营商如何确定风险的等级。

**第六条 监督机构检查的频率和性质**

1. 主管机构应按照欧盟第995/2010号法案的条款8(4)开展定期检查，且至少每两年一次。

2. 在下列情况下，尤其应根据欧盟第995/2010号条例的条款8(4)开展检查：

(a)在主管机构对运营商进行检查时，发现运营商运行由监督机构建立的尽职调查体系有缺陷或效果不佳；

(b)欧盟委员会已告知主管机构，根据欧洲会议和欧盟委员会第995/2010号条例赋予将木材和木制品投放市场的运营商的义务中有关监督机构的规定以及欧盟2012年2月23日第363/2012号委员会条例的条款第9(2)条有关认可和撤销监督机构的程序规则，调换了监督机构。

3. 开展核查不能有事先警告，除非监督机构为确保检查的效果需要事先告知。

4. 主管机构应根据书面程序开展核查。

5. 主管机构应确保核查符合欧盟第995/2010号条例的要求，特别是适时开展的以下具体活动：

(a)现场核查，包括实地核查；

(b)检查监督机构的文件和记录；

(c)访谈监督组织的管理者和工作人员；

(d)访谈运营商、贸易商或相关人员；

(e)核查运营商的文件和记录；

(f)抽样检查运营商使用的与监督机构相关的“尽职调查”体系。

**第七条　监督机构的检查报告**

1. 主管机构应撰写开展个体核查的报告，此报告应包括详细的过程描述，所应用的方法以及调查的结果和结论。

2. 主管机构应为监督机构提供包含调查结果和结论的核查报告草案。监督机构可在主管机构所规定的期限内提出反馈意见。

3. 主管机构起草报告，应以欧盟第995/2010号条例的条款8(4)规定的有关个体核查报告为基础。

**第八条　生效**

本法案会在《欧盟公报》公布后第20天生效。本法案可约束且直接适用于所有的成员国。

2012年7月6日于布鲁塞尔

欧盟理事会主席　Jose Manuel BARROSO

## 2.3　欧盟木材法案实施指南

### 2.3.1　关于欧盟木材法案实施问题的指南手册

欧盟木材法案第995/2010号规定了将木材和木制品投放到欧盟市场的运营商的义务，为了确保实施条件的一致性，该法案由欧盟委员会以非立法形式进行适用，即针对监督机构的委托监管和针对主管机构的执行监管。欧盟委员会对监督机构提出了详尽的要求并规定对其进行认可的程序和撤销认可的权利；对主管部门对监督机构检查的频率及性质进行监管以及对关于尽职调查体系的详细规章进行审核。

经过利益相关者、成员国专家和FLEGT成员一致协商认为，欧盟木材法案的某些条款有必要进行进一步的解释说明，指南手册对于解释欧盟木材法案的相关问题及其非立法指令的实施是必不可少的。在FLEGT委员会的支持帮助下，经过充分的讨论和严谨周密的制定后，指南手册应运而生。

指南手册并无法律层面的约束力，它的唯一用途是对欧盟木材法案的某些方面和委员会的两个非立法形式的指令进行解释，不会对欧盟木材法案第995/2010号指令中的条款做任何补充更改和替代；欧盟委员会关于委托监管的第363/2012号指令和关于执行监管的第607/2012号指令构成了指南手册适用的法律依据。我们的初衷是将指南手册作为一部实用的参考材料提供给那些需要适用欧盟木材法案的人，它为一些晦涩难懂的法律条文提供了重要的解释说明。与此同时这部指南手册亦可为某国主管机构及实施机构在执行和实施此法案的过程中提供指引和导向。

在制定两个非立法指令的磋商过程中及与利益相关者进行的多次双边会议后，与会者们对许多问题进行了概括总结，这些问题已被囊括在指南手册里。在欧盟木材法案实施后通过总结经验，有必要的情况下将进一步补充问题清单并对指南手册的内容进行相应的增补。

**1. 投放到市场的定义**

相关法律：

| |
|---|
| 欧盟木材法案<br>第2条 定义<br>(b)‘投放市场’指在商业活动过程中，无论是否收取费用，无论采用何种销售技巧，以任何方式首次将木材或木制品投放内部市场(用于销售或使用)的供应行为。同时还包括1997年5月20日欧洲议会和欧盟理事会第97/7/EC号关于远程销售合同消费者保护指令中规定的通过远程沟通提供的供应行为。用已经投放市场的木材或木制品生产的木制品供应内部市场不属于投放市场。 |

此定义明确阐明了“供应”必须是：

• **在内部市场上** 内部所有木材必须是以物理方式出现在欧盟市场，除在欧盟领土上采伐的木材之外还包括进口到欧盟并在清关后得以自由流通的木材，因为货物在没有进入关税同盟的领域之前，无法获得“欧盟商品”的待遇。处在特殊海关程序(包括临时进口；运进加工；海关监控下的加工；海关仓库；免税区)的货物又运输并再出口的不认为是投放市场。

• **首次投放** 次投已经投放到欧盟市场的木材产品及其衍生品不被包含其中。首次的深层次含义是指在欧盟木材法案的实施日期之后(2013年3月13日)投放到欧盟市场的每一个单个产品，并不是指某个新产品或生产线的推出。而且投放市场的概念指的是每一个个体产品被投放市场，不是某一类产品，无论它是按照个体单位还是按照一个系列被生产。

• **在商业活动的过程中** 该法案对非商品消费者没有约束力。

必须同时满足以上要素才称得上是‘投放市场’。所以‘投放市场’应该被理解为运营商以配送流通或以商业用途为目的而将木材或者木制品第一次投放到欧盟市场的情形。

欧盟木材法案的相关条款规定运营商包括以下情形：

• 以加工或者配送给商业和非商品消费者为目的，在欧盟领域内采伐木材的企业或个人；

• 以加工或者配送给商业和非商品消费者为目的，将木材或木制品进口到欧盟的企业或个人；

• 以商用为目的，在欧盟领域内采伐木材或将木材或木制品进口到欧盟的企业或个人。

据上述解释，某企业以自用为目的在欧盟领域内采伐木材或将木材或木制品进口到欧盟的，必须执行尽职调查体系。该解释并不要求木材被出售给或物理转移给特定的个人：只要供应商使木材具备了在欧盟内部使用或流通的条件，欧盟法案即对此类木材有约束力。

扮演着中间人角色的‘代理商’在欧盟木材法案中的定位是通过参考每一个案的具体情况和被适用的合同来决定的。除供货和装运代理之外，如果代理商所采购并进口的货物能满足购买者的订单需求，他们将获得独立的“运营商”地位。而传统意义上的代理商只代表一方当事人的利益，自身并不拥有产品的所有权。

附录Ⅰ中的场景描述将会介绍这一解释将如何在实践中运用。

欧盟木材法案并没有可追溯效力。这意味着这一禁令并不适用于在2013年3月13日以前投放到欧盟市场的木材和木制品。但是主管机构在进行检查时，运营商需要证明其已建立了从2013年3月13日起具有可操作性的尽职调查体系。所以重点在于运营商是否能够辨别在这一天前后所供应的货品。贸易商的追溯义务也将从这天起开始生效。

无论是欧盟还是非欧盟的运营商都必须遵守关于投放非法木材到欧盟市场的禁令并履行实施尽职调查体系的义务。

**2. 可被忽略的风险的定义**

相关法律

> 欧盟木材法案
>
> 第6条
>
> 尽职调查体系
>
> (c)除在第(b)条中提到的风险评估程序中确定的风险能够忽略的情况外，风险规避程序，即一整套能将风险合理最小化的措施和程序，包括必要的附加信息、文件，和/或第三方验证。

尽职调查要求运营商收集木材和木制品及其供应商的信息来进行完全风险评估。第6条中所要求评估的信息可以分为以下两个类别：

• 第6条(1)(a)和木材木制品本身相关的详细信息：产品描述；采伐国(如适用包括木材采伐地和采伐区域)；供应商和贸易商；表明木材和木制品符合适用法规的文件或其它信息。

• 第6条(1)(b)用来评估以上详细信息的背景信息，包括具体树种非法采伐的广泛性；在采伐国与/或国内木材采伐地区非法采伐行为的广泛性；木材和木制品供应链的复杂性。

尽管运营商通过获得的背景信息来评估风险级别，产品的详细信息仍然对确定风险和木制品本身的关联性至关重要。这意味着如果一般的背景信息指向了潜在的风险，那么在收集产品的具体信息时就需要特别关注。如果某产品有多个木材来源，那就需要对每个部分或来源树种进行风险评估。

由于风险层级的评估取决于很多因素，所以只能按照个案的具体情况来确定。虽然并不存在单一公认的风险评估系统，但一般情况下运营商仍然需要逐个解决下述问题：

• 木材的采伐地在哪？

是否是非法采伐具有广泛性的国家地区或木材来源特许区？在该地特殊树种是否面临非法采伐的风险？联合国安理会和欧盟委员会在木材进出口方面是否对其实施了制裁？

• 政府治理的水平如何？

政府治理的水平可能会影响那些符合所适用法律的文件的真实可靠性。因此国家的腐败程度，商业风险指数以及其他政府治理的指标都应当被考虑在内。

● 供应链的复杂程度如何？

供应链越是复杂，从产品来源到木材来源的追溯就困难。在供应链上任何一个点建立必要信息的失败都会增加非法采伐的木材流入供应链的可能性。

● 供应链中的公司是否有牵涉非法采伐的迹象？

一个很大的风险在于从牵涉非法采伐的公司购买的木材可能是通过非法采伐获得的。

可忽略的风险应该被理解为如下情形：经过对产品的详细信息和一般背景信息以及对上述问题所包含要素的完全评估，没有潜在的隐患存在。

风险评估准则的条款清单并不详尽，在有助于判断产品使用的木材是非法采伐还是合法采伐的可能性的情况下，运营商可以自行增加额外的评估标准。

**3. 关于供应链复杂性的说明**

相关法律：

| |
|---|
| 欧盟木材法案<br>第6条<br>尽职调查体系<br>(1)[职调<br>(b)让运营商得以分析和评估非法采伐木材或上述木材制成的木制品投放市场风险的评估 程序。<br>上述程序应考虑第(a)条中信息以及相关的风险评估标准，包括：木制品供应链的复杂性。 |

供应链的复杂性在欧盟木材法案第6条中的风险评估标准中被明确列出，因此它与风险评估以及尽职调查实践中的风险规避部分密切相关。

支撑这一标准的原理是，如果供应链复杂，那么追述木材的采伐来源可能就比较困难。在供应链上任何一个点建立必需信息的失败都会增加非法采伐的木材流入供应链的可能性。但是供应链的长度并不是提高风险的因素，重点在于对产品所用木材采伐来源的可追溯性。如果由于供应链的复杂性使得欧盟木材法案第6条第1款(a)条和(b)条所要求的信息难以被识别，那么风险的等级将会增加。供应链中无法识别信息的环节的存在必然会导出该产品风险不可忽略的结论。

从运营商到最初的林木来源之间加工者和中间商的数量越多，供应链的复杂程度也越高。另外某个产品有多个树种或木材来源的情形也会增加供应链的复杂性。

运营商可以用以下问题来评估供应链的复杂性，这些问题并不强制要求使用也不是唯一的评估标准：

某个木材产品被投放到欧盟市场之前在供应链上是否有多个加工者和环节？

木材和木制品在被投放到欧盟市场之前是否已经在多个国家进行交易？

被投放到欧盟市场的产品所用木材是否由多个树种组成？

被投放到欧盟市场的产品所用木材是否有多个不同来源？

运营商可能需要他的供应商提供一份物料清单，以用来识别产品的每个组成部分和每个组成部分的供应商。

**4.** 关于符合可适用木材法规的证明文件的要求说明

相关法律：

| |
|---|
| 欧盟木材法案<br>第二条<br>(f)合法采伐指依据采伐国适用法规进行的采伐；<br>(g)非法采伐指违反采伐国适用法规进行的采伐；<br>(h)适用法规指采伐国执行的、涵盖以下方面的法规：<br>在依法公布的边界内采伐木材的权利；<br>为取得采伐权和木材支付的款项，包括木材采伐相关的税款；<br>木材采伐，包括和木材采伐直接相关的森林经营和生物多样性保护的环境和森林法规；<br>关于受木材采伐影响的使用权和保有权的第三方合法权利；<br>迄今为止林业部门涉及的贸易和海关法律。<br>第六条<br>尽职调查体系<br>(1)[职调<br>(a)获取下列关于运营商将木材或木制品投放市场信息的措施和程序：<br>[…]<br>表明木材和木制品符合适用法规的文件或其它信息； |

符合可适用法规这一义务背后的原理是在国际对合法采伐的定义缺少共识的情况下，对非法采伐的构成的定义应当以采伐国的法律为基准。

欧盟木材法案第6条第1款中(a)项最后一条指出，证明木材和木制品符合适用法规的文件或其它信息必须被收集以作为尽职调查义务的一部分。从收集的开始就应该强调证明文件的收集是以风险评估为目的，而不应当认为是出于独立经营的需要。

欧盟木材法案采取了这样一种灵活的方法，它列出了一些立法领域，这些立法领域没有能够体现国与国之间的区别并可能从属于修正案的具体特别法。为了获得木材和木制品符合适用采伐国法规的证明文件或其它信息，运营商必须首先弄明白在某个采伐国有什么样的法律，并有望通过这一努力获得与欧盟合作的成员国主管机构的支持。运营商也可以利用监督机构提供的帮助。在监督机构无法提供帮助的情况下，他们可能需要寻求木材采伐国林业部门的专业知识机构的帮助。

在不同的国家，对获得证明文件或其他信息的这一义务的解读各异并体现为不同的监管制度，也并不是所有的国家都会要求出具详细的证明文件。因此证明文件应该被解读为包含由主管机构出具的官方证明文件；证明合同关系的文件；说明企业政策的文件；行为准则；第三方验证方案出具的证书等。

下表给出了一些具体的事例以作进一步的说明(以下文件并非完全和强制要求)

| | |
|---|---|
| 1. 法律公示的边界内的木材采伐权文件 | 一般使用纸质或电子表格。例如：土地所有权或使用权的证明文件、合同或许可协议 |
| 2. 支付获得采伐权的费用和木材采伐相关的税费文件 | 一般要求纸质或电子版的形式。例如：合同、银行票据、增值税发票、正式收据等。 |
| 3. 遵守环保和林业方面的法律，包括森林经营和生物多样性保护以及其他和木材采伐直接相关的方面 | 官方审计报告；环境遵循证书；采伐许可计划；伐后检查报告；ISO 认证报告；采伐施业准则等。 |
| 4. 受木材采伐影响的第三方的合法土地占有权和使用权保护的文件 | 环境影响评估报告；环境管理计划；环境审核报告；承担社会责任的协议；关于居住权和 |
| 5. 在森林部门范围内相关的贸易与海关文件 | 一般使用纸质或电子表格。例如：合同，银行票据，贸易单据，进出口许可证，缴纳出口税的正式收据；禁止出口的货物清单；授予的出口配额等。 |

**5a. 关于产品范围的说明——包装材料**

相关法律：

> 欧盟木材法案
>
> 第二条
>
> (a)‘木材和木制品’指《附件》中列出的产品，除含有已经结束使用寿命不回收就会作为废品(依据欧洲议会和欧盟理事会 2008 年 11 月 19 日第 2008/98/EC 号指令第 3(1)条 关于废品 1 定义)处理的木材或木制品的复制品或其原件；
>
> 欧盟木材法案附录：
>
> 4415 木质包装箱、盒、筐、桶和类似包装；木质电缆盘；木质货盘、箱型货盘和其它装运板；木质货盘边缘；
>
> (非专用作包装材料以支持、保护或运送市场上其它产品的包装材料)
>
> 《综合术语》中第 47 章和第 48 章的纸浆和纸张(竹制品和再生(废物和下脚料)产品除外)；
>
> [...]

第 2658/87 号 1 欧盟理事会(EEC)条例附件Ⅰ中综合术语划分的木材和木制品本《法案》适用。

HS 编码 4819 包括：“纸，纸板，纤维填充物，纤维网袋质的纸箱、纸盒、纸袋和其他包装箱；纸或纸板质的任何一种用于办公室，商店或类似场所的文件盒，信盘和相似物件。”

- 当以上任何一种物品作为商品而不是为其他商品打包的材料出现在市场上时，他们都要受到欧盟木材法案的监管，并适用尽职调查体系。
- 按照 HS4415 或 4819 的划分，如果是作为包装被用来‘支撑、保护或是搬运’商品，则不受欧盟木材法案的约束。

这意味着以上所援引的在欧盟木材法案附录里 HS4415 编码括号中的限制条款同样可类推适用于 HS4819 编码。

在这些分类里，包装还有进一步的区别。有些包装是用来表现产品的‘基本特点'，有些包装则是有形状并且适合某一特殊商品，但并不是商品本身的一部分。一般条款5作为综合术语的解释对这一区别进行了划分并在下面给出了范例。但是这些附加的区别可能只与欧盟木材法案的很少部分商品有关联。

总之，受欧盟木材法案管辖的：

- 作为产品出现在市场上的HS4415或HS4819编码中的包装材料。
- HS4415或HS4819编码中的用来表现产品特点的容器：如装饰礼盒。

受欧盟法案条例豁免的：

在货物里附带的和专门用来支撑、保护和搬运其他商品(无论是否是木质商品)的打包材料。

**5b. 关于产品范围的说明——"废品"与回收产品**

相关法律：

> 欧盟木材法案(11)：
>
> 考虑到应鼓励使用回收木材和木制品，且将这些产品纳入本《条例》范围会给运营商带来过重的负担，已经结束了使用寿命、不回收就会作为废物处理的二手木材或木制品不应在《法案》范围内。
>
> 第二条
>
> (a)'木材和木制品'指《附件》中列出的产品，除含有已经结束使用寿命、不回收就会作为废品(依据欧洲议会和欧盟理事会2008年11月19日第2008/98/EC号指令第3(1)条 关于废品1定义)处理的木材或木制品的复制品或其原件；
>
> 第2008/98/EC号指令：
>
> 第3条(1)：
>
> "废品"是指持有者丢弃、打算丢弃或是被要求丢弃的任何物质或物体

这一免除适用于：

附录中包含由已经结束使用寿命且不回收就会作为废品的材料制成的某类木制品(例如：从被拆卸的建筑物中取得的木材，或者是由废木料制成的木制品)

这一免除不适用于：

在包含没有结束使用寿命且不回收就会作为废品处理的木材的制造过程中产生的副产品。

**6. 关于第三方验证体系在风险评估和风险规避过程中的角色说明**

相关法律：

> 欧盟木材法案(19)：
>
> 为了认可林业中良好的实践行为，包含合法性验证的认证或第三方验证体系可用于风险评估环节。
>
> 第六条
>
> 尽职调查体系
>
> (b)调查评估程序　程序应考虑相关的风险评估标准，包括：遵守适用法规的保证，包括认证或其它涉及证明遵守适用法规的第三方验证体系(守适)

和以下风险规避程序：

(c)风险规避程序　程序应包括必要的附加信息、文件，和/或第三方验证。

欧盟委员会第607/2012号(欧盟)实施条例

第四条

风险评估和风险规避

在欧盟第995/2010号条例的条款6(1)(b)中的第一条和条款6(1)(c)提出的认证或其它第三方验证体系，应考虑满足以下标准的风险评估和风险规避的程序：

(a)已建立可供第三方使用的公开的体系，此体系至少应包括所有适用法案的相关要求；

(b)详细说明由第三方开展的不超过12个月的定期适当核查，包括实地考察，以验证是否符合所适用的法律；

(c)包括了经第三方验证的措施，在木材和木制品投放市场之前，在供应链的每个环节对合法采伐的木材及其木制品进行追踪；

(d)包括了经第三方验证的管理措施，确保未知来源的木材和木制品，或不符合相关法律要求采伐的木材和木制品不进入供应链。

自愿的森林认证和木材合法性验证体系一般用来满足那些对木材有特殊要求的顾客。这些森林认证和木材合法性验证体系主要包括一个森林经营单位内必须实施的以广泛的原则、条件和指示为内容的管理标准；对该管理标准和所授予认证书的相符程度进行审核的要求；为确保某产品只使用100%认证木材或是特定比例的认证木材而单独进行的“产销监管链”认证。

验证体系一般要求此类的第三方认证机构通过资格认定的程序来证明他们有进行评估的能力和资质。资格认定的程序包括设定审核员的资格标准和设立认证机构必须遵守的章程。国际标准化组织(ISO)已经建立了涵盖认证机构本身要求和评估实际的标准。所有的木材合法性验证体系，虽然一般是通过进行可信认证服务的机构来提供，但木材合法性验证体系本身并不需要认证。

森林经营单位的合法经营管理是森林经营认证标准的一般要求。制度性的管理标准，比如环境管理或质量管理的标准一般不包括这一要求，或者可能不会在评估的过程中被严苛审核。

当考虑到是否将验证体系或合法性验证作为木制品所用木材被合法采伐的证明，因此一个运营商必须判定验证体系是否采用了某个标准，这个标准包括了所有可适用法律。这要求运营商运用验证体系的一些知识并了解这些法律是如何在木材采伐国进行适用的。通过验证的产品一般贴有提供验证的机构标签。这些机构一般情况下将会在认证的范围内提供信息以及法律在木材采伐国如何适用，并包括如实地审核的频率和性质这样的细节。

运营商应该对有充分资质的第三方认证机构和对现场评估的合理执行给予认可。关于验证机构如何受监管的信息可以从验证机构获得。

当产品所用的特定比例的木材满足全部的认证标准时，一些认证机构会允许认证通过。这个特定比例所占的百分比可能会在标签上有所标示。在这种情况下，运营商收集没有被认证的那部分木材是否经过检验以及检验是否能提供足够的遵守适用法规的证据的信息就显得尤为重要。

产销监管链认证可能被用来作为不存在未知来源或不被允许的木材进入供应链的证明。前提是确保只有经过许可的木材在关键控制点被允许进入供应链，并且某个产品能够被追溯到它的先前监管人(必须是持有产销监管链认证书的)而不是追溯到被采伐的林地。通过产销监管链认证的产品可能是被认证的材料和其他来源的被允许的材料的混合体。当把产销监管链作为合法性证明时，一个运营商必须确保经过许可的木材遵守适用法规并保证充分可控性以排除其他材料存在的可能性。

应当注意的是，某个组织如果有将经过认证的木材、被允许比例的许可材料和不被许可的材料隔离放置的制度，并且在某个合适的给定点不再产生被认证的木材，那么该组织可能通过产销监管链的认证。如果把认证作为证明并从持有产销监管链认证书的供应商处采购，运营商就必须审查他们采购的具体产品是否具备所要求的认证。

在评估第三方验证机构的可信度过程中，运营商可以将以下问题作为评估依据(可能并不详尽)：

是否满足由委员会实施的第607/2012 号指令中第4 条的所有要求?

认证或其他第三方验证体系是否符合国际或欧盟标准(例如相关的 ISO 指南，ISEAL 规范)?

在某些木材或木制品出口国是否存在关于第三方验证体系有潜在的缺陷或问题的实质性报告?

执行和委员会实施的第607/2012 号指令中第4 条(b)(c)和(d)条款有关的审核和验证的第三方机构是否是独立有公信力的机构并符合如 ISO/IEC 指南 65 或 EN45011 这样的标准(在被认为有水准并可靠的前提下第三方实施产品验证体系需要满足的一般要求)?

他们是否符合在森林经营实务和林产品供应链的评估过程中国际或者欧盟对特殊专业技能的要求标准?【例如：组织由符合如 ISO/IEC 17011：2004(符合性评估)或者 EN ISO/IEC 17021：2011(对提供审核和经营体系认证的机构的要求)这类标准的机构提供认证】

**7. 对尽职调查体系的常规评估**

相关法律：

> 欧盟木材法案
>
> 第4 条
>
> 运营商义务
>
> [...]
>
> 3. 运营商应维护并定期评估其使用的尽职调查体系，运营商使用第8 条中提到的监督机构制定的尽职调查体系的情况除外。符合本《条例》要求的现有国内法制体系下的监督和自愿性产销监管链体系可作为尽职调查体系的基础。

尽职调查体系可被认为是一个记录性、检测性、步骤性的方法，以控制为内容，旨在商业活动的过程中产生一致期望的结果。某个运营商在使用自己的尽职调查体系时应定期对其进行评估以确保所适用的程序得到履行并产生所期望的结果。成功的经验表明这一评估应该一年一度进行。

评估由机构(最好是与履行尽职调查体系的组织相独立的)内部人员进行，或是由外部的机构来执行。评估应该审查体系的缺陷和不足，组织的管理部门应当设定整改的期限。

在木材尽职调查体系当中，评估应该审查是否有记录性的程序来识别和记录关于投放市场的木制品供应的关键信息，以评估产品的任何成分或部分含有非法采伐木材的风险，并描述处理不同等级风险的措施。还应该审查负责执行尽职调查体系各个步骤的人是否对尽职调查体系理解并执行，并且是否足够可控以确保程序得到有效的实施(识别并排除风险木材的供应)。

**8. 合成产品**

相关法律：

| |
|---|
| 欧盟木材法案<br>第6条(1)<br>尽职调查体系<br>(a)获取下列关于运营商将木材或木制品投放市场信息的措施和程序：<br>－产品描述，包括产品名称和种类，以及树种的常用名称，如适用，还包括树种学名；<br>－采伐国，如适用，包括：<br>(i)木材采伐地；<br>(ii)采伐区域； |

当对复合产品或有木质成分的复合品履行‘获取信息’的职责时，运营商需要对混合物中所有的未加工的原始材料获取信息，包括树种，每种成分被采伐的所在地，和这些成分来源的合法性。

一般较困难的是辨别复合木质品中所有成分的确切来源。对再生品尤其如此，例如纸、纤维板和刨花板。识别树种也很困难。如果多类材种被用来生产复合产品，运营商将不得不提供用来生产木制品每种木种的清单。材种清单应该按照国际公认的木材术语表来列出(例如 DIN EN 13556“欧盟通用木材术语表”；Générale des Bois Tropicaux，ATIBT 术语表(1979))

如果复合品中的某种材料已经先于产品中该材料的混合物出现在市场，或是该种材料是由已经结束使用寿命、不回收就会作为废品的原料制成(见5b)，风险评估则对该种材料不做要求。例如，当运营商加工和销售包含木屑混合物的产品，该木屑混合物一部分源自已经投放到欧盟市场的木材，一部分源于其进口到欧盟的未加工木材，风险评估只对进口的部分作要求。

附录Ⅰ中有关于运营商供应的实例说明。

**9. 林业部门**

相关法律：

> 欧盟木材法案
>
> 第 2 条
>
> [案法
>
> (h)‘适用法规’指采伐国执行的、涵盖以下方面的法规：
>
> [采伐
>
> 迄今为止林业部门涉及的贸易和海关法律。

这里仅指符合在木材采伐国涉及木材和木制品出口的相关法律法规。这里包括但并不局限于：

- 禁令，配额和其他在木材出口方面的限制条件，如对未加工原木和粗锯木材出口的禁令
- 对木材和木制品出口许可证的要求
- 出口木材和木制品可能要求的官方授权
- 涉及木制品出口的税收和关税缴纳

**10. CITES 树种和 FLGET 许可树种的处理**

相关法律：

> 欧盟木材法案
>
> 第 3 条
>
> FLEGT 和 CITES 规定的木材和木制品情况
>
> 包含在第 2173/2005 号(EC)条例附件 II 和 III 中所列出的木制品中、来自其附件 I 中所列出的合作伙伴国，且符合上述《法案》及其实施条款规定的木材应视为符合本《条例》规定的合法采伐木材。
>
> 第 338/97 号(EC)条例附件 A、B 或 C 中所列出的、符合上述《法案》及其实施条款规定的树种木材应视为符合本《法案》规定的合法采伐木材。
>
> [...]

法案认为 FLGET 许可和 CITES 认证的木材及木制品完全符合欧盟木材法案的要求。这表明：

a)运营商在投放有此类证明文件的产品到市场时不需要对这些产品实施尽职调查，能够证明属有效的相关文件管辖范围的除外；并且

b)主管机构将承认任何此类的产品是合法采伐的，并且此类产品不会有任何违背关于欧盟木材法案中禁止投放非法木材到市场的条款的风险。

这是因为按照欧盟和其他国家的 VPA 协议，合法性验证和尽职调查将会在出口国进行，所以运营商将认为这类木材是免除风险的。

# 附录Ⅰ　如何理解“投放到市场”在实际中的运用？

下列情景概述了某个公司/个人在欧盟木材法案中将被认定为运营商的情况。

**情景1**

生产商C从欧盟以外的第三国购买纸张并进口到欧盟(任何国家)用来制作练习本，之后将练习本销售到欧盟任意成员国的零售商D处。练习本属于欧盟木材法案的附录涵盖的产品范围：

生产商C在进口纸张以自由公司使用为目的时被认为是运营商。

**情景2**

零售商G从欧盟以外的第三国购买收银纸并进口到欧盟，并他在自己的商店使用时：

当零售商G以在自己的商店以使用为目的进口收银纸到欧盟市场时，他被认为是运营商。

**情景3**

生产商C从第三国进口工艺包装纸用来包装礼品随后销售到欧盟市场：

当生产商C进口工艺包装纸到欧盟市场以自用为目的时，他被认为是运营商。(需要注意在这个例子里工艺纸并不只是用来包装，因为其是作为商品被进口的)

**情景4**

欧盟木材商H从欧盟以外的供应商处在线购买刨花板。在合同里，当刨花板还在欧盟外部时，所有权已转移给商人H。此刨花板被运送到欧盟成员国后由装运代理J通过海关购买并流转给木材商人H。木材商人然后销售刨花板给建筑商K：

当装船代理人J进口刨花板以配送或在H的公司使用为目的时，木材商H被认为是运营商。装运代理在其中只扮演了‘邮递员’的角色；作为代理商，他只是为木材商H运输货物并不亲自将其投放市场。

**情景5**

欧盟木材商H从欧盟外部的供应商L处在线购买刨花板。在合同中，只有在刨花板被配送到木材商H在英国的场所时所有权才发生转移。装运代理J代理供应商L的利益进口刨花板并被送到木材商H的场所：

在L的贸易中，当供应商L的代理人J以配送为目的将刨花板进口到欧盟时，供应商L被认为是运营商。代理商装运代理在其中只扮演了‘邮递员’的角色；作为代理商，他只是代表供应商L的利益并不亲自将其投放市场。

**情景 6**

欧盟零售商 M 进口木制品到欧盟并直接通过自有商店销售给非商业消费者：

当 M 进口木制品到欧盟以通过他自己的商店进行转销为目的时，他被认为是运营商。

**情景 7**

能源公司 E 通过欧盟外的第三国购买木屑并进口到欧盟内部，然后在欧盟内部用其制造能源并售给欧盟国家电网。虽然木屑在欧盟木材法案的范围内是最终产物，可是公司所销售的能源并不是：

能源公司在以使用为目的进口木屑到欧盟市场时，被认为是运营商。

**情景 8**

木材商 F 通过欧盟外的第三国购买木屑并进口到欧盟内部并转售给能源公司 E. E 公司在欧盟内部用其制造能源并售给欧盟国家电网：

木材商 F 以通过自己的企业转销木屑为目的进口木屑到欧盟市场时，被认为是运营商。

**情景 9**

X 公司从其位于欧盟内部的自有地采伐木材并送到自有锯木厂加工后销售木段给 Y 公司：

X 公司在通过自有企业转销为目的采伐木材时，被认为是运营商。

**情景 10**

森林所有者 Z 出售在其位于欧盟内部的土地上采伐立木的权利给 A 公司。按照 Z 和 A 之间的合同，当树木被砍伐并成为木材时所有权发生转移。承包商 B 对木材进行砍伐并配送采伐的木材到 A 公司：

当以自用或转销为目的伐木时，A 公司被认为是运营商。森林所有者 Z 销售的立木在欧盟木材法案规制的范围内。承包商 B 仅仅是 A 公司的代理人并不拥有木材的所有权。

**情景 10a**(英国)

森林所有者在自己的土地上砍伐种植在路边的树木并卖给过路的顾客：

当森林所有者以通过自行交易以转销为目的采伐木材时，他被认为是运营商。

**情景 10b**(芬兰)

森林所有者 Z 出售在其位于欧盟内部的土地上采伐立木的权利给 A 公司。按照 Z 和 A 之间的合同，当树木被砍伐并经过第三方通过测量认证后所有权发生转移。

承包商B对木材进行砍伐并配送采伐的木材到A公司:

森林所有者将木材投放到市场并成为运营商。承包者B没有木材所有权。采伐合同只在两年之内有效。如果A公司在两年之内不履行取得的采伐权，合同可能会失效。

## 2.4 关于非法采伐以及FLEGT自愿伙伴协议的常见问题①

**1. 欧洲委员会目前为遏制非法来源木制品进入欧盟市场做了哪些努力?**

欧洲委员会正积极地与向欧盟市场出口木材的发展中国家合作，共同努力完善体制并提高其应对非法采伐问题的能力。欧盟对FLEGT行动计划有着高度的重视，该行动计划的提出可以追溯至2003年。批准FLEGT行动计划的法规于2005年生效，欧洲委员会于2006年正式开始就“自愿伙伴协议”(英文简称VPA)进行谈判。VPA的谈判是一个漫长的过程。它的成功签署需建立在针对土地使用权、施政信誉度、透明度以及公开度等敏感问题广泛征求意见的基础上。目前，欧盟加纳签署的VPA已经正式生效，与印度尼西亚(5月4日开始启动)、中非共和国、刚果共和国和喀麦隆等4个国家签署的VPA正在进行审批程序，与马来西亚、刚果民主共和国、越南和加蓬等国家处于谈判阶段。此外，还有一些国家向欧盟表达了开始VPA谈判的意愿。

尽管如此，VPA仍然无法涵盖所有向欧盟市场出口木材的国家，VPA签署国对其他国家继续出口来源不明木制品所导致的不公平竞争表示担忧。因此，欧洲委员会于2010年通过了一项法案以改变企业行为，并阻止对非法来源林产品的肆意消费。欧盟木材法案将强制要求欧盟市场内所有运营商确保其进口木材来源的合法性，从而杜绝非法来源木材流入欧盟市场。此项法案将与具有相似效力的一项美国法案同向国际市场传达出一个强有力的信号，鼓励更多木材生产国建立木材合法性验证体系。

**2. 欧洲委员会支持发展中国家的林产改革吗?**

VPA的主要目的是为生产木材的发展中国家提供改革与政策支持。通过激起欧盟消费市场的兴趣来加强和支持政府改革，增强这些改革项目的实施力度。欧盟及其成员国也在通过我们的双边发展援助来帮助各国构建更好的森林施政能力。

2002~2008年间，欧洲委员会在与发展中国家林业合作方面投入了5.44亿欧元。目前，欧盟在全球范围内对这项事业的支持力度仍然没有削减。欧盟及其成员国通过常规双边援助渠道支持VPA的实施。目前，必要的资金已经列入规划当中。欧盟对林业的扶持主要通过主题计划项目(thematic program)，区域国家地理计划项目(geographical national program)等多种规划工具实现。值得强调的是，伙伴国家很少将林业和自然资源管理作为国家性计划(national indicative programme)的主要关注领域。由于森林和自然资源管理在应对及减缓气候变化中的作用不断凸显，在不久

① 本材料由欧盟与EFI提供。

的将来，更多与林业相关的项目有可能从国家性计划项目(national indicative programme)中获得资金支持。在全球范围内，欧盟对非洲、南美以及亚洲的相关资金援助总数将分别达到2.2 亿欧元、1.58 亿欧元和5500 万欧元。

**3. 覆盖整个欧盟市场的木材条例即将出台，为何 VPA 仍具有意义？VPA 和新法案之间有怎样的联系？**

VPA 从源头解决非法采伐问题，促进建立一个增强执法能力并激励企业遵纪守法的施政体系。同时，VPA 还帮助各国及其运营商提供有关木材合法性的更多信息与证据，以满足市场的要求。VPA 伙伴国不希望与未开展打击非法采伐的木材来源国之间产生不公平的竞争。他们欢迎欧盟木材法案，以及该法案对 FLEGT 木材的认可。欧盟木材法案能确保他们的运营商不会遭受到来自其它国家非法木材的损害。

**4. 森林在气候变化中起着重要的作用，欧洲委员会在为遏制毁林以及鼓励发展中国家阻止毁林及森林退化中做了哪些努力？**

全球近20%的温室气体排放归结于毁林及森林退化，这个数字超过全球整个运输行业的排放总量。通过减缓毁林和森林退化(英文简称 REDD)实现快速和大量的减排目标对于将全球平均气温上升控制在2℃以内起着至关重要的作用。2008 欧盟关于毁林的通讯稿中强调了鼓励发展中国家通过减少滥伐森林实现减排的积极作用。欧洲委员会正在通过国家特别发展援助帮助发展中国家制定 REDD 实施战略，同时支持由世界银行发起的“森林碳伙伴”(FOREST CATBON PARTNERSHIP)等相关国际倡议。欧洲委员会所支持的 REDD 相关倡议和项目涵盖许多支持发展中国家在地方、国家及区域层面上开展 REDD 相关活动。欧盟已经调拨4.2 亿欧元用于40 多个国家在2007～2013 年间的 REDD 建设，其中2.2 亿欧元(52%)已用于2007～2009 年间的项目，2 亿欧元(48%)将用于资助2010～2013 年之间的项目。

**5. FLEGT 与 REDD 之间有哪些关联？**

导致非法采伐的政府管理失灵和市场失灵同时也是导致毁林的原因。遏制毁林所遇到的土地使用权和森林权属不清、体制不健全及腐败问题在打击非法采伐中也会遇到。FLEGT 和 REDD 都需要多方利益者共同承担责任，建立可信度高的监督、报告和核查体系，以及更多对购买的产品有充分自信的买家。因此，解决毁林问题的关键在于建立良好的施政体系，而 FLEGT 恰恰可以在此方面起到积极的促进作用。FLEGT 伙伴关系可以帮助森林丰富的国家满足 REDD 的政策目标。FLEGT 致力于提升林业系统整体的施政能力、透明度和执法能力，以确保木材生产符合该国法律和法规。REDD 的目的是遏止毁林，提高森林可持续经营的能力。未来的 REDD 机制要求土地和森林所有权及使用权权属明确、同时要求有能力阻止肆意和非法的采伐。VPA 进程有助于阐明有关森林立法并明确不同政府机构和私营企业组织的职责，还可以帮助国家处理潜在的问题。因此，VPA 加强了森林执法能力，帮助各国林业可持续发展奠定基础。

## 2.5 欧盟木材法案常见问题解答

### 2.5.1 尽职调查，认证的作用和欧盟木材法案的执行①

**1. 欧盟木材法案与 FSC 或 PEFC 相似吗?**

不。欧盟木材法案是欧盟的一项法律，目的是禁止非法采伐的木材在欧盟市场上流通。欧盟木材法案针对进入欧盟市场的木材贸易规定了强制的法律程序，最大限度地降低非法木材买卖的风险。此木材条例同时适用于进口木材和欧盟内部生产的木材。此法案适用于在欧盟市场上贸易的木材、木制品并覆盖大多数林产品的一般贸易。遵守该项法案是欧盟木材生产、经营、贸易企业关注的义务。FSC 和 PEFC 是现存两个自愿森林认证体系，森林经营单位、木材生产企业和贸易企业可以选择森林经营认证和产销监管链认证。这些标准是基于现行全球可持续森林经营最佳实践的广泛共识为基础。政府可以选择 FSC、PEFC 或者其他标准对其森林进行认证，或作为其政府采购的标准，但政府不参与森林认证体系管理，也不参与任何第三方发证过程的审核和决策。

**2. 如果行业或企业进行尽职调查，他们从哪里可以了解到相关的政策? 他们是自觉执行还是需要从外部找公司帮忙?**

欧盟的尽职调查要求在第 995/2010 号欧盟条例及第 607/20121 号欧盟委员会实施条例里有详细说明。木材“行业”主要指在欧盟内部进行木制品生产的公司、机构或个人，或将木制品进口到欧盟，并第一次将这些木材产品投放到欧盟市场的公司、机构或个人。在欧盟木材法案里，将这种机构或个人定义为“运营商”，其必须进行尽职调查。为满足这些要求，运营商的尽职调查体系中的风险评估必须包括以下三个方面:

(1) 信息获取;

(2) 风险评估;

(3) 风险规避(降低风险)。

每个运营商根据自己的能力、资源和知识水平决定是否寻找一个服务公司为其设计自身的尽职调查体系，或遵照监督机构的体系。欧盟木材法案没有提出具体怎么做，但建立尽职调查体系投入的工作量取决于供应链的复杂程度和运营商的业务范围。

“行业”也指在欧盟市场内第二次、第三次，或随后的时间里购买或销售木材或木制品的公司、机构或个人。他们也被称为“贸易商”。所有的贸易商或零售商购买或销售木材或木制品必须能够确认以下信息:

(1) 木材和木制品从哪里买来;

---

① http: //ec. europa. eu/environment/forests/timber_ regulation. htm，由 EFI 与北京绿奥诺建筑板材有限公司翻译完成。

(2)木材和木制品卖到哪里。

上述信息至少保存5年，如有需要，随时备查。

**3. FSC和PEFC是尽职调查的合作伙伴吗?**

a. 这些认证证书是否足以证明其合法性?

b. 由马来西亚木材认证委员会(MTTC)颁发的马来西亚木材认证体系(MTCS)的证书有效吗?

欧盟木材法案中并没有出现“尽职调查合作伙伴”这种说法。如果这是指帮助企业满足尽职调查要求的机构，正确的称谓是“监督机构”。这些经过授权的机构对企业提供尽职调查体系方面的帮助。

在欧盟木材法案里，如果运营商评估FSC、PEFC以及其他第三方认证机构足够可信，那么这些认证体系可以作为风险评估和风险规避的工具，但是不能成为合法性的证据，同时也不能因此构成豁免运营商根据欧盟木材法案及欧盟委员会实施条例的要求收集相关信息并且对所有风险规避要素进行评估的责任。只有来自与欧盟签署了“自愿合作伙伴关系协议(VPA)”国家，在其TLAS被认可合法有效情况下生产的FLEGT证书木材(FELGT－licensed timber)及属于CITES的附录A、B或C列明的物种并具有CITES出口许可的木材，才被认可为具有合法性证明。

马来西亚木材认证体系(MTCS)已经得到PEFC的认可，所以与其他第三方认证体系的效力相同。

**4. 保证我们的产品可以出口到欧盟市场的最佳的认证标准是什么?**

你在欧洲的客户，也就是第一次把产品投放欧盟市场的运营商，在根据欧盟木材法案和欧盟委员会实施条例的要求对某一特定认证体系进行过可信性评估之后，将决定哪种认证标准可以作为符合欧盟木材法案的合法证明，责任在运营商一方。

**5. 谁将执行欧盟木材法案?**

欧盟成员国将负责执行、实施欧盟木材法案。欧盟委员会负责监管欧盟成员国有效、一致地实施此木材条例。欧盟成员国指定主管机构负责欧盟木材法案的实施工作。他们的职责是对运营商、监督机构和贸易商进行现场检查，并保存和交流他们的行动记录。欧盟成员国必须对违反欧盟木材法案的行为进行处罚。法案的执行应该是有效的、适当的和劝诫性的。

**6. 欧盟、美国和澳大利亚是否能就禁止非法采伐的木材进入其市场以及尽职调查体系取得标准的一致性，以便出口企业使用同一体系/通过相同程序就可以出口到不同的市场?**

事实上，美国、澳大利亚和欧盟木材法案采用相似的方法，拒绝非法采伐的木材进入市场。但因这些国家的立法体系不同，所以这些国家要求的文件和体系会有不同。这些不同之处主要体现在一些细节要求上。从实施角度讲，美国和欧盟的运营商需要的信息本质上相同，只是方式不同。美国的运营商需要知道产品中所使用的木材来源并确保是经过合法砍伐的。

### 2.5.2 进口和出口[①]

**1. 装有印茄木的集装箱在比利时安特卫普(Antwerp)港口没有合法的证明，会被没收吗？它能通过海关吗？进口商会被起诉吗？在意大利里雅斯(Trieste)港口，同样的集装箱会被怎么处理？**

如果出口国家同欧盟签署了“自愿合作伙伴关系协议(VPA)”，并且其TLAS已被认可合法有效，那么这个国家可以向出口欧盟市场的木材颁发FLEGT证书确保合法性。

如果这个装有印茄木的集装箱来自签署了“自愿合作伙伴关系协议”的国家，并且其合法体系已被认可合法有效，这些木材也有核发的FLEGT证书，那么可以出口到欧盟的任何港口。在港口FLEGT证书经欧盟检查有效后，这个集装箱的木材就被认定是合法的可以进口。

如果这个装有印茄木的集装箱来自签署了“自愿合作伙伴关系协议”的国家，但没有有效的FLEGT证书，那么在Antwerp或其他任何港口就要被拦截下来，不能进口到欧盟。如果提供不了FLEGT证书，那么木材将被没收，进口商或出口商就要根据进口国或来源国的法律接受处罚。

如果在2013年3月3日后这个装有印茄木的集装箱来自仍未签署“自愿合作伙伴关系协议”的国家，那么就要适用欧盟木材法案。如果进口商第一次将林产品投放到欧盟市场，那么进口商所在国的主管机构就要定期检查进口商是否履行了欧盟木材法案的要求。换句话说，主管机构就要检查这个进口商的尽职调查体系是否稳固、可靠地保证阻止非法采伐的木材进入它的供应链。进口商购买的所有木材必须遵守来源国的适用法律进行加工生产。这些法律包括一些树种出口的禁令，比如印茄木出口。

同样的，以上这些情形也适用于意大利里雅斯特(Trieste)港。欧盟成员国都有法定义务要对违反欧盟木材法案和自愿合作伙伴关系协议的行为进行处罚。欧盟各成员国的处罚条款可能会有不同。一方面，欧盟木材法案和自愿合作伙伴关系协议在欧盟的执行要具有一致性。另一方面，欧盟各成员国对自己的处罚条款拥有解释权。

**2. 我生产的橡胶木产品，所用的树木来源于种植林，并且是一种副产品，还需要文件证明吗？**

是的。如果你在欧盟内生产木制品，并第一次将这些产品投放到欧盟市场，不管来自种植林还是天然林，你都义务执行尽职调查体系，禁止将非法采伐的木材投放欧盟市场。

如果你购买的木材来自签署了“自愿合作伙伴关系协议”的国家，并且来自种植林的橡胶产品在附件1(需要FLEGT证书名录)中，那么就必须要有有效的FLEGT

① http://ec.europa.eu/environment/forests/timber_regulation.htm，由EFI与北京绿奥诺建筑板材有限公司翻译完成。

证书。这种情形成立的前提是出口国的木材合法体系已被认可合法有效，并已经开始向木材运营商颁发 FLEGT 证书。

**3. 据我所知，缅甸柚木被禁止出口，但是在泰国的国际家具博览会上我看到有家具生产商公然展示由缅甸柚木生产的家具产品。另外，这些家具生产商告诉我这些产品销售到欧盟市场没有问题。以上说法来自泰国最大的家具生产商之一。现在我相当困惑，不确定出口到欧盟是否需要文件或相关证书。哪些柚木出口是合法的，而哪些不合法？**

一旦欧盟木材法案生效，将缅甸柚木进口到欧盟市场的运营商必须确信这些木材是采伐合法的。就是说，根据欧盟木材法案的要求和其他相关的欧盟法律(比如，针对特定国家的进口禁令，从缅甸禁止进口的禁令有效至 2012 年 4 月)。木材不能与采伐国的相关法律相抵触。如果柚木来源于一个不限制出口的国家，那么运营者只需按照尽职调查体系证明不是非法采伐，就可以投放市场了。

如果欧盟法律规定禁止从某些国家进口柚木或其它树种，比如上面的例子，从缅甸禁止止进口的禁令有效至 2012 年 4 月，那么进口商向欧盟进口则与欧盟的法律相抵触，进口商就会被依据进口和投放市场所在的欧盟成员国的相关法律受到处罚。如果欧盟没有关于有关树种的进口禁令，而木材来源国有关于此树种的出口禁令，进口商就违反了欧盟木材法案，会被依据和进口投放市场所在的欧盟成员国的相关法律受到处罚。

**4. FLEGT 适用于从加拿大进口木材的法国公司吗？如果不适用，那么欧盟木材法案适用于这家公司吗？**

是的。通常进口商指第一次将林产品投放欧盟市场的运营商，欧盟木材法案将于 2013 年 3 月 3 日生效。它是 FLEGT 行动计划中的一项措施。FLEGT 行动几乎于 2003 年开始执行，欧盟木材法案是此行动计划的一项举措。FLEGT 行动计划有多项措施，目的是解决非法采伐的深层次原因。另一个措施是建立欧盟和伙伴国家的双边协议，称为“自愿合作伙伴关系协议”(VPA)。签署了“自愿合作伙伴关系协议(VPA)”的国家承诺，如果出口到欧盟的木材包含在自愿合作伙伴关系协议的附件 1(需要 FLEGT 证书)中，就要建立 TLAS，确保出口到欧盟的所有木材来源合法，这些木材出口还必须有 FLEGT 证书。在欧盟木材法案中，拥有 FLEGT 证书的 木材被认为没有风险，运营商不需要尽职调查措施。

加拿大尚未同欧盟签署“自愿合作伙伴关系协议”。从 2013 年 3 月 3 日后，法国公司从加拿大进口木材时，需履行尽职调查体系。

**5. 2013 年 3 月后我可以出口木制品到欧盟吗？**

欧盟木材法案不禁止或阻碍木制品贸易。但是，欧盟的运营商不能将非法采伐的木材投放欧盟市场，必须履行尽职调查体系保证木材不是非法的，他们将要求其供应商提供相关的信息和文件保证木材来源的合法性。如果一个运营商在履行尽职调查体系时发现木材来源有不可忽视的风险，那么运营商就需要风险规避措施。根据欧盟木材法案的要求，风险规避的措施包括更换采购商，或要求更多的信息、文件或由第三方机构根据符合来源国相关法律的验证/认证标准出具的证书，证明其来源合法。

## 2.5.3 欧盟木材法案及 VPA 的影响

下面小测验设计的问题阐释了欧盟木材法案和“自愿合作伙伴关系协议”在实践中如何发挥作用和相互影响。特别是这些问题集中到一些容易混乱或迄今为止具有不确定性的点上，适当时，给以例子来说明①。

**1. 木材条例在其开始实施(2013 年 3 月 3 日)之前会对砍伐的木材有何影响?**

答：木材条例会影响任何从 2013 年 3 月 3 日起被投放到欧盟市场上的木材和木制品，即使是 2013 年 3 月 3 日之前砍伐的。

例：木材于 2013 年 2 月在加蓬砍伐，于 2013 年 3 月 3 日投放到欧盟市场。木材条例适用于这种情况。

**2. 从 2013 年 3 月 3 日开始，木材条例将适用于什么类型的木材?**

答：木材条例适用的木材和木制品有一份经过一致同意确定下来的列表。此列表位于木材条例的附件中，并指定了它适用产品相关的海关编码。

例：木材条例适用于未打印纸(海关编码 47&48，除了竹和回收(废碎)产品))，但它并不适用于印刷纸制品(海关编码 49)。

**3. 木材条例和 FLEGT VPA 适用于相同的木材产品吗?**

答：有时候会。木材条例订立了属于其职权的产品列表。任何在此列表中的木材，只要出口到欧盟，就必须遵守该法案。对于自愿合作伙伴关系协议(VPAs)则有两种方式来确定其协议范围内的产品。有些产品会自动注册，因为他们被列入“森林执法，施政与贸易条例”上(EC 条例 2173/2005)，其中列有适用于任何 VPA 的发牌制度的最低限度标准规则。此外，每个自愿合作伙伴关系协议都可能会列出属于其特定协议范围内的其他产品。

虽然有很多重叠，但是由木材条例涵盖的产品不一定在 VPAs 中涵盖。同样，VPAs 也可能适用于不受木材条例影响的产品。

例：海关代码 4409 的产品——用于镶木地板而未被组装的木条和横条被包含在木材条例中。但这些产品未被 FLEGT 法规(EC)2173/2005 涉及，所以不属于 VPAS 自动纳入的范围。然而，在 VPAS 目前商定，这些产品被列入欧盟和刚果(布)与欧盟和加纳之间达成的自愿合作伙伴关系协议中。

**4. 木材条例有规定加蓬的木材供应商的责任吗? 如果有，是什么样的责任?**

答：视情况而定。木材条例的直接责任由欧盟市场上的木材和木制品的直接投放组织承担。(特别是：禁止运营商向欧盟市场输送非法采伐的木材，并且有责任尽职调查)在加蓬的木材供应商是不是运营商将取决于每宗个例的情况。如果该加蓬供应商是直接向欧盟市场投放木材的组织，这将是运营商，所以必须遵守木材条例的主要规定。然而在加蓬的供应商可能会把木材/木制品出售给另一个组织，而这个组织是直接向欧盟市场投放木材的。在这种情况下，加蓬的供应商不算运营商。

① 本材料由 Client Earth 提供，由国家林业局林产品国际贸易研究中心翻译。

其次，即使在加蓬的木材供应商不是运营商，如果木材在欧盟国家销售的运营商需要特定的信息，木材(如木材种)，加蓬的木材供应商可能会被要求提供这方面的数据。

例：如果一个加蓬的供应商向另一家欧盟的公司销售木制办公家具(HS 编码 9403 30 - 属于法规范围内)，这家公司将产品投放到欧盟市场上，那么这个加蓬供应商不是一个运营商，但可以预期会被这家欧盟公司询问家具用到的木材种类的详细信息。

**5. 在木材条例下，一个运营商必须是地处欧盟的组织吗?**

答：不是。运营商可以在欧盟或是在外部。运营商是指率先将木材/木材产品投放到欧盟市场的机构。根据不同的情况和不同的情形，运营商的定义就不同。涉及木材贸易的机构对自己是否是个运营商可以进行初步的评估。成员国的主管当局也会评估这个。一个特定的机构是否是运营商最终取决于相关成员国的法庭的判决。

例如：一个中国公司制造木质家具，然后出口到欧盟，卖给了一个欧盟的买家。在欧盟，木材的所用权就转给了欧盟的买家。在这种情形下，中国的公司可能就成为了运营商。

**6. 对于木材有被非法砍伐的风险，运营商是否不得不尽职调查?**

答：是的。

即使当运营商确定木材是合法砍伐的(例如：运营商自己砍伐的木材)也必须履行尽职调查责任，从而与木材条例所设置的框架保持一致。

备注：

(1)为了尽职调查，运营商需要了解一些木材的具体信息。这些信息包括：

a. 树木的通用名称，一些情况下，还要它的学名全称；b. 木材采伐的国家，一些情况下，还要采伐地的地名和特许经营权；c. 有相关的文件证明采伐的木材是合法的。

(2)为了证明已行使尽职调查，必须保持书面记录，并可提供以备检查。

**7. 尽职调查将会对下列机构产生怎样的后果?**

i. 把木材出口到欧盟国家的公共部门?

答：这些公共组织可能得到了欧盟成员国国家主管的允许或者是具备营运资格的运营商。

例如：具有特定的木材外观和具体的经营许可证(或者相关文件)；具有特许经营许可证(或者相关有效文件)。

ii. 伐木公司和木材供应商不是运营商?

答：这些机构可能会被问到下面一些信息：所卖木材的种类；证明木材是被合法开采的信息；在哪一个国家或者哪一具体区域砍伐的木材。

**8. 在木材条例下，多个树种被交易到欧盟市场，同样的要求真的能满足复杂产品的需求吗?**

答：是的。这一要求触及到木材信息，包括树的种类、木材采伐的国家，不管在一个产品中有多少树种都能适用。无论有多少树种或者采伐的国家，所有的信息都必须详细提供。如果所有树种和采伐地国家的具体细节都不能准确的知道，那么目前就不清楚将会如何应用这一要求。运营商可能会详细指明所有可能的树种和可能的采伐的国家，然后根据这些不同的可能性进行风险评估。这个问题仍然需要解决。

例：纸就是典型的由不同树种的植物纤维制成的，有时这些树种来自不同的地方。运营商应该能够识别出用来制成纸的树木的种类和采伐的国家。正如上面所建议的，提供一切可能的树种和采伐的国家，然后根据这些进行尽职调查。

**9. 在尽职调查下，木材是非法的风险到什么等级程度是可以接受的？**

答：木材通过尽职调查而被接受的风险比非法采伐的风险更加微不足道。什么是微不足道就取决于上下文——把信息和考虑到的风险标准结合起来。在 2013 年 3 月前，欧盟委员会预计将进一步给出说明，什么是“微不足道”。

**10. 木材条例的目的的合法性的重点在哪？**

答：重点是在采伐的国家是合法的，也就是和当地的相关法律保持一致。

如果木材从采伐的国家出口到另一个国家去加工，然后出口到欧盟，重点还是在采伐国家的合法性而不是在加工国家。

**11. 如果产品通过加工的国家到达了欧盟，木材条例仍然适用吗？**

答：是的。

木材条例适用于所有投放到欧盟市场的木材或木制品，无论这些木材是否首先在不同的国家被交易或者加工过。

例：如果原材料从喀麦隆出口到中国，在中国加工成成品，然后卖到欧盟，运营商需要了解的信息是木材是在哪采伐的，哪一树种，出具木材是在喀麦隆合法采伐的证明。

**12. 木材条例对在欧盟采伐的木材也适用吗？**

答：是的。木材条例适用于所有投放到欧盟市场的木材，不管这些木材是否在欧盟采伐。

**13. 如果一个木材供应国签署了 VPA，但是该过程还没有法律效益，并且没有 FLEGT 许可证，这样的木材也能出口到欧盟吗？**

答：是的。如果还没有 FLEGT 许可证，木材能够出口到欧盟。木材条例也能适用，但是运营商把木材投放到欧盟市场则必须遵守欧盟市场的条款。

**14. 一旦有了 FLEGT 许可证，一个签署了 VPA 的国家的木材产品，应该有一个 FLEGT 许可证，但若没有，是否只需遵守木材条例的条件就可以出口到欧盟？**

答：不是的。一旦签署了 VPA，同意出口，并且也有 FLEGT 许可证，那么木材要出口到欧盟，就必须要有一个有效的 FLEGT 许可证。

然而，如果某些木材不在 VPA 范围内，但是符合木材条例，这些木材在没有 FLEGT 许可证的情况下可以出口到欧盟，而运营商将必须遵守木材条例的条款。

例：印度尼西亚的电车道轨枕（海关代码是 4406），不被欧盟 - 印度尼西亚 VPA 涵盖，因为它们在协议所涵盖的产品范围以外。但是它们却处在木材条例的条款之下。

**15. 被认证机构认证的木材会自动被认为是合乎木材条例条款的木材吗?**

答:不是的。认证只是一个可能的途径,运营商可以运用认证来帮助他们进行尽职调查。在尽职调查中,运营商必须始终考虑到在何种程度上的认证方案是相关的,可靠的。运营商不能自动认为认证的木材就是合法采伐的

例:运营商从刚果的供应商购买了经过认证的木材。在尽职调查中,运营商都必须评估认证方案是否有效——它的要求是什么,与木材条例的要求有什么关系。以及这个认证方案有多可信,作为尽职调查的一部分有多少用处。

**16. 证书的角色与 VPA 的关系是什么?**

答:对于即将发行的 FLEGT 许可证,木材必须遵守合法性保证系统的要求。合法性保证系统允许营运机构要确保木材是合法采伐和合法生产的。它包括:合法生产木材的定义;控制供应链的机制;通过多种手段来验证合法性定义的要求和满足供应链的需求(通过审计和其他形式的控制和监测)。

认证方案也许可以用来作为合法性保证系统的一部分,从而证明两者之间的一致性,但是对于 FLEGT 许可证,符合合法性保证系统显得更加重要。

例:欧盟和刚果共和国之间签订的 VPA 规定,服从认证方案的评估(且假如它符合合法性的要求),被认证的公司就可以为他的运营获得一个事实上的法律许可。这就意味着,刚果的检疫部门不会单独的去评估该运营商所提供的评估认证方案以及其经营的合法性。但木材收割、生产和供应链的需求仍然需要核实。

不同的情况是,加纳 VPA 没有提及任何的认证方案,以及它将怎样使控制与评估相互作用。因此,认证方案的作用就显得弱了一些。

**17. 在木材条例或者 FLEGT VPA 条件下,木材、木制品被发现是非法的,将会怎样?**

答:木材条例:如果一个运营商将非法的木材投放到欧盟市场,他将触犯欧盟成员国的法律,并将接受该国的法律制裁。

触犯木材条例的处罚尚未设定,但是,木材条例的基本处罚就是扣押非法采伐的木材。如果被抓,接下来会发生什么完全取决于成员国的制裁。

VPA:如果木材不符合合法性保证系统就不会有 FLEGT 许可证,因此就不会从他们国家出口到欧盟。对于木材将会怎样完全取决于该国的法律体系。

**18. 在尽职调查过程下,木材条例能提供什么样的社会和环境保障?(换言之,不需要遵守更多严格的义务,如尊重原占有权,当地公众权利、环境影响评估等)**

答:木材条例所关注的合法性和当地的采伐法规是一致的。这些法律必须考虑到第三方合法权益的运用和木材采伐期限的影响。

**19. 独立的监控行动所收集的信息能够证明,木材在木材条例和 VPA 下均是非法的吗?**

木材条例:第三方所呈现的信息与欧盟成员国(负责确保遵守木材条例)当局的木材条例是相关的。如果独立的监控证明了木材是非法的,而这些木材是在木材条例的范围之内,并且投放到了欧盟市场。这些信息必须、也应该呈给主管当局者。

VPA:所有 VPA 包含的条文,都是由政府委派机构定期独立的并且有规律的审

查得到的合法性保证系统。发言人发布了联合 VPA 和执行委员会公布的报告。另外，一些 VPA 者允许有一个独立的监察架构，往往是民间社会组织来监视和报告经营许可方案。最后，在一些国家，独立监察的设想也出来了，然而在 VPA 中，独立的监察尚未建立。这些看法都是非正式的，也不是合法性保证系统的一部分。

**20. 为了向非法采伐的木材索赔，在大部分的 VPA 中出现了投诉的机制。在这个阶段，很少有机制已经被充分确定或开发。在木材条例下，运营商从哪里可以得知谁第一个把木材投放到欧盟市场的信息呢？**

答：没有一个为运营商提供的绝对的信息源，相反，运营商要根据木材的特殊情况，使用多个信息源。

**21. 为什么欧盟不能像雷斯法案一样分阶段执行欧盟木材法案？**

雷斯法案要求进口商对每一批植物或植物产品进行申报（也被称作 PPQ505）。申报要求于 2008 年 12 月 15 日生效，但是这些要求的执行却是分阶段进行的，对特定产品的申报执行比其他产品稍晚些。

欧盟木材法案对不同产品的分阶段执行与否目前还无法知晓。但是，欧盟木材法案并不包括所有的林产品。欧盟木材法案里包括的木材和木制品在欧盟木材法案的附件里，详见网站：

http：//eur－lex. europa. eu/LexUriServ/LexUriServ. do？ uri＝CELEX：32010R0995；EN：NOT。

在欧盟木材法案实施之后以及收集一些实施经验之后，欧盟可能会用修订案或附件的形式来补充木材和木制品列表。考虑技术特点、最终用户和生产过程的未来发展可能会成为修正案的必要组成部分。